WITHDRAWN

HARVARD LIBRARY

WITHDRAWN

LE PREMIER VISAGE
DE L'ÉGLISE DU CANADA

Profil d'une Église naissante
La Nouvelle-France
1608–1688

DU MÊME AUTEUR

Du centre à la croix. Marie de l'Incarnation (1599–1672). Symbolique spirituelle. Montréal, Fides, 1976. Collection « Symbole et Esprit ».

Dieu et Satan dans la vie de Catherine de Saint-Augustin. Montréal, Bellarmin et Tournai, Desclée, 1979. Collection « Hier-Aujourd'hui ».

L'esprit des Béatitudes. Claudine Thévenet (1774–1837). Lauzon, Éditions R.J.M., 1980.

Poème trinitaire et marial. Le Cantique des cantiques. Montréal, les Éditions les Groupes de Vie mariale, 1982.

Dina Bélanger. Itinéraire spirituel (1897–1929). Montréal, Éditions Paulines, 1983.

Ghislaine BOUCHER

LE PREMIER VISAGE DE L'ÉGLISE DU CANADA

Profil d'une Église naissante
La Nouvelle-France
1608–1688

LES ÉDITIONS BELLARMIN
8100, boul. Saint-Laurent, Montréal
1986

Données de catalogage avant publication (Canada)
Boucher, Ghislaine, 1931–

　Le premier visage de l'Église du Canada, 1608–1688

　Bibliogr. : p.

　2-89007-614-8

　1. Église catholique — Canada — Histoire — 17ᶜ siècle. 2. Canada — Histoire religieuse — Jusqu'à 1763. I. Titre.

BX1421.2.B68 1986   282'.71   C86-096176-1

Nihil obstat
Ernest Lemieux, P.D.
Québec, le 26 septembre 1985.

Imprimatur
Paul Nicole, V.G.
Québec, le 30 septembre 1985.

Couverture : Pierre Peyskens.

Dépôt légal — 2ᶜ trimestre 1986 — Bibliothèque nationale du Québec
Copyright © Les Éditions Bellarmin 1986
ISBN 2-89007-614-8

À la Fondation Gérard Dion qui a subventionné l'édition,

à Mgr Ernest Lemieux, promoteur du projet,

au Père Lucien Campeau, historien de la nouvelle-France, pour son aide cordiale,

à M. André Vachon, de la Société Royale du Canada, pour son intérêt,

aux religieuses de Jésus-Marie qui ont soutenu le projet, spécialement le couvent de Lauzon,

à Sœur Louisette Lafrance et E. Flynn qui ont assuré la révision littéraire du manuscrit,

à M. J.C. Hogue, ami des lettres et des sciences,

                                      mon plus cordial merci.

TABLE DES MATIÈRES

Liminaire 11
Introduction 13

1. UNE ÉGLISE MISSIONNAIRE

Chapitre premier — « Je vois naître une Église » 29
    Paul Le Jeune (1632-1639)

Chapitre II — Former de nouvelles Églises pour le Christ 61
    Jérôme Lalemant (1638-1650)

Chapitre III — « Nous marchons dans une nuit obscure » 107
    Paul Ragueneau (1648-1658)

2. UNE ÉGLISE HIÉRARCHIQUE

Chapitre IV — Un évêque fondateur 141
    Mgr de Laval (1659-1688)

CONCLUSION GÉNÉRALE 187

LIMINAIRE

Une Église nouvelle

« Il me sembla que j'étais en une rue ou ville toute neuve, en laquelle il y avait un bâtiment d'une merveilleuse grandeur. Ce bâtiment était tout construit, en lieu de pierres, de personnes crucifiées. Je trouvais cela si beau et si ravissant que je n'en pouvais ôter ma vue. Cela m'a donné un grand amour de la Croix. » Telle est, chez Marie de l'Incarnation, la vision qu'elle eut de l'Église canadienne quelque temps avant sa traversée vers l'Amérique.

Cathédrale de pierres vivantes, ce bâtiment présente sur le portail d'entrée un personnage au visage neuf, sans les rides de l'ancienne Église d'Europe. Approchons... Se dessinent peu à peu les traits de cette nouvelle Église. Quels sont-ils donc ?

Au début, l'extension de l'Empire romain avait permis l'implantation de l'Église en Europe ; une aventure d'expansion politique et commerciale au 17e siècle fournissait de même l'occasion d'évangéliser les peuples du Nouveau Monde.

Admirons la façade : une fresque sainte, celle d'un Fra Angelico, s'y profile en des visages familiers, les saints et saintes de chez nous qui ont édifié un peuple et une Église. Une grande croix illumine toute la cathédrale : Jean de Brébeuf l'avait vue couvrir la vallée du Saint-Laurent jadis. Puis, élevons nos cœurs jusqu'au ciel, contemplons le dessein d'amour du Père des lumières, de qui descend tout don parfait, par les missions du Fils et de l'Esprit dans le Nouveau Monde.

« Salut à toi, Québec, première Église en Amérique du Nord, premier témoin de la foi, toi qui as planté la croix au carrefour de tes routes et qui as fait rayonner l'Évangile sur cette terre sainte ! » Ainsi Jean-Paul II ouvrait-il à Québec le pèlerinage où il nous conviait aux sources de notre histoire.

Ce modeste ouvrage veut aussi nous conduire jusqu'au bâtiment d'une merveilleuse grandeur entrevu à Tours — la sainte Église de Dieu en Nouvelle-France —, afin d'y découvrir les traits de celle que l'on nomme à juste titre l'Église du Canada.

INTRODUCTION

Les jésuites de la Nouvelle-France nous ont laissé, fort heureusement, le récit des *mirabilia Dei* en terre canadienne. Les *Relations des Jésuites*[1], écrites entre 1616 et 1673, contiennent le récit de la geste héroïque des premiers chrétiens de notre Église. Rédigés afin de suivre une recommandation de saint Ignace à François Xavier un siècle auparavant, ces écrits nous font part des travaux apostoliques des

---

1. Les *Relations des Jésuites* ont connu plusieurs éditions. La plus utilisée est celle de Thwaites, Ruben Gold, ed. *The Jesuit Relations and Allied Documents, Travels and Explorations of the Jesuit Missionnaries in New France, 1610-1791. The Original French, Latin, and Italian Texts, with English Translation and Notes; Illustrated by Portraits, Maps and Facsimiles*, 73 volumes, Cleveland, 1896-1901.
(Sigle : JRT, suivi du numéro du volume et de la page citée.)
L'historien Lucien Campeau réédite ce document d'histoire avec l'apparat critique requis pour une mise à jour des sources de l'histoire du pays : *Monumenta Novae Franciae*, tome I et II : *La première mission d'Acadie (1602-1616)*. Tome II : *Établissement à Québec (1616-1634)*. Rome et Québec, Monumenta Historica Societatis Jesu (MHSJ) et Presses de l'Université Laval (PUL). Tome I, 1967 ; tome II, 1979.
(Sigle : MNF I et MNF II.)
Vient ensuite l'édition de Québec : *Relations des Jésuites contenant ce qui s'est passé de plus remarquable dans les missions des Pères de la Compagnie de Jésus dans la Nouvelle-France*. 3 volumes, 6 tomes. Québec, Augustin Côté, Éditeur-Imprimeur, 1858.
(Sigle : RJQ.)
Note : Le texte des *Relations* sera cité en employant la graphie et la ponctuation actuelles, afin d'en faciliter la lecture.

jésuites du Canada. Si les *Relations* recèlent de nombreuses monographies sur le pays, ses habitants, ses richesses naturelles [2], elles révèlent en filigrane la vision d'Église qui était celle des premiers apôtres de la foi en notre pays. Cette perception initiale dépasse de beaucoup les réalisations fort modestes des débuts, mais elle n'inspirait pas moins les « ouvriers de l'Évangile », comme les désignait souvent Marie de l'Incarnation dans ses lettres [3].

D'autre part, la situation de la France religieuse et politique favorisait cette vision d'Église. En effet, les guerres de religion à incidence politique suscitaient le désir d'espaces nouveaux pour la mission. Si les chercheurs d'or, en route pour les Indes orientales, se muaient rapidement en trafiquants de fourrures dans le Nouveau Monde rencontré sur la route, il reste vrai d'affirmer que l'Église de France désirait jeter les filets au large.

Sur le plan spirituel, l'Église française sera la dernière à se réformer sous l'impulsion du concile de Trente. Cependant, le retard subi ne diminuera en rien l'intensité du renouveau spirituel. Henri Bremond, dans son *Histoire littéraire du sentiment religieux en France*, a brillamment décrit le mouvement du renouveau chez les catholiques de France. Saint François de Sales, dit-il, a grandement concouru à réanimer la piété des fidèles. Les anciens monastères d'hommes et de femmes se sont réformés. On a vu surgir de nouvelles fondations d'ordres et de congrégations qui s'orientaient vers la contemplation ou des fins éducatives et sociales diverses. Bérulle, Condren, Olier, les saints François de Sales, Vincent de Paul et Jean Eudes ont instauré un mouvement efficace de réforme du clergé séculier, notamment dans le choix des prélats et les prédications populaires qui connurent un grand succès. Une efflorescence de la mystique fut notée à tous les niveaux de la société, aussi bien chez les laïcs que chez les religieux et les clercs. Dans tous les milieux, même à la cour de France, on se passionne pour les lectures pieuses, les œuvres de piété, d'apostolat ou de bienfaisance.

Le zèle pour les missions n'est qu'un aspect de cette effervescence. En 1600, la France n'avait encore aucun champ missionnaire : c'est

---

2. Léon POULIOT. *Étude sur les Relations des Jésuites de la Nouvelle-France (1632-1672)*. Collection des *Studia*, études publiées par le scolasticat de l'Immaculée-Conception. Montréal-Paris, Desclée de Brouwer et Cie, 1940.
3. Don Guy OURY. *Marie de l'Incarnation (1599-1672). Correspondance*. Préface du Cardinal Journet. Solesmes, Abbaye Saint-Pierre, 1971. 1073 pages.

alors que la Nouvelle-France se présenta, dès 1604. Jusqu'en 1653, l'Amérique du Nord sera au premier plan de ses aspirations missionnaires. L'évangélisation du Canada ne sera pas une entreprise du seul clergé, mais aussi des religieux et des laïcs. C'est toute l'Église de France qui sera engagée dans ce mouvement missionnaire.

Le cardinal de Bérulle, saint Jean Eudes et Vincent de Paul, la Compagnie de Jésus et le père Louis Lalemant, monsieur Olier et les sulpiciens, monsieur de Bernières et son ermitage de Caen, les spirituels de l'École française du 17ᶜ siècle remuent en profondeur un royaume « qui devient vite un champ trop petit pour une ferveur si grande. L'Église canadienne naît de ce courant mystique et elle a pour veiller sur ses premières années la vigilante sympathie des saints et saintes de France [4]. » D'ailleurs, au grand siècle, la piété est à la mode, notamment sous Louis XIII lui-même dévot ; la situation changera sous Louis XIV.

La Nouvelle-France

Sur le plan politique, le roi confie d'abord la colonie à des Sociétés de marchands préoccupés du commerce et répugnant à toute idée de colonisation et de mission. Le récollet Joseph Le Caron s'en plaindra à Louis XIII en 1626 [5]. De leur côté, les premiers missionnaires pensent que le moyen le plus efficace d'aider les naturels du pays consiste à les grouper auprès des communautés françaises qui les aideront et agiront comme noyaux assimilateurs. « La colonisation, c'est-à-dire l'implantation d'une société française et catholique, était considérée par eux comme une condition indispensable de l'évangélisation [6]. » Le jésuite Philibert Noyrot communiquera ces vues à Richelieu qui les adoptera en créant, en 1627, la Compagnie des Cent-Associés, laquelle était chargée d'établir une colonie française et catholique dans la vallée du Saint-Laurent, en vue de la mission auprès des Amérindiens. Elle recevrait en retour le monopole de la traite des fourrures afin de financer l'entreprise.

---

4. Nive VOISINE. *Histoire de l'Église catholique au Québec, 1608-1970.* Rapport Dumont, Commission d'étude sur les laïcs et l'Église, tome I. Montréal, Fides, 1971, p. 10.
5. Joseph LE CARON. « Au Roy sur les Affaires de la Nouvelle-France », texte présenté dans MNF II, Document 43, p. 99-120.
6. Lucien CAMPEAU. MNF II, p. 54.

Si l'on accepte la vérité objective, la célèbre Compagnie comptera parmi « les entreprises les plus originales et les plus généreuses de l'histoire [7] » conclut Lucien Campeau à la suite d'une étude concernant l'administration de la Société. Les travaux scientifiques de cet historien porteront sans doute un coup décisif à l'hypothèse d'un pays fondé sur la cupidité et l'intérêt mesquin. L'étude des finances publiques de la Nouvelle-France [8] de 1627 à 1663, période d'administration de la Compagnie, suggère l'attitude désintéressée et généreuse qui animait les membres responsables des décisions.

En 1663, Louis XIV créera le Conseil Souverain, replaçant la Nouvelle-France sous son autorité immédiate. Les visées de Colbert sur le pays étaient intéressées : il exploita les richesses du Canada en vue de renflouer le trésor royal épuisé par les guerres européennes de Louis XIV et priva de fonds précieux une colonie vouée pour longtemps à la pauvreté, contrairement à la Compagnie de Richelieu qui fit fructifier le capital du pays en vue de son développement.

La mission

Si, dans la pensée des chefs politiques, la mission pouvait servir d'instrument à l'expansion française, les premiers jésuites renoncèrent très tôt à considérer la colonie française comme centre assimilateur. Dès 1641, les Montagnais de Tadoussac convaincront les missionnaires de renoncer à les conduire à la Réduction de Sillery fondée en 1637, en vue de franciser et d'évangéliser les Indiens [9]. Les jésuites établiront alors une mission à Tadoussac afin d'y rencontrer les Montagnais. Désormais, l'Église des Montagnais sera nomade comme eux et les cultures indigènes seront respectées.

D'autre part, un historien impartial ne pourra nier l'action civilisatrice des missionnaires. Irons-nous jusqu'à dire avec l'historien Nive Voisine que « dès le départ, la jeune Église se montre si entreprenante qu'elle semble supporter seule la colonie naissante de la Nouvelle-France [10] » ? Cela paraît à peine exagéré si on pense au

---

7. Lucien CAMPEAU. *Les Cent-Associés et le peuplement de la Nouvelle-France (1633–1663)*, p. 151.
8. Lucien CAMPEAU. *Les finances publiques de la Nouvelle-France sous les Cent-Associés, 1632–1665*. Montréal, Bellarmin, 1975.
9. Lucien CAMPEAU. MNF II, p. 122–125.
10. Nive VOISINE. « Les étapes d'une histoire (1615–1960) ». *Jean-Paul II. Une Église au rendez-vous*. Montréal, Éditions Paulines, 1984, p. 32.

programme de développement instauré au pays par le père Paul Le Jeune. Après la venue des récollets en 1615, ce sont les jésuites qui arrivent en 1625, les ursulines et les hospitalières en 1639, les sulpiciens en 1657. La Mission du Canada soutient le Séminaire pour garçons fondé par les jésuites en 1635, ainsi que la Réserve de Sillery en 1637, puis le Séminaire pour filles en 1639, l'Hôtel-Dieu de Québec en 1639, enfin la fondation de Ville-Marie en 1642. « Il paraît établi, écrit Campeau [11], que la fourrure n'était pas une base suffisante pour créer, développer et maintenir la Nouvelle-France, si un élan missionnaire n'avait été à l'origine du mouvement de colonisation. »

Tel est donc, rapidement brossé, le tableau de la France et du Canada au moment où s'implante la jeune Église au pays. Les conditions sont favorables à une telle entreprise; comme l'écrit Paul Le Jeune [12], le pays est de glace mais la France est en feu: sa charité missionnaire, sur les plans matériel et spirituel, embrase le pays nouveau. Plût à Dieu que la France politique se fût montrée par la suite aussi généreuse et clairvoyante !

Période exploratoire (1608-1629)

Les premiers essais missionnaires des jésuites en Acadie (1611-1613) ne réussirent pas à établir une mission stable, mais les pères Biard et Massé recueillirent de précieuses informations, colligées dans la *Relation* de 1616 écrite par Pierre Biard.

Trois ans auparavant, Québec fut établi comme poste commercial en 1608 par Champlain. Il avait à cœur d'y créer une Nouvelle-France à l'image de l'ancienne. Retardé dans son projet jusqu'à 1614, Champlain songea alors à donner une organisation sociale à son établissement: le premier besoin était celui de prêtres. Grâce à son ami Louis Houel, il invita les récollets de Saintonge, qui lui offrirent deux religieux. Ces derniers se rendirent à Paris mais durent retourner en Saintonge, sans doute à cause de l'opposition des récollets de Paris. Finalement, le provincial des récollets de Saint-Denis à Paris nomma quatre des siens dont le départ vers le Canada s'effectua en 1615 : les pères Jean Dolbeau, Joseph Le Caron, Denis Jamet et le frère Pacifique Duplessis. Ils abordent à Tadoussac le 25 mai 1615.

Parvenus à Québec, ils s'établissent sur l'emplacement actuel de l'Hôpital général où ils résideront de 1615 à 1629, puis de 1670 à 1692.

---
11. Lucien CAMPEAU. *Les finances publiques, op. cit.*, p. 185.
12. JRT 1635 v 8, 222-224.

Ils célèbrent la première messe en terre canadienne le 24 juin 1615 à Montréal où ils s'étaient déjà rendus.

Après diverses activités missionnaires auprès des Amérindiens, les récollets en viennent à la conclusion qui sera reprise plus tard par la Compagnie des Cent-Associés : l'établissement d'une colonie française est la condition nécessaire à la christianisation des naturels du pays. Mais jusqu'en 1627, date de l'établissement de la Compagnie, ils se heurteront à la cupidité et à la mauvaise volonté des sociétés de marchands qui trafiquaient les fourrures au pays.

Dès 1616, ils tentent de postuler des facultés auprès du Saint Siège, ce qu'ils obtiennent en 1618 : Paul V institue un nouveau Nonce à Paris, Bentivoglio, qui devient commissaire apostolique pour les missions du Canada. Au provincial des récollets de la province de Saint-Denis, le Nonce accorde un Bref par lequel il le nomme préfet des missions canadiennes, lui accordant le privilège exclusif d'y envoyer des missionnaires et les pouvoirs nécessaires à l'évangélisation. Ainsi, pour la première fois, la mission du Canada était reliée à l'Église de Rome. Comme la France est en régime gallican, le même jour, soit le 20 mars 1618, Louis XIII donne aux récollets les Lettres patentes confirmant leur établissement au Canada et leur assurant l'appui de l'autorité séculière. On notera que la Propagande, chargée des infidèles, ne sera créée à Rome qu'en 1622 par Grégoire XV.

Aux récollets revient l'honneur de choisir saint Joseph comme premier patron du Canada, en 1624.

La venue des jésuites au pays en 1625 a donné lieu à toute une littérature pas toujours exempte d'éléments passionnels. Un Chrétien Le Clercq[13], par exemple, a trop bien servi la politique de Frontenac au sujet de la présence des jésuites au pays. Il en est résulté certaines hypothèses, pour ne pas dire des erreurs, qui se propagent encore de

---

13. Chrétien LE CLERCQ. *Premier établissement de la foy dans la Nouvelle France, contenant la publication de l'Évangile, l'Histoire des Colonies Françaises et les fameuses découvertes depuis le fleuve de Saint-Laurent, la Louisiane et le Colbert jusqu'au Golphe Mexique, achevée sous la conduite de feu Monsieur de la Salle. Par ordre du Roy. Avec les victoires remportées en Canada par les armes de Sa Majesté sur les Anglais et les Iroquois en 1690*. Dédié à Monsieur le Comte de Frontenac, gouverneur et lieutenant-gouverneur de la Nouvelle France. 2 vol., à Paris, chez Amable Auroy, M.D.C. X.C.I.
Nous citerons à l'avenir : *Premier Établissement de la Foy*. Cf. ici p. 288-294, tome I. Cf. aussi MNF II, 59-64.

nos jours chez des historiens même remarquables [14]. Mais avant Le Clercq, il faut remonter à Gabriel Sagard, en 1636, dans son *Histoire du Canada* [15], pour retrouver l'affirmation que les récollets ont eu l'initiative d'inviter les jésuites à leur prêter main-forte au Canada. « Or, dit Campeau, justifiant son exposé, l'un des deux commissionnaires chargés de faire cette invitation, le même Sagard, n'en soufflait pas un mot dans son *Grand voyage au pays des Hurons* [16] publié en 1632. On sait, poursuit-il, qu'en 1625, les supérieurs de Paris (récollets) refusaient à leurs confrères de la province d'Aquitaine déjà à Québec la permission d'y rester. Comment alors, se demande justement l'historien, auraient-ils été d'humeur à y inviter des religieux étrangers? Les circonstances de la venue des jésuites démontrent de leur part une initiative tout à fait indépendante des récollets, poursuit-il. En novembre et décembre 1624, le jésuite Philibert Noyrot incitait Henri de Lévis, duc de Ventadour et fondateur de la Société du Saint-Sacrement, à acheter la vice-royauté de la Nouvelle-France afin d'y introduire les jésuites. La transaction n'était pas encore terminée que le duc de Ventadour demandait au Général des jésuites pour le Canada. D'après les sources récollectines elles-mêmes, les anciens missionnaires n'apprirent la décision relative aux jésuites qu'une fois opéré le changement du vice-roi en 1627. Le père Irénée Piat, premier informé, donna son approbation. Ses supérieurs furent plus réservés, mais ils n'étaient pas en mesure de s'opposer [17]. »

Le père provincial de France, Pierre Coton, nomma le père Charles Lalemant supérieur et lui adjoignit le père Ennemond Massé déjà rencontré en Acadie, le père Jean de Brébeuf et les deux frères Gilbert Burel et François Charton. Ils s'embarquèrent le 25 avril 1625 à Dieppe, sur le navire commandé par Guillaume de Caen, général calviniste.

Au sujet de ce dernier fait et de l'arrivée des jésuites à Québec, Chrétien Le Clercq fera une mise en scène trop peu conforme à la

---

14. Cf. l'affirmation de Nive VOISINE. *Histoire de l'Église catholique au Québec, 1608-1970*, p. 10-11.
15. Gabriel SAGARD, récollet. *Histoire du Canada et Voyages que les Frères Récollets y ont faicts pour la conversion des infidelles...* Paris, chez Claude Sonnius, 1636, p. 862-864. Cf. MNF II, 61.
16. Gabriel SAGARD. *Le grand Voyage du Pays des Hurons, situé en l'Amérique vers la Mer douce ès derniers confins de la nouvelle France, dite Canada... Avec un dictionnaire de la langue Huronne...* Paris, chez Denys Moreau, 1632.
17. Lucien CAMPEAU. MNF II, 50.

vérité. Nous préférons et de beaucoup la présentation sobre et objective de Lucien Campeau [18] : « Guillaume de Caen, qui va détenir la principale autorité dans la colonie en l'absence de Champlain alors en France, traita les missionnaires avec égard, mais il fit savoir au père Lalemant qu'on ne pourrait recevoir sa troupe à l'habitation ou au fort. Cela allait de soi, écrit-il. Le père Lalemant avait sans doute prévu la chose à Paris, suppose-t-il vraisemblablement, et fait des arrangements avec les supérieurs récollets. À l'arrivée, les jésuites furent accueillis généreusement par le père Joseph Le Caron dans le couvent de la rivière Saint-Charles, dont ils occupèrent le rez-de-chaussée. Ils vont y habiter plus de deux ans, partageant avec leurs hôtes le ministère auprès des Français, à la chapelle élevée près de l'habitation, sur le port de Québec. »

Les pères récollets, déjà instruits par l'expérience, aidèrent grandement les jésuites dans l'exercice de leur ministère. Qui plus est, les deux supérieurs, les pères Joseph Le Caron pour les récollets et Charles Lalemant pour les jésuites, organisèrent une expédition missionnaire chez les Hurons : les pères Joseph de la Roche d'Aillon et Jean de Brébeuf partirent les premiers. La mort accidentelle du père Viel au Sault-au-Récollet les força à revenir à Québec. Le père Joseph Le Caron, stimulé par la présence des jésuites, se rendit en France plaider la cause de la Nouvelle-France et proposa un programme qui sera appliqué surtout de 1645 à 1665 au sujet de la traite libre des fourrures par les habitants. Il obtint aussi que le calviniste Guillaume de Caen soit remplacé par un catholique, le sieur de La Ralde, lequel ne fut pas plus favorable à l'idée de la colonisation.

Le 6 avril 1626, les jésuites achevèrent la première cabane, lieu de leur future résidence à la rivière Saint-Charles, sur l'emplacement actuel du parc Cartier-Brébeuf, ainsi nommé en souvenir de l'hivernement de Cartier à cet endroit en 1535 et de la présence des jésuites sur le site au début du pays. À l'été de la même année, le père Philibert Noyrot arrive à Québec ; il en repart dès l'automne, laissant le père Anne de Noue et le frère Gaufestre. Le père Massé travaille activement à la construction de la résidence des pères qui en prennent possession en 1627.

Et de nouveau, en 1626, les pères de Brébeuf, de la Roche d'Aillon et Anne de Noue montent chez les Hurons. Ils reviennent deux ans après, à l'exception du père de Brébeuf qui ne revient qu'en 1629 pour

---

18. Lucien CAMPEAU. MNF II, 51.

repasser en France. En 1627, Richelieu crée la Compagnie des Cent-Associés qui réalise l'idéal conçu par les récollets et les jésuites : coloniser en vue de l'évangélisation. En 1629, tous, récollets et jésuites, doivent repasser en France : Québec est pris par les Anglais Kirke.

« Plût à Dieu, écrit Champlain en parlant des jésuites, que depuis 23 à 24 ans, les sociétés (de marchands) eussent été aussi réunies et poussées du même désir que ces bons Pères. Il y aurait maintenant plusieurs habitations et ménages au pays, qui n'eussent été dans les transes et appréhensions qu'ils se sont vues [19] ! » Le fondateur de Québec les considérait comme « gens laborieux, vigilants et marchant tous d'une même volonté sans discorde ». Quant aux récollets, Champlain ne les loue pas dans ses écrits. Pour sa part, l'historien Campeau qui souligne leur vertu, leur détachement, leur courage dans les épreuves subies au pays, n'en affirme pas moins « qu'ils n'ont démontré, ni avant 1629, ni après 1670 — date de leur retour au pays — l'esprit d'invention, d'adaptation, de persévérance nécessaire dans les missions nord-américaines [20] ».

Durant l'occupation anglaise de 1629 à 1632, récollets et jésuites vivront en France : restera seul au pays avec sa maison Guillaume Couillard, comme gardien de la mission du Canada. Le 9 février 1631, le chirurgien Adrien Duchesne, employé sur les bateaux français et de passage à Québec, fut parrain d'un enfant de Couillard, baptisé par un ministre protestant en l'absence de prêtre catholique. Les interprètes français auprès des Amérindiens se mirent au service des Anglais, à l'exception de Jean Nicolet qui, dans la forêt, entretint l'amour de la France en favorisant l'alliance Algonquins-Hurons.

D'où les missionnaires tenaient-ils leur juridiction pendant cette période ? Il semble établi que récollets et jésuites tenaient leurs pouvoirs du Saint Siège par l'intermédiaire de leurs ordres respectifs, qui relevaient immédiatement de l'autorité pontificale [21]. Nous avons mentionné la concession de privilèges spéciaux aux récollets par le Nonce de Paris, en 1618. De par la volonté de Louis XIII, une clause y

---

19. CHAMPLAIN. *Les Voyages du sieur de Champlain Xaintongeois, capitaine ordinaire pour le Roy en la marine,...* etc. Paris, 1613, imprimé de nouveau en 1620 et 1627. Ici, la citation concerne *Les Voyages de la Nouvelle France occidentale*, dicte Canada... Paris, 1632, p. 114, vol. II. Cf. MNF II, p. 146.
20. Lucien CAMPEAU. MNF II, 50.
21. Lucien CAMPEAU. *L'évêché de Québec (1674)*. Québec, la Société Historique de Québec, 1974. Collection « Cahiers d'Histoire », n° 26.

stipulait l'exclusion de toute province récollectine autre que celle de Paris. Un mandat concédé au général des jésuites en faveur de leurs missions avait été renouvelé à deux reprises pour vingt ans : en 1629 par Urbain VIII et en 1649 par Innocent X. C'est la période de la mission des jésuites au pays avant l'arrivée de l'évêque en 1659.

L'organisation religieuse de la colonie française (1632-1659)

De 1629 à 1632, Champlain travailla activement à la reddition du pays à la France, la paix ayant été faite avant 1629 entre l'Angleterre et la France ; le traité de Saint-Germain-en-Laye en 1632 régla la question en faveur de la France. La Nouvelle-France fut alors partagée en trois régions : l'Acadie, que préféra Richelieu à tout autre établissement, fut confiée aux capucins sans doute par l'influence du père Joseph du Tremblay, lui-même capucin et « éminence grise » de Richelieu, sous l'autorité civile du sieur Isaac de Razilly. La région du Golfe revint à la compagnie de Miscou ; les jésuites s'y rendirent aussitôt. Dans la pensée de Richelieu, l'Acadie devait constituer le principal domaine, vu les facilités de communication sur la mer. Mais la Compagnie des Cent-Associés, qui reçut le bassin du Saint-Laurent, ne fut pas sans discerner l'intérêt du choix : les tribus indigènes étaient en grand nombre, offrant plus davantages à l'évangélisation et au commerce des fourrures, source de revenus pour l'administration du pays. Il faut noter qu'au siècle précédent, probablement vers 1570, les tribus sédentaires d'Iroquiens (Hurons, Iroquois, etc.) disparurent de la vallée du Saint-Laurent, victimes d'ennemis de leur propre race. Leurs restes se retrouvaient dans les Iroquets, ainsi nommés par Champlain, lesquels semblent avoir été très algonquinisés au 17e siècle. Les autres tribus étant nomades (Montagnais et Algonquins surtout), la vallée du Saint-Laurent restait libre pour les Français. Il semblait tout indiqué que les anciens missionnaires, récollets et jésuites, y vinssent missionner.

D'autre part, les récollets d'Aquitaine avaient vécu en Nouvelle-Écosse, au cap de Sable, pendant les trois années de possession anglaise. Un rapport sur cette mission parvint à la connaissance du secrétaire de la Propagande, François Ingoli, qui eut alors l'idée d'établir un évêché au Canada en 1631. L'affaire échoua mais fut cause de désagréments sérieux pour les récollets de Paris en 1634. Pour le moment, Ingoli présenta une requête à Louis XIII afin qu'il dotât le futur évêché, proposant comme candidat un récollet d'Aquitaine qui vivait à Rome, le père Pierre Pons. En régime gallican, c'était un impair diplomatique : la Compagnie des Cent-Associés devait décider elle-même de la création d'un évêché. Elle avait permis aux jésuites, en 1632, de venir au Canada dans la vallée du Saint-Laurent ; cependant, elle n'y prendrait le pouvoir qu'en 1633.

Quant aux récollets de Paris, pris au dépourvu, ils manquèrent le départ en 1632. Ce furent les jésuites Paul Le Jeune, supérieur de la mission, Anne de Noue et le frère Gilbert Burel qui arrivèrent au pays. Puis, en 1634, les récollets de Paris tentèrent de s'embarquer. Lauzon retarda leur départ à cause du projet de Rome déjà mentionné. Sans délai, ils réagirent : le père Balderon réussit à convaincre Ingoli et le père Pons de renoncer à leur intention et négocia avec la Propagande d'une mission de ses confrères à Québec. On adopta un compromis qui faisait de l'entreprise une mission de la Propagande tout en ménageant l'autorité des récollets de Paris.

L'incident froissa Richelieu et les directeurs de la Compagnie, qui refusèrent catégoriquement aux religieux en cause la permission de s'embarquer en 1635. Leur rentrée au pays ne s'effectuera qu'en 1670, à la demande du roi lui-même, fermement résolu à diminuer l'influence des jésuites en Nouvelle-France, à l'instigation secrète du ministre Colbert, notamment au sujet du problème épineux de la traite de l'eau-de-vie.

À leur retour, la situation des jésuites fut plutôt précaire. Ils s'occupèrent d'abord à réparer les ruines et les dévastations causées par les Anglais à leur résidence de la rivière Saint-Charles. En 1633, Champlain revint à Québec, à la joie du père Paul Le Jeune, revêtu de l'autorité comme gouverneur de la Nouvelle-France, Guillaume de Caen enfin définitivement écarté. L'année 1633 fut en réalité le commencement du peuplement français dans la vallée du Saint-Laurent. On revit alors les pères Jean de Brébeuf, Ennemond Massé ; Antoine Daniel et Ambroise Davost s'ajoutèrent. Une dizaine d'ouvriers étaient aussi venus afin d'aider le père Le Jeune à construire et à défricher la propriété des jésuites, Notre-Dame-des-Anges, à la rivière Saint-Charles. Les pères Brébeuf, Daniel et Davost étaient destinés à la mission des Hurons, déjà choisie, mais ils ne purent s'y rendre qu'en 1634, accompagnés de cinq laïcs français.

Quant aux Montagnais, ils furent évangélisés parallèlement, mais à partir de 1641, leur Église sera nomade comme eux, une Église de chasseurs et de pêcheurs, les jésuites ayant compris qu'il fallait respecter le mode de vie et la culture des naturels du pays. Certes, la nostalgie de la francisation reviendra, mais en définitive, ils renonceront à transformer les indigènes en Français afin de mieux les gagner au Royaume du Christ qui est universel. C'est aussi pendant cette période que les Attikamègues vivant au nord de Trois-Rivières fondée en 1634, et les Abénaquis vers la région du sud et de la Nouvelle-Angleterre, furent christianisés par les jésuites, grâce surtout au rayonnement de la Réduction de Sillery formée en 1637 et dotée par le Commandeur Noël Brûlart de Sillery. Certains chrétiens des différentes tribus indigènes se transformèrent rapidement en apôtres dans leurs propres nations et auprès des autres groupes d'autochtones. Ce n'est qu'à partir de 1641 qu'il faudra composer avec les Iroquois, lesquels entravèrent fortement le travail jusque-là fructueux des missionnaires.

C'est l'Église française de la vallée du Saint-Laurent qui devait, dans la pensée des pères, principalement de Paul Le Jeune, se dresser comme un phare lumineux éclairant les naturels du pays. Il fallait d'abord peupler la vallée de catholiques convaincus, aux mœurs irréprochables. Et l'on y veillera de près... Une étude approfondie du peuplement par les Cent-Associés [22] montre les efforts fructueux de la Compagnie afin de remplir son mandat jusqu'en 1663. Elle eut plus de succès, malgré les chiffres apparents, que n'en devait connaître par la suite le Conseil Souverain, nonobstant les dires sur le sujet.

Du point de vue de la juridiction ecclésiastique, les jésuites, eux, résisteront aux efforts de la Propagande qui aspirait à prendre en charge la mission du Canada. Ils s'affranchiront de cette influence jusqu'en 1648, ne recevant d'elle que leurs privilèges après cette date. D'autre part, la mainmise épiscopale de l'archevêque de Rouen sur la mission se concrétisera à l'arrivée des hospitalières et des ursulines en 1639. Le supérieur des jésuites agissait en quelque sorte comme vicaire général de l'archevêque, ainsi que Monsieur de Queylus lors de sa venue au pays en 1657.

Bref, la période des origines compte comme la plus féconde de l'action apostolique des jésuites : l'Église des Français s'établira à Québec, à Trois-Rivières et à Montréal. La mission des Montagnais, des Algonquins, des Attikamègues, des Abénaquis se développera ; celle des Hurons s'épanouira de 1634 à 1650 ; même l'Iroquoisie portera des fruits de 1653 à 1665. Ce sera l'étape des intuitions les plus

---

22. Lucien CAMPEAU, *Les Cent-Associés et le peuplement de la Nouvelle-France (1633–1663)*. Montréal, Bellarmin, 1974. « Cahiers d'histoire des Jésuites », n° 2.

brillantes sur l'Église nouvelle du Canada, engendrée par les efforts et dans le sang des Fondateurs, les jésuites de la Nouvelle-France.

Nous suivrons à la trace dans les *Relations* la notation des faits historiques et des vues d'Église qui marqueront d'un caractère original l'Église naissante du Canada.

1

UNE ÉGLISE MISSIONNAIRE

> C'est le Seigneur Jésus lui-même qui demande à toute l'Église du Canada de rester fidèle à son caractère essentiellement missionnaire, sans lequel elle ne peut exister comme Église de Dieu.
>
> Jean-Paul II à Yellowknife.
> le 18 septembre 1984.

CHAPITRE PREMIER

« Je vois naître une Église. »

Paul Le Jeune
1632-1639

Introduction

« Que je serais heureux d'être un petit grain de sable jeté dans le plus creux fondement de cette Église » écrivait Paul Le Jeune dans la *Relation* de 1637. Plus qu'un grain de sable dans les assises, Paul Le Jeune en fut l'initiateur par la pensée créatrice qui l'a guidée au long de ses années au Canada. « L'épopée mystique » dont ont parlé Georges Goyau et Jean-Paul II après lui [1], Paul Le Jeune l'a en quelque sorte suscitée par ses écrits et sa prière auprès du Cœur de Dieu pour la nouvelle Église de ce pays.

Supérieur des jésuites et responsable de la mission de la Nouvelle-France à partir de 1632 jusqu'en 1639, il écrit la *Relation* annuelle ; il fut ensuite chargé par le père Vimont de rédiger celles de 1640 et 1641 ; il est probable qu'il ait ensuite collaboré à la rédaction de la plupart des *Relations* écrites jusqu'en 1664, date de sa mort.

---

1. Cf. Georges GOYAU. *Les origines religieuses du Canada, une épopée mystique*. Paris, Spes, 1934. Le 9 septembre 1984, à Québec, Jean-Paul II reprenait l'expression pour qualifier l'édification de l'Église en ce pays.

Ordinairement, cette tâche revenait au supérieur de la mission : ce fut d'abord Barthélémi Vimont, de 1639 à 1645, puis Jérôme Lalemant, de 1645 à 1650, Paul Ragueneau, de 1651 à 1653, François Lemercier, de 1653 à 1656, Jean Dequen, de 1656 à 1659, date de l'arrivée de Mgr de Laval. Jérôme Lalemant sera de nouveau supérieur de 1659 à 1665.

Mais c'est Paul Le Jeune qui fut la pierre angulaire de ce monument d'histoire religieuse, les *Relations des Jésuites*, car il en fut l'initiateur et par la suite, l'inspirateur et le collaborateur comme procureur de la mission de la Nouvelle-France à Paris. Ses travaux et ses écrits le font considérer comme le fondateur de la mission du Canada. « Ses premières *Relations* (1632-1641) ont imposé le Canada à l'attention de la France, mais d'une imposition sympathique et amoureuse, qui s'est manifestée par les prières des âmes ferventes, par des fondations généreuses, comme celle de Monsieur de Sillery, par la venue au pays d'instituts religieux qui ont progressé jusqu'à nous et qui sont encore des joyaux de notre Église[2]. » Du commencement à la fin, le but de la *Relation* annuelle est d'intéresser l'ancienne France à l'évangélisation de la nouvelle.

Il faut donc regarder les *Relations* comme les annales de l'évangélisation du pays ; les renseignements historiques ne sont pas exhaustifs, bien que le témoignage reste digne de foi. Les jésuites « ont soin d'indiquer leurs sources où ils affirment solennellement ce qu'ils ont eux-mêmes — et ils étaient remarquablement équilibrés — vu ou entendu. Si, dans les débuts surtout, il leur est arrivé de prononcer des jugements hâtifs, ils ont dans la suite apporté les correctifs nécessaires. Hommes du grand siècle, ils savaient observer, distinguer et s'exprimer. Leur langue ne le cède en rien à celle d'auteurs mieux connus qui ont écrit en France, à la même époque ; et nombreuses sont les pages qui figureraient avec honneur dans une anthologie de prosateurs français du dix-septième siècle[3]. »

Le style du père Le Jeune ne manque ni de coloris, ni de chaleur ; le récit est attachant et l'inspiration remarquable. C'est une âme sensible, apostolique et parfaitement équilibrée que les textes révèlent. Un sain optimisme inspire sa vision d'Église et lui montre hommes et faits sous leur aspect favorable. Cette tendance se manifeste constamment ainsi que son aptitude à se laisser instruire par le cours des

---

2. Léon POULIOT. *Paul Le Jeune, 1591-1664*, Montréal, Fides, 1957. Collection « Classiques canadiens », p. 9.
3. *Ibid., op. cit.*

événements ; nous voulons la présenter comme l'intuition primordiale que Le Jeune et ses successeurs eurent de la nouvelle Église en ses débuts.

1632 : Humbles débuts

« Du milieu d'un bois de plus de 800 lieues d'étendue[4] », à Kébec le 28 août 1632, Paul Le Jeune revit, en écrivant, les souffrances de la traversée : « Dieu, dit-il, ne se laisse jamais vaincre : si on lui donne des oboles, il donne des mines d'or[5]. » Dans sa pensée, c'est Dieu qui a dirigé l'aventure. Puis il rappelle son arrivée le jeudi 3 juin où, dit-il, « nous entrâmes dans le pays par l'un des plus beaux fleuves du monde[6] ». Il se plaît ensuite à décrire la messe célébrée par lui à Gaspé le jour de la Sainte Trinité, alors que les voyageurs viennent de mettre pied à terre ; les paroles de l'évangile ouvrent sur la mission universelle de l'Église : « Allez, enseignez toutes les nations, baptisez-les, au nom du Père, du Fils et du Saint Esprit. » « Je pris bon augure de ces paroles, écrit Le Jeune, quoique je visse bien qu'elles ne s'adressaient pas à une personne si misérable que moi ; aussi m'est-il avis que je viens ici comme les pionniers qui marchent les premiers pour faire les tranchées, et par après les braves soldats viennent assiéger et prendre la place[7]. » Se déclarant serviteur inutile, il reconnaît l'origine divine de son mandat.

Parvenu à Québec, il visite la maison de Madame Hébert, veuve de Louis, premier colon, célèbre sa première messe sur les lieux mêmes et constate que Dieu a veillé sur la seule famille française demeurée à Québec pendant l'occupation anglaise : « Dieu les bénit tous les jours[8] » conclut-il en affirmant qu'il a offert « à Dieu le premier sacrifice à Québec[9] ». Paul Le Jeune venait de faire connaissance avec Marie Rollet, veuve de Louis Hébert, remariée à Guillaume Hubou en 1629 ; il avait aussi rencontré Guillaume Hébert, fils de Louis, Guillemette Hébert et son époux Guillaume Couillard avec leurs quatre enfants nés à Québec : Louise, Marguerite, Louis et Élisabeth. Ces neuf

---

4. JRT 1632 v 5, 72.
5. JRT 1632 v 5, 14.
6. JRT 1632 v 5, 16.
7. JRT 1632 v 5, 20.
8. JRT 1632 v 5, 42.
9. JRT 1632 v 5, 43.

personnes de la maison de Madame Hébert forment le noyau primitif d'une population stable au pays.

Jean Nicolet, Jacques Hertel et Jean Godefroy vivent parmi les Indiens en 1632. Le Bailly et Marsolet suivent les Anglais. Adrien Duchesne, chirurgien voyageant sur les bateaux, et Jacques Junier étaient restés au pays sous l'occupation anglaise. Trois familles arrivent au pays en 1632 : Abraham Martin et Marguerite Langlois avec trois ou quatre enfants, le veuf Pierre Desportes avec sa fille Hélène, filleule de Champlain, Nicolas Pivert et sa femme Marguerite Lesage. Il est possible qu'Adrien Dabancour soit venu avec sa femme Simone Dorgeville et leur fille Marie. Quant au personnel d'Émery de Caen, il quitta le pays en 1633.

Sans nul doute, le missionnaire et ses compagnons eurent beaucoup à souffrir devant la situation lamentable de leur résidence de Notre-Dame-des-Anges dévastée par les Anglais ; Le Jeune ne se plaint pas : « Quand on est en un mauvais passage, il s'en faut tirer comme on peut ; c'est beaucoup qu'un tel hôte (les Kirke) soit sorti de notre maison et de tout le pays » dit-il, concluant : « Nous avons de quoi exercer la patience ; je me trompe, dit-il, c'est Dieu même qui porte la Croix qu'il nous donne [10]. » Quant à la mission, elle démarre très lentement : on ignore la langue, les mœurs et les coutumes des Montagnais et des autres indigènes qui circulent autour de Québec. Il faut attendre : « La volonté de Dieu soit faite [11] » conclut Le Jeune à la fin de l'été 1632. Déjà le dessein du Seigneur prend forme, il en a la conviction.

1633 : Premiers espoirs

Vient l'année 1633, avec l'arrivée de Champlain et l'établissement des Cent-Associés comme administrateurs du pays ; Guillaume de Caen est définitivement écarté : « Ce jour a été l'un de nos bons jours de l'année, écrit le jésuite commentant le fait, nous sommes entrés dans de fortes espérances qu'enfin après tant de bourrasques Dieu voulait regarder nos pauvres sauvages de l'œil de sa bonté et de sa miséricorde, puisqu'ils (Associés) s'intéressent en la gloire de Dieu, en la publication de l'Évangile, en la conversion des âmes [12]. » Le missionnaire entre déjà

---

10. JRT 1632 v 5, 44.
11. JRT 1632 v 5, 70.
12. JRT 1633 v 5, 83–85.

dans les vues divines sur le pays, avec un regard bienveillant sur ces peuples nouveaux qui le fascinent. La spiritualité de l'événement marquera la pensée de Le Jeune.

Écrivant la *Relation* de 1633, il médite sur les faits providentiels : avant l'occupation anglaise, Charles Lalemant avait persuadé Nicolas Marsolet de lui enseigner le montagnais et l'algonquin. Interprète pour les sociétés de marchands, Marsolet était prévenu contre les missionnaires et les colons qui préconisaient l'établissement plus que le commerce. Paul Le Jeune, qui désirait vivement apprendre la langue, attribue ce fait à la Providence, car Marsolet avait promis aux Amérindiens de ne pas enseigner leur idiome aux Français.

Puis, le supérieur accueille deux petits pensionnaires, Bienvenu et Fortuné, pour son projet de séminaire. En recevant Fortuné présenté par sa mère, fait inouï chez les Indiens si réticents à céder leurs enfants aux Européens, Le Jeune s'écrie : « Le bon Dieu nous donna deux petits pensionnaires ; oh ! que sa Providence est admirable [13] ! » Il s'agit de deux Montagnais vers lesquels se porteront les efforts de Le Jeune au début. Voulant gagner cette nation et étudier leur langue, il hivernera avec des Montagnais de Tadoussac ; menant avec eux la vie nomade en 1633-1634, il reviendra épuisé et malade. Il a cependant obtenu leur confiance et acquis des connaissances précieuses sur cette tribu.

Apprendre la langue et ouvrir un séminaire pour les jeunes Amérindiens furent les deux premiers objectifs de Paul Le Jeune. Dans la pensée du missionnaire, il faudra « arrêter » les nomades — les rendre sédentaires — afin de les évangéliser. L'optique du fondateur changera avec l'expérience.

Poursuivant sa lecture des faits de l'année 1633, il rend grâce à Dieu pour l'arrivée, le 22 mai, des pères de Brébeuf, Massé, Daniel et Davost, de même que pour l'activité de la Compagnie des Cent-Associés « desquels Dieu veut se servir pour sa gloire [14] » écrit-il. Dans la pensée du jésuite, c'est Dieu qui dirige tout, même le départ manqué, pour le pays des Hurons, des pères de Brébeuf, Daniel et Davost avec quelques Français : Simon Baron, François Petitpré, Robert Lecoq et un jeune garçon envoyé par Champlain, probablement le jeune Eustache Martin, sans doute pour lui faire apprendre le huron. « Dieu a placé des limites dans le temps, écrit Le Jeune, qu'on ne saurait outrepasser ; quand le moment sera arrivé auquel il a délibéré de donner secours à

---

13. JRT 1633 v 5, 136.
14. JRT 1633 v 5, 200.

ces nations, il n'y a digue ni barrière qui puisse résister à sa puissance. Au reste, comme je ne connais point les secrets ressorts de sa Providence, je n'ai pu encore jusqu'à présent m'attrister de ce retardement de nos pères [15]. » L'assassinat à Québec d'un soldat français par un Algonquin de la Petite Nation avait semé la panique chez les Indiens présents à Québec où les Hurons se trouvaient au début d'août, ce qui empêcha le départ des missionnaires. Partiront-ils l'an prochain, se demande Le Jeune ? « J'y veux penser plus à loisir devant Dieu [16] » répond-il.

À la fin de cette année, Paul Le Jeune voit poindre une aurore aux modestes lueurs pour les vastes contrées du Nouveau Monde. Telle est la vision de foi du supérieur de la nouvelle mission.

1634 : l'Église prend forme

L'année 1634 marque l'arrivée de quelques familles françaises : celles de Robert Giffard, de sa femme Marie Renouart et leurs deux enfants Marie et Charles ; suivent deux engagés, Zacharie Cloutier et Jean Guyon qui emmènent chacun leur fils aîné. Henri Pinguet, François Bélanger, Martin Grouvel et Noël Langlois sont probablement venus avec Giffard. Arrivent aussi Jean Juchereau de Maur et son épouse Marie Langlois avec leurs quatre enfants, Jean, Nicolas, Geneviève et Noël. L'ingénieur Jean Bourdon s'amène aussi avec son ami le curé de Saint-Sauveur, Jean Lesueur, premier prêtre séculier de la colonie.

Les pères Jacques Buteux, Charles Lalemant et le frère Liégeois s'ajoutent à ce contingent, de sorte que le père Le Jeune, transporté de joie, glorifie Dieu pour ce peuplement et pour le zèle de la Compagnie des Cent-Associés qui l'a réalisé : « Dieu soit béni à jamais, écrit le jésuite, si sa bonté continue de se répandre sur ces Messieurs (...), tant d'âmes plongées dans une nuit d'erreur qui dure depuis un si long temps, verront enfin le jour des vérités chrétiennes [17]. »

C'est alors que Paul Le Jeune et Jacques Buteux se rendent fonder une mission à Trois-Rivières. Quant à Charles Lalemant, il préfère demeurer comme supérieur à Québec. Une modeste résidence, dite de la Conception, sera bâtie par les deux pères en ce lieu que vient de

---

15. JRT 1633 v 6, 20.
16. JRT 1633 v 6, 21.
17. JRT 1634 v 6, 98.

fonder Laviolette, envoyé par Champlain : Trois-Rivières, carrefour de plusieurs tribus indigènes venant faire la traite des fourrures.

Déjà, Paul Le Jeune baptise des Montagnais remplis de bonnes dispositions et ouverts à l'Évangile. « La septième personne que nous avons mise au nombre des enfants de Dieu, (1634), par le sacrement de baptême, dit-il, c'est la mère du petit sauvage (Fortuné) [18]. » C'était le 1er août. Le missionnaire loue le Seigneur, voyant la grâce de Dieu opérer dans une âme bien disposée. Pour le jésuite, le baptême donne des enfants à Dieu qui prend alors la charge aimante de ses bien-aimés : vue théocentrique s'il en est une !

D'autre part, une épidémie déjà répandue chez les Algonquins et communiquée aux Hurons et aux Montagnais ne diminue en rien l'esprit de louange de l'écrivain : « Dieu soit béni de tout ! [19] » s'exclame-t-il.

Puis, Le Jeune lance un appel à la France : « Je ne demande rien à qui que ce soit, déclare-t-il ; mais je ne puis tenir mes sentiments, quand je vois que la fange (que sont autres choses que les biens d'ici-bas ?) empêche que Dieu ne soit connu et adoré de ces peuples. Et si quelqu'un trouve étrange que je parle en cette sorte, qu'il vienne, qu'il ouvre les yeux, qu'il voie ces peuples crier après le pain de la parole de Dieu, et s'il n'est touché de compassion, et s'il ne crie plus haut que moi, je me condamnerai à un perpétuel silence [20]. » Assuré du dessein d'amour de Dieu sur le pays, il conclut ainsi la *Relation* de 1634 : « Dieu suscitera des personnes qui auront compassion de tant d'âmes, secourant ceux qui les viennent chercher parmi tant de dangers [21]. » Ce n'étaient pas de vains mots, car il voyait ses compagnons partir vers une région située sur la Baie Georgienne, à plus de mille kilomètres de Québec, au sein d'une civilisation néolithique, sans provisions, dépouillés de tout renfort d'une civilisation accumulée depuis huit mille ans. Un seul motif les poussait, celui d'évangéliser les Hurons, ainsi nommés par les Français : entreprise qu'aucun apôtre de l'Église n'avait encore tentée. Et pourquoi les Hurons plutôt que les autres tribus ? À cause précisément de leur caractère sédentaire. Les missionnaires espéraient ainsi les christianiser plus vite et recueillir plus abondamment les fruits apostoliques qu'ils désiraient avec un zèle peu commun.

---

18. JRT 1634 v 6, 134.
19. JRT 1634 v 7, 226.
20. JRT 1634 v 7, 224.
21. JRT 1634 v 7, 232.

Il est certain que Paul Le Jeune ne mesurait pas l'enjeu d'une pareille entreprise. Quels sont ceux qui partiraient, malgré les obstacles suscités encore cette année par les Algonquins? Ceux-ci tentaient d'empêcher les Hurons de descendre à Trois-Rivières afin de conserver l'exclusivité du commerce avec les Français; ils étaient cependant trop faibles pour se passer des Hurons et des Français déjà habitués à communiquer sans leur intermédiaire. On sait que les Hurons étaient les grands agents de commerce dans tout le pays. À force de présents offerts aux Hurons, l'Amiral Du Plessis, déjà rendu aux Trois-Rivières avec les missionnaires et leurs aides, eut raison de l'opposition des Algonquins : Jean de Brébeuf, Antoine Daniel et Ambroise Davost partirent avec les Français Simon Baron, François Petitpré, Robert Lecoq, Eustache Martin, fils d'Abraham, un adolescent, Dominique Scot, et probablement aussi Pierre Martin. Après les grandes fatigues du voyage, la maladie des Hurons et les dangers multiples, le groupe français parvint à Ihonatiria, premier centre d'évangélisation de la Huronie.

Bref, débuts de la mission huronne, fruits déjà prometteurs chez les Montagnais et même chez les Algonquins, embryon de mission aux Trois-Rivières pour les Attikamègues et les Indiens de passage pour la traite des fourrures, noyau d'Église française à Québec : déjà une Église prend forme. Paul Le Jeune en rend grâce au Seigneur dans le Cœur duquel tout commence en cette Nouvelle-France, il en a la conviction. Lui, il est le témoin actif de l'œuvre de Dieu en ce pays nouveau. Il termine la *Relation* de 1634, laquelle contient une importante monographie sur les Montagnais mieux connus lors de son récent hivernement avec eux, « de la petite maison Notre-Dame-des-Anges, en la Nouvelle-France, le 7 août 1634 ».

1635 : Une Église, nouvelle Jérusalem

En 1635, de nouvelles familles françaises enrichissent la colonie : les familles Cloutier (sept personnes), Guyon (neuf personnes) et Pinguet (cinq personnes) dont l'immigration, commencée l'année précédente, fut complétée. Arrivent aussi Gaspard Boucher et Nicole Lemaire avec leurs cinq enfants, Marin Boucher et Perrine Mallet accompagnés de leurs deux fils Pierre et Nicolas à ne pas confondre avec Pierre, fils de Gaspard; Thomas Giroust et sa femme anonyme. On compte maintenant vingt foyers, y compris ceux des trois mariages célébrés à Québec : Jean Bourdon et Jacqueline Potel, Jean Côté et Anne Martin, Martin Grouvel et Marguerite Aubert.

La même année, les jésuites ouvrent le Collège doté par le marquis de Gamache, modeste école pour les enfants français qui veulent faire leurs humanités. Quatre baptêmes sont enregistrés chez les Français : ceux de Guillaume Couillard le 18 janvier, de Marie Martin le 10 avril, de Robert Langlois le 18 juillet et de Louis Côté le 25 octobre. Le fondateur de Québec, Champlain, meurt le 25 décembre. L'intérim est rempli par Marc-Antoine Brasdefer de Châteaufort, son lieutenant.

Le père Le Jeune accueille sept nouveaux jésuites : les pères Pierre Pijart, François Lemercier, Jean Dequen, Charles Dumarché, Claude Quentin, les frères Pierre Feauté et Pierre Letellier.

Nous ne mentionnons pas les simples engagés à contrat qui retourneront en France, ni les soldats de la garnison du fort à Québec. Mais déjà un noyau chrétien est formé en vue d'une Église qui doit être lumière pour les Amérindiens, dans la pensée du supérieur de la mission comme dans celle de la Compagnie de la Nouvelle-France, laquelle fait de grands efforts pour peupler le pays. Pour le moment, les dettes dépassent de beaucoup le revenu fourni par la vente des fourrures.

Les Hurons commencent à accueillir le message évangélique ; les baptêmes continuent chez les Montagnais ; Le Jeune, écrivant dans la *Relation* les progrès de la foi commence en affirmant « qu'il voit naître une Église[22] ». À partir de là, les expressions d'Église naissante, d'Église nouvelle abonderont dans les récits pittoresques du supérieur.

Développant son inspiration initiale, le jésuite, nourri d'images scripturaires, verra surgir lentement une « nouvelle Jérusalem » au milieu de ces forêts immenses : « Il se dressera ici une Jérusalem bénite de Dieu, composée de citoyens destinés pour le ciel (...) ; la Nouvelle-France ne veut point de ces habitants de Cedar et de Babylone[23]. » Puis il souhaite déjà une Église pure aux mœurs parfaites : « Il est bien aisé dans un pays nouveau, où les familles arrivent toutes disposées à recevoir les lois qu'on y établira, de bannir les méchantes coutumes de quelques endroits de l'ancienne France, et d'en introduire de meilleures[24]. » Les avertissements du jésuite sont pris au sérieux par les Messieurs de la Compagnie du Saint-Laurent tous « zélés pour la gloire de notre bon Dieu, intéressés davantage dans la cause de Dieu et dans la vertu que dans le commerce » écrit Le Jeune. Aussi n'est-il pas

---

22. JRT 1635 v 7, 254.
23. JRT 1635 v 7, 272.
24. JRT 1635 v 7, 273.

étonnant de lire que « vivre en la Nouvelle-France, c'est à vrai dire vivre dans le sein de Dieu [25] ». Oui, poursuit un jésuite rendu chez les Hurons, écrivant au supérieur de Québec, « la Nouvelle-France est un vrai climat où on apprend parfaitement bien à ne chercher que Dieu, ne désirer que Dieu seul, avoir l'intention purement à Dieu, et à ne s'attendre et ne s'appuyer qu'en sa divine et paternelle providence [26] ». Aussi y respire-t-on « l'air de sa (Dieu) divine conduite et on ne saurait croire la douceur de cet air-là, si ce n'est quand actuellement on le respire [27] ». Tel est le « climat » initial du pays, d'après les écrits de Paul Le Jeune.

Est-ce à dire que déjà la réalité dépasse le rêve ? « Nous reconnaissons évidemment qu'il faut que ce soit le ciel qui convertisse la terre de la Nouvelle-France et que nous ne sommes pas assez forts [28] » constatent les pères en faisant un vœu à l'Immaculée Conception de la Vierge le 8 décembre 1635, cent ans après le vœu du Montmartre d'Ignace, de Xavier et des premiers compagnons, le 15 août 1534, où Jacques Cartier découvre le Canada. « Nous vous promettons et faisons vœu, comme aussi à la très sainte Vierge, et à son glorieux Époux saint Joseph, de célébrer douze fois ès douze mois suivants le sacrifice de la sainte Messe pour ceux qui sont prêtres, et pour les autres de réciter douze fois la Couronne ou le chapelet de la Vierge en l'honneur et en action de grâce de son Immaculée Conception, et de jeûner tous la veille de cette fête ; vous promettant en outre que si on érige quelque église ou chapelle stable dans ce pays, dans le cours de ce temps limité, que nous la ferons dédier à Dieu sous le titre de l'Immaculée Conception. (...) Le tout pour obtenir de Notre-Seigneur la conversion de ces peuples, par l'entremise de sa sainte Mère et de son saint Époux [29]. » La basilique de Québec, église mère de l'Amérique du Nord, existe encore aujourd'hui sous le vocable de l'Immaculée Conception, après sa consécration en 1666, par Mgr de Laval.

Du pays des Hurons en 1636, saint Jean de Brébeuf écrit au supérieur de Québec : « Dieu soit infiniment loué, et la bienheureuse Vierge, car nous pouvons dire que de ce jour-là (la Purification, le 2 février), nous prîmes possession de cette petite jeunesse, qui a continué depuis à s'assembler tous les dimanches dans notre cabane

---
25. JRT 1635 v 8, 168.
26. JRT 1635 v 8, 169.
27. JRT 1635 v 8, 168.
28. JRT 1635 v 8, 190.
29. JRT 1635 v 8, 192.

pour prier Dieu. Il était bien raisonnable, continue-t-il, que puisqu'ils avaient commencé à naître enfants de Dieu le jour de l'Immaculée Conception de cette sainte Vierge, ils commençassent aussi le jour de la Purification à pratiquer le devoir de chrétien, pour le continuer le reste de leur vie ; c'est ce que nous espérons par l'entremise de cette Mère de miséricorde, qui nous a fait assez paraître que sans doute elle veut être la MÈRE de cette NOUVELLE ÉGLISE [30]. » Nous ne sommes pas loin du Concile Vatican II, après lequel Paul VI proclama Marie Mère de l'Église !

Puis, Paul Le Jeune médite sur certains faits de l'année : il apprend que déjà la France s'enthousiasme pour ce pays nouveau. Des monastères de religieuses offrent d'y envoyer des missionnaires. Le prudent jésuite avertit : « Les hommes se tirent bien mieux des difficultés ; mais pour des Religieuses, il leur faut une bonne maison, quelques terres défrichées et un bon revenu pour se pouvoir nourrir et soulager la pauvreté des femmes et des filles sauvages. Hélas mon Dieu ! s'écrie-t-il, si les excès, si les superfluités de quelques dames de France s'employaient à cet œuvre si saint, quelle grande bénédiction feraient-elles fondre sur leur famille ! [31] » Et plus loin, comptant sur Dieu qui inspire les cœurs, il lance ces traits enflammés : « Voilà des vierges tendres et délicates, toutes prêtes à jeter leur vie au hasard sur les ondes de l'océan ; de venir chercher de petites âmes dans les rigueurs d'un air bien plus froid que l'air de la France ; de subir des travaux qui étonnent des hommes mêmes, et on ne trouvera point quelque brave Dame qui donne un passeport à ces Amazones du grand Dieu, leur dotant une maison pour louer et servir sa divine Majesté en cet autre monde ? Je ne saurais me persuader que Notre-Seigneur n'en dispose quelqu'une pour ce sujet [32]. »

Sachant bien que le succès dépend de Dieu même si l'on doit faire son possible afin de l'obtenir, Paul Le Jeune, comme saint Ignace, espère tout du Seigneur : sa confiance sera exaucée. Dès 1636, la nièce de Richelieu, Madame de Combalet, bientôt duchesse d'Aiguillon, fait part au supérieur de son projet de fonder un hôpital en Nouvelle-France. « Le doigt de Dieu est là, écrit le jésuite en apprenant le fait, la main de Dieu conduit cette entreprise [33]. »

Les événements de 1635 confirment la pensée de Paul Le Jeune sur l'Église qu'il voit naître comme une Nouvelle Jérusalem : vision de

---

30. JRT 1636 v 10, 72.
31. JRT 1635 v 7, 260.
32. JRT 1635 v 7, 261.
33. JRT 1635 v 7, 258.

saint Luc dans les Actes des Apôtres et de saint Jean dans l'Apocalypse... Ces vues de l'écrivain inspireront les esprits religieux de l'ancienne et surtout de la Nouvelle-France. Dans la pensée du jésuite, la sainteté y apparaîtra comme celle d'une Jérusalem aux mœurs si pures qu'elle sera « céleste » ! Marie en est la Mère et saint Joseph le patron : c'est de bon augure !

1636 : L'Église, Jérusalem céleste

Réfléchissant aux progrès déjà réalisés, Paul Le Jeune finit la *Relation* de 1635 en affirmant « que c'est un bien pour l'une et l'autre France d'envoyer ici des colonies ; mais, dit-il, il semble qu'il soit nécessaire qu'une grande étendue de bois soit changée en terres labourables, auparavant que d'introduire un plus grand nombre de familles, autrement la faim les pourrait égorger [34]. »

Cet avis judicieux servira la cause d'une prudente immigration, à la grande joie de Paul Le Jeune qui commence le récit de l'année 1636 sur les « affaires de la Nouvelle-France », entrevues par lui comme les « affaires de Dieu conduites selon ses desseins [35] ».

Après avoir mentionné l'arrivée des pères Nicolas Adam, Pierre Chastellain, Charles Garnier, Isaac Jogues et des frères Cauvet et Gaubert, Paul Le Jeune écrit : « Notre joie ne se tint pas là : la quantité de familles qui venaient grossir notre colonie l'accrut notablement ; celles entre autres de Monsieur de Repentigny et de Monsieur de la Poterie, braves Gentilshommes, composées de quarante cinq personnes. C'était un sujet où il y avait à louer Dieu, de voir en ces contrées, des Damoiselles fort délicates, des petits enfants tendrelets sortant d'une prison de bois, comme le jour sort des ténèbres de la nuit, et jouir après tout d'une aussi douce santé, nonobstant toutes les incommodités qu'on reçoit dans ces maisons flottantes, comme si on s'était pourmené au cours dans un carosse. Voilà comme ce jour nous fut doublement un jour de fête et de réjouissance [36]. » Pierre Legardeur de Repentigny a pu amener des engagés : Jean Millouer, Denis Boucher, Guillaume Isabel, Marin Terrier, Pierre Grimoult, Pierre Fernelle, René Mézeray, Jean Lebrossier. L'accompagnaient aussi sa mère Charlotte de Cordé, sa femme Marie Favery, son frère Charles et ses trois enfants. Jacques

---

34. JRT 1635 v 8, 14.
35. JRT 1636 v 8, 214.
36. JRT 1636 v 8, 220.

Leneuf de la Poterie, beau-frère de Pierre Legardeur, sera suivi de sa mère, Jeanne Marchand, de son frère Michel, célibataire qui demeurera avec sa mère, de sa femme Marguerite Legardeur et de ses trois filles, d'une fille adoptive nommée Anne, d'une servante Catherine Goujet et de ses neveux Poutrel. C'était le début d'une noblesse en Nouvelle-France.

D'autres familles les accompagnent: Philippe Amiot et Anne Convent avec trois enfants; Charles Amiot; Charles Sevestre et Marie Pichon sa femme, ses frères Étienne, Jacques et Thomas, sa mère Marguerite Petitpas, quatre enfants Gautier du premier mariage de sa femme et deux enfants Sevestre. Charles Sevestre occupera plus tard d'importantes fonctions comme commis du magasin de la Société des Habitants. Arrivent aussi Pierre Blondel et Alyson Gourdin qui se rendront aux Trois-Rivières; Antoine Arnaux et sa femme Madeleine; Pierre Gadois et Louise Mauger avec leurs trois enfants et les deux associés Caumont; Nicolas Pelletier et Jeanne Devoussy avec deux fils; Jamen Bourguignon et Claire Morin, mariés à Québec le 30 novembre 1636, compléteront le nombre de trente ménages que l'on peut dénombrer à Québec en 1636. S'ajoutent aussi les sept ouvriers envoyés par la Duchesse d'Aiguillon afin de préparer la venue des hospitalières.

Tel est le peuple de Dieu en Nouvelle-France, lequel s'accroît tous les jours de nouveaux baptisés: « En tout, on a fait enfants de l'Église, depuis le départ des vaisseaux jusques à présent, (en 1636), cent quinze sauvages. De plus, Dieu nous a donné de grandes ouvertures pour le salut de ces peuples, les faisant résoudre à deux points, qui font voir que la foi entre dans leur âme [37] » : le baptême de leurs enfants malades et celui des adultes à l'extrémité. « Toutes ces faveurs, conclut Le Jeune, sont venues du ciel par les mérites de la sainte Vierge et de son glorieux Époux. »

Les autorités civiles concéderont des terres aux nouveaux arrivants, sur le terrain de Québec jusque vers Sillery, puis à la rivière Saint-Charles [38]. Pour les concessions de terres à Beaupré, il faudra attendre en 1638. Paul Le Jeune, en responsable de la mission, encourage fortement le défrichement et la culture. Rappelant la distribution de fiefs aux tribus d'Israël lors de l'entrée dans la terre promise, il écrit au sujet des prières adressées à Dieu en France: « Une marque que Dieu veut donner est quand il se fait demander, et demander avec ardeur,

---

37. JRT 1636 v 8, 244.
38. Cf. Lucien CAMPEAU. *Les Cent-Associés et le peuplement de la Nouvelle-France*. Montréal, Bellarmin, 1974, p. 25–31.

avec amour et avec persévérance. Nous sentons les efforts de ce puissant secours : si ce bruit des trompettes du ciel dure, les murs de Jéricho tomberont, ils semblent déjà s'ébranler [39]. » Descendant spirituel des Israélites, Le Jeune bien enraciné dans la terre de Dieu ne s'élève pas moins rapidement vers la cité d'en haut : « C'est la vertu qu'il faut avoir, non seulement pour bâtir une Église de pierres, mais encore plus, pour une Jérusalem céleste [40]. » Réaliste et nourri d'une mystique toute biblique, Paul Le Jeune se révèle un fondateur de la Nouvelle-France à l'égal des Champlain, des Montmagny et des Lauzon, gouverneurs bien intégrés à la réalité canadienne. Une mentalité sécularisante est impensable à cette époque : la simple objectivité scientifique nous oblige à une vision religieuse des débuts de notre histoire. « Je ne sais quel succès auront les affaires de la Nouvelle-France, écrit-il, ni quand nous y verrons la porte pleinement ouverte à l'Évangile, mais je sais bien néanmoins que c'est Dieu qui conduit cette entreprise [41]. »

Après avoir mentionné ceux qui s'intéressent activement au pays, à commencer par le Roi Louis XIII, le cardinal de Richelieu, les nobles et les grandes dames, les monastères entiers qui s'offrent dans la prière et les sacrifices, le responsable de l'Église de Dieu en ce pays affirme : « J'en ai assez dit pour faire voir que la Nouvelle-France est bien avant dans le Cœur de Dieu, puisqu'elle a une si bonne place dans ceux de tant de personnes qui lui sont chères [42]. » Citant des extraits de lettres reçues de l'ancienne France, il termine par cet énoncé : « Il faut que vous sachiez que la Nouvelle-France commence d'entrer dans les esprits de plusieurs personnes, ce qui me fait croire que Dieu la regarde d'un œil favorable [43]. » Ainsi s'exprime Marie de l'Incarnation déjà prévenue par le ciel au sujet du Canada lors du songe prophétique de la Noël 1633.

Bref, l'œuvre de Dieu commence à prendre forme et Le Jeune se met à rêver grand : « La Nouvelle-France sera un jour un Paradis terrestre, si Notre-Seigneur continue à la combler de ses bénédictions tant corporelles que spirituelles. Mais il faut en attendant, nous avise-t-il, que ses premiers habitants y fassent ce qu'Adam avait reçu commandement de faire en celui qu'il perdit par sa faute. Dieu l'y avait mis pour l'engraisser de son travail, et le conserver par sa vigilance, et non pour y être sans rien faire. J'ai plus envie de voir ce pays défriché que

---

39. JRT 1636 v 9, 94.
40. JRT 1636 v 9, 90.
41. JRT 1636 v 8, 222.
42. JRT 1636 v 8, 242.
43. JRT 1636 v 8, 238.

peuplé. Les bouches inutiles y seraient à charge pour ces premières années [44]. » Voilà pour le rêveur réaliste s'il en fut un !

Ces vues optimistes sur la nouvelle Église « céleste » n'empêchent point le responsable d'y voir clair : « Il y a par tout quelques esprits plus libertins, qui croient que les lois les plus douces sont des chaînes ; mais leur mécontentement sont les maladies de leur esprit, non la rigueur des ordonnances qui n'ont point d'amertume... [45] » Reste à voir, car il enchaîne tout naturellement : « Le 29e de décembre de l'an 1635 furent mises à un pilier devant l'Église des affiches et des défenses sur certaines peines : de blasphémer, de s'enivrer, de perdre la messe et service divin aux jours de fêtes. En suite de quoi, un carcan fut attaché au pilier, et un chevalet après, pour les délinquants, où fut mis par effet le 6e janvier un ivrogne et blasphémateur. Et le 22e, un de nos habitants fut condamné à cinquante livres d'amende pour avoir fait enivrer quelques sauvages. » Et sa conclusion ? « Les meilleures lois du monde ne valent rien si on ne les fait garder ! » Voilà pour les austérités des origines !

Pas étonnant d'entendre le supérieur affirmer qu'il voit tous les ans « aborder bon nombre de très honorables personnes qui se viennent jeter dans nos grands bois, comme dans le sein de la paix, pour y vivre ici avec plus de piété, plus de franchise, et plus de liberté [46] ». L'année suivante, il renchérira : « Le sol de la Nouvelle-France est arrosé de tant de bénédictions célestes que les âmes nourries à la vertu y trouvent leur vrai élément, et partant s'y portent mieux qu'ailleurs ; pour celles que leurs vices ont rendues malades, non seulement elles n'empirent point, mais bien souvent, venant à respirer un air salubre et bien éloigné des occasions de péché, changeant de climat, elles changent de vie, et bénissent cent fois la douce providence de Dieu qui leur a fait trouver la porte de la fidélité [47]. » Le climat spirituel n'est pas moins pur et subtil que l'air respiré en Nouvelle-France. « Plût à Dieu que les âmes amoureuses de la paix, dit-il, pussent voir combien douce est la vie éloignée des géhennes de mille compliments superflus, de la tyrannie des procès, des ravages de la guerre, et d'une infinité d'autres bêtes sauvages qu'on ne rencontre point dans nos forêts ! » Bref, nous en sommes à l'âge d'or de la nouvelle Église : la hargne des Iroquois n'a pas fait des siennes et

---

44. JRT 1636 v 9, 190.
45. JRT 1636 v 9, 144.
46. JRT 1636 v 9, 138.
47. JRT 1636 v 9, 139.

l'esprit laïcisant des années 1663 et suivantes n'influence pas encore les esprits.

D'ailleurs, il constate avec satisfaction le comportement religieux des Français dont il loue la régularité et la présence à l'Église : augmentation des paroissiens à la messe célébrée dans la chapelle-église de Québec bâtie en 1635, solennité du service religieux, catéchisme après les vêpres, prédications, chants, etc. « Il me semblait qu'une Église bien réglée où Dieu est servi avec amour et respect, avait traversé la mer, dit-il, ou que je me trouvais tout d'un coup dans notre France, après avoir passé quelques années au pays des sauvages[48]. »

Dès 1634, parlant « des bons déportements des Français », Paul Le Jeune cite en exemple la maison de Monsieur de Champlain : « Le fort a paru une Académie bien réglée, Monsieur de Champlain faisant faire la lecture à sa table le matin de quelque bon historien, et le soir de la vie des saints ; le soir se fait l'examen de conscience en sa chambre et les prières en suite qui se récitent à genoux. Il fait sonner la salutation angélique au commencement, au milieu et à la fin du jour, suivant la coutume de l'Église. En un mot, nous avons sujet de nous consoler voyant un chef si zélé pour la gloire de Notre-Seigneur et pour le bien de ces Messieurs[49]. » « Retenant un chacun dans son devoir », Monsieur de Champlain honore de sa bienveillance les responsables de la mission en faisant bâtir une chapelle proche du fort, dédiée à Notre-Dame. Aussi est-ce en ces termes que Le Jeune annonce sa mort en 1635 : « Le 25e Décembre, jour de la naissance de notre Sauveur, Monsieur de Champlain, notre Gouverneur, prit une nouvelle naissance au ciel ; du moins nous pouvons dire que sa mort a été remplie de bénédictions. Je crois que Dieu lui a fait cette faveur en considération des biens qu'il a procurés à la Nouvelle-France, où nous espérons qu'un jour Dieu sera aimé et servi de nos Français, et connu et adoré de nos sauvages[50]. » On imagine la teneur de l'éloge funèbre prononcé par le supérieur des jésuites à cette occasion.

Son remplaçant, M. Huault de Montmagny, ne se montrera pas moins dévot et empressé à servir l'Église, donnant en tout l'exemple aux Français, parrainant le baptême des Indiens, visitant les malades dans leur cabane. L'année 1636, date de l'arrivée de Montmagny, sera bénéfique pour la nouvelle Église. Paul Le Jeune aura la confiance entière de ces deux gouverneurs. D'Ailleboust se montrera des plus

---

48. JRT 1636 v 9, 146.
49. JRT 1634 v 6, 102.
50. JRT 1636 v 9, 206.

religieux, mais plus ou moins habile dans le gouvernement du pays; quant à D'Argenson et D'Avaugour, ils ne seront jamais pleinement à l'aise en un pays déjà différent de l'ancienne France. Lauzon sera peut-être le plus avisé dans les affaires aussi bien civiles que religieuses. Pour le moment, nous sommes à l'âge d'or avec les Champlain et les Montmagny; Le Jeune le sent bien, lui qui écrit en cette année 1636 : « Il me semble qu'en contemplant le progrès des affaires de la Nouvelle-France, je vois sortir une aurore des profondes ténèbres de la nuit, laquelle embellissant de ses rayons dorés la surface de la terre se change à la parfin en ce grand océan de lumière que le soleil apporte[51]. » Puis, faisant un peu l'inventaire du petit peuple et des grands, il résume : « Disons que nous avons ici deux braves chevaliers, l'un pour gouverneur, c'est Monsieur de Montmagny, l'autre pour son lieutenant, c'est Monsieur de l'Isle. Nous y avons aussi de très honnêtes Gentils hommes, nombre de soldats de façon et de résolution; le reste des habitants fait un gros de diverses sortes d'artisans et de quelques honorables familles, qui s'est notablement accru cette année[52]. » Bref, c'est une année faste pour le supérieur des jésuites en Nouvelle-France !

1637–39 : Une Église sur le modèle de la primitive

L'idée de pureté de mœurs finit par inspirer au supérieur de la mission le modèle d'une Église primitive telle que saint Luc la présente dans les Actes des Apôtres. Au cours des événements qui surviennent, il se reporte aux faits et coutumes des premières années du christianisme pour expliquer ce qui se passe. Veut-il demander aux pères de ne pas presser le baptême? « J'avoue, dit-il, qu'il faut soigneusement prendre garde de ne point baptiser ceux qui sont en santé, sans les avoir éprouvés et tenus au rang des catéchumènes comme il se faisait en la primitive Église[53]. » Apprend-il que les pères de la Huronie sont accusés d'avoir apporté la maladie et la mort chez les Hurons, vu l'épidémie qui sévit d'abord en 1634, puis récidive violemment en 1637? « Tous les malheurs, dit-il, toutes les pestes, les guerres et les famines qui affligeaient le monde au premier âge de l'Église naissante s'attribuaient jadis à la foi de Jésus-Christ et à ceux qui l'embrassaient ou qui la prêchaient ; ce qui s'est passé touchant ce point en la primitive

---

51. JRT 1636 v 9, 132.
52. JRT 1636 v 9, 140.
53. JRT 1637 v 11, 138.

Église se voit tous les jours en la Nouvelle-France, notamment au pays des Hurons. Il n'y a malice noire dont nous ne soyons chargés[54]. » Le père de Brébeuf lui fait-il parvenir la lettre-testament de 1637, dans laquelle tous les pères de la mission huronne (Paul Ragueneau, François Lemercier, Pierre Chastellain, Charles Garnier, Pierre Pijart, Isaac Jogues) se disent prêts à mourir plutôt que de quitter la mission ? Car ils avaient appris le complot ourdi contre eux par les chefs hurons qui avaient décrété leur mort. Paul Le Jeune rappelle que le martyre a présidé à la naissance de l'Église : « Le grand-prêtre n'entrait point jadis au Sancta Sanctorum qu'après l'effusion du sang de quelques victimes. J'ai bien de la peine à me persuader que ces peuples, notamment dans le pays où ils sont en nombre (Huronie), entrent en l'Église sans sacrifice, je veux dire, sans que quelqu'un de ceux qui les instruiront soient mis à mort. À peine on a commencé à leur découvrir quelques vérités de l'Évangile, qu'on a ressenti des oppositions ; si on dit qu'elles ont été petites, aussi ne les a-t-on pas encore fortement prêchées. Le diable ne laissera pas détruire son empire sans rendre combat ; il a commencé d'aiguiser quelques langues contre nous, mais à sa confusion[55]. » Ces derniers mots font sans doute allusion au fait que le père de Brébeuf réussit à détourner les chefs de leur projet en les invitant à partager un festin d'adieu qu'il avait imaginé.

Bref, la pensée de la primitive Église comme modèle et norme de l'Église naissante du Canada ne cesse d'inspirer le supérieur de la mission, qui écrit nettement au début de la *Relation* de 1637 : « Plus cette Église naissante a de rapport avec la primitive, plus elle nous donne d'espérance de lui voir porter des fleurs et des fruits du Paradis[56]. » Et voilà pour la pensée on ne peut plus nettement exprimée !

Ce modèle primitif inspirera la plupart de ceux et celles qui travailleront à établir cette Église nouvelle du Canada : Marie de l'Incarnation, Marguerite Bourgeoys et la colonie entière de Montréal. Les hospitalières qui avaient lu les *Relations* avaient dû être frappées par le rapprochement que faisait l'écrivain. Il est non moins sûr que l'Esprit Saint inspirait et éclairait tous ceux qui devaient contribuer à édifier cette nouvelle Église. Le symbole d'une chrétienté primitive incite Le Jeune à préconiser pour la colonie française des mœurs rigoureuses et pures, car les Français doivent servir de modèle aux

---

54. JRT 1637 v 12, 84.
55. JRT 1637 v 11, 238.
56. JRT 1637 v 11, 42.

Amérindiens. « Tous les ans, écrit-il, les vaisseaux nous apportent quantité de personnes qui viennent grossir notre colonie ; ce nombre est mêlé comme la monnaie d'or et de faux aloi ; il est composé d'âmes d'élite et bien choisies, et d'autres bien basses et bien ravalées [57]. » Puis l'exigeant jésuite nous avise que ces dernières mêmes n'empirent point mais, changeant de climat, changent de vie !

Quelle est donc cette « quantité » de personnes qui s'amènent en 1637 ? D'abord, les pères Claude Pijart et Paul Ragueneau. Bien des manuels d'histoire mentionnent l'arrivée de Ragueneau en 1636 : c'est une erreur, car c'est son frère jésuite, François Ragueneau, qui est passé au pays en 1636. Guillaume Couture, Charles et Guillaume Boivin, Christophe Régnaut les suivent comme domestiques jusqu'en Huronie où ils sont envoyés par le supérieur. Les vaisseaux amènent aussi Jean Godefroy et Marie Leneuf, Nicolas Marsolet, réconcilié avec les Cent-Associés, avec son épouse Marie Lebarbier. En outre, Noël Brûlart envoyait des ouvriers pour la construction de la Réduction de Sillery : François Boullé, Joblin Bridé et leurs épouses anonymes. Arrivent aussi un second Jean Guyon et sa femme Madeleine Goule et d'autres, qui retourneront en France.

Des engagés, libérés de leur contrat, se marient au nombre de huit : François Bélanger et Marie Guyon, Antoine Brassart et Françoise Méry, Robert Caron et Marie Crevet, François Drouet et Perrine Godin, Robert Drouin et Anne Cloutier, Olivier Letardif et Louise Couillard, Jean Nicolet et Marguerite Couillard, Jacques Selle et Marie-Marguerite Bérard. En 1637, 45 ménages français peuplent Québec et Trois-Rivières, y compris la maison de Michel Leneuf. François Marguerie, Jean Nicolet, Jacques Hertel et Jean Godefroy deviennent interprètes et s'établissent à Trois-Rivières.

À Québec, huit naissances sont enregistrées : Charles Legardeur le 7 mars, Jacques Bourdon le 26 mars, Marie Pelletier le 3 août, Antoine Arnaux le 14 juin, Anne Langlois le 2 septembre, Simone Côté le 19 décembre, Jacqueline Sédillot le 21 décembre, Michel Godefroy né aux Trois-Rivières le 21 octobre.

Les travaux de Monsieur Pierre de Puiseaux sur sa terre de Saint-Michel et son fief de Sainte-Foy supposent un bon nombre d'employés dont on n'a pas conservé les noms. Nous ne mentionnons pas non plus le personnel du fort et les engagés pour le magasin et autres services.

Évaluant tout son monde, Le Jeune déclare : « La justice règne ici, l'insolence en est bannie ; l'impudence n'oserait lever la tête. Il est

---

57. JRT 1637 v 11, 62.

extrêmement important d'introduire de bonnes lois et de saintes coutumes, en ces premiers commencements, car ceux qui viendront après nous marcheront sur nos brisées et suivront aisément la pente que nous leur aurons donnée, soit à la vertu, soit au vice [58]. » Toujours dans le sillage lumineux des mœurs de la primitive Église, le supérieur écrit, en parlant du gouverneur, des nobles et des responsables de la colonie : « Tous les principaux de notre colonie honorent la religion ; je le dis avec joie et bénédiction de Dieu, ceux que sa bonté nous a donnés pour commander, et ceux encore qui se vont établissant en ces contrées goûtent, chérissent et veulent suivre les maximes les plus sincères du vrai christianisme [59]. »

Ces affirmations seraient lassantes à la longue, si le jésuite ne faisait preuve d'un sain réalisme : « Ceux qui ont cru que le désordre régnait en notre colonie, dit-il, en louent avec joie la piété et la dévotion, pourvu qu'ils ne s'effarent pas, et qu'ils ne crient point que tout est perdu pour voir les défauts de temps en temps de quelques particuliers ; car encore bien que je loue et que j'honore grandement nos Français de la Nouvelle-France, je ne nie pas que nous n'ayons des infirmes et des malades [60]. »

La mission

Et la conversion des Amérindiens ? « C'est dans la seule patience qu'on recueille le fruit des âmes, répond-il. Il me semble que je vois deux extrémités bien différentes en quelques personnes : les uns attendent trop tôt, les autres rejettent trop loin la conversion des sauvages ; la patience se loge au milieu, elle emportera ce que les uns pensent déjà tenir et qu'ils n'auront pas si tôt ; elle jouira en son temps de ce que les autres désespèrent [61]. » Et plus loin, il s'écriera justement : « Au nom de Dieu, prenons patience ; c'est justement l'humeur du Français de vouloir achever quand il commence. On voit de petites étincelles, on voudrait déjà se chauffer à un grand brasier [62]. »

Des résultats tangibles : c'est ce que désirent les catholiques de France tout enflammés de zèle missionnaire. « L'an passé, leur écrit Le Jeune, nous baptisâmes environ cent sauvages ; cette année, nous en avons baptisé plus de trois cents en tout, tant aux Hurons qu'à Kébec

---

58. JRT 1637 v 11, 76.
59. JRT 1637 v 11, 74.
60. JRT 1637 v 11, 75.
61. JRT 1637 v 11, 60.
62. JRT 1637 v 12, 220.

et aux Trois-Rivières [63]. » Et plein d'optimisme, il s'écrie, en 1638 : « Si plusieurs mains s'ouvraient à ces pauvres barbares, qu'on ferait une belle Église [64] ! » Une Église de la mission comme en rêve ardemment Paul Le Jeune avec toute la France religieuse ; mais aussi une Église de la communion avec le noyau français qui prend plus de cohésion, les difficultés de la colonisation favorisant cette union remarquable des premiers temps du pays. Bref, déjà le mystère d'une Église de la communion et de la mission se profile en Nouvelle-France.

À Québec

La principale réalisation, c'est la construction de la Réduction de Sillery. Paul Le Jeune parlait depuis les premières *Relations* « d'arrêter » les Amérindiens ; pour lui, les rendre sédentaires et cultivateurs, c'était les gagner à la foi. En France, Noël Brûlart de Sillery, commandeur de l'ordre de Malte, remarqué autrefois à la cour d'Henri IV par les qualités de son esprit et par sa vertu, se convertit en 1625. « Il est vrai que je suis tout au monde, écrit-il à sa sœur, mais j'espère être un jour tout à Dieu. » Ce jour, il quitta la vie frivole et luxueuse qu'il menait et, sous la direction ferme et douce de Vincent de Paul, il s'adonna à la vie intérieure, abandonna le magnifique hôtel de Sillery pour s'établir dans une modeste demeure près du monastère de la Visitation à Paris. Il reçut même le sacerdoce.

Ayant appris du père Le Jeune son projet d'établir une réduction pour les Montagnais et les Algonquins, il lui donna une forte somme à cette fin. Il chargea le père Le Jeune de choisir, près de Québec, l'endroit le plus favorable au projet, il mit à sa disposition une vingtaine d'ouvriers pour la construction des bâtiments, de la chapelle, et pour le défrichement des terres. L'acte officiel de donation date de 1639 ; mais dès 1637, les travaux commencent, sur ses ordres. Cependant, Brûlart mourut l'année suivante et sa donation aux jésuites fut perdue. D'autre part, il est vraisemblable que Monsieur de Puiseaux soit venu au secours des jésuites par après.

C'est donc à Sillery que Paul Le Jeune jeta les fondements de la résidence des pères, de maisons pour les nouveaux chrétiens, d'un hôpital tenu par les hospitalières à partir de 1639, d'un fort destiné à protéger le village, enfin d'une chapelle sous le vocable de saint Joseph. En 1638, deux familles algonquines de près de vingt personnes,

---

63. JRT 1637 v 11, 80.
64. JRT 1638 v 14, 224.

celles de Noël Négabamat et de François Xavier Nenaskoumat, vinrent s'établir comme pierres vivantes de cette première réduction. L'effet s'en ferait sentir jusqu'en Nouvelle-Angleterre. Avec le temps, il se forme une chrétienté si édifiante qu'elle rappelle la pensée du père Le Jeune sur la ferveur de l'Église primitive. En 1641, d'après les registres de la paroisse, cette base compte trente familles algonquines et montagnaises, et en 1645, cent soixante-sept nouveaux chrétiens [65]. Voilà le rêve du supérieur enfin réalisé !

Marie de l'Incarnation, nouvellement arrivée au pays, confirme ces bons résultats : « Nos pauvres sauvages, non contents de se faire baptiser, commencent à se rendre sédentaires et à défricher la terre. Il semble que la ferveur de la primitive Église soit passée dans la Nouvelle-France et qu'elle embrase les cœurs de nos bons néophytes [66]. » Puis elle continue en louant la ferveur et le zèle des pères pour ce grand œuvre.

Au chapitre suivant, nous marquerons davantage le rayonnement exceptionnel de la Réduction de Sillery sur les Montagnais venus de Tadoussac et de la région, sur les Algonquins, sur les Attikamègues du nord de Trois-Rivières, sur les Hurons de passage et même sur les Abénakis de la Nouvelle-Angleterre. Pour le moment, la semence est jetée en terre.

Un autre projet, qui se révéla coûteux et peu efficace, fut celui d'un séminaire à Québec pour les jeunes Hurons, préconisé par Paul Le Jeune. Même si le projet échoua, il faut en souligner la hardiesse, car il n'en a pas été ainsi dans bien des pays à l'égard des autochtones.

Dès 1636, après beaucoup d'hésitations, les parents finirent par accorder aux pères trois jeunes Hurons sur les instances du père Daniel, rendu à Trois-Rivières. Trois autres furent encore laissés par une troupe qui descendit en retard, en sorte que le séminaire commença avec six Hurons. L'un d'eux ne put se faire à la discipline et on le laissa aller. Les cinq autres furent logés à Notre-Dame-des-Anges avec les pères Daniel et Davost de retour des missions. Les deux premiers des cinq, remarquables, tombèrent malades sans doute à cause du changement trop rapide de régime alimentaire. Baptisés l'un sous le nom de Paul, l'autre sous le nom de Robert, ils moururent vers septembre 1636. Les trois qui restèrent donnèrent satisfaction à leur maître ; non baptisés en dépit de la piété qu'ils montraient, ils furent

---
65. Camille de ROCHEMONTEIX. *Les Jésuites et la Nouvelle-France au XVIIe siècle*, tome I, 248.
66. OURY, *Correspondance*, 94.

conduits à Trois-Rivières à l'été 1637 pour y revoir les Hurons, venus à la traite. L'oncle de l'un d'eux, capitaine de guerre, décida de le rapatrier dans le même canot qui amenait le père Ragueneau. Un autre oncle rencontré en route voulut le remettre aux Français, mais l'embarcation fut prise par les Iroquois et le jeune Huron capturé. Il réussit à se sauver, revint à Trois-Rivières bien décidé à réintégrer le séminaire. Le quatrième demeura avec ses maîtres et le cinquième voulut retourner chez ses parents en 1637.

La même année, plusieurs jeunes vinrent à Québec, mais les pères n'en acceptèrent que quatre nouveaux. L'un d'eux ne tarda pas à partir ; les trois autres firent du vandalisme et s'enfuirent dans leur pays. Ceux du début se montraient dociles et studieux ; l'un et l'autre furent baptisés, le premier nommé Armand-Jean, du prénom du cardinal de Richelieu, et le second, Joseph. Ils remonteront tous deux dans leur pays en 1639 avec le père Daniel. Ainsi finit le séminaire des Hurons.

Tadoussac

Dans cette région, la semence commençait aussi à lever, même si le chef Etouet se montrait hostile à la foi. « C'est pourtant à Tadoussac qu'apparut un nouveau saint Paul. Il était père de famille et s'appelait Meiachkaouat. Chassant dans les bois en 1638, il eut la vision d'un missionnaire et entendit une voix : "Quitte tes anciennes façons de faire ; prête l'oreille à ces gens-là et fais comme eux. Et quand tu seras instruit, enseigne tes compatriotes." Dès lors, il quitta les festins copieux, les chants superstitieux, même l'habitude de se peindre, de se graisser les cheveux et de fumer. Il incitait ses compatriotes à croire. Si bien qu'en 1640, ces derniers l'envoyèrent à Québec chercher un jésuite. Il ne put alors en obtenir, mais après avoir porté son message à Tadoussac, il revint à Sillery avec deux autres chefs de famille pour s'y faire instruire. Il déploya une application inégalée et fut baptisé sous le nom de Charles [67]. » Nous verrons au chapitre suivant son action apostolique auprès des autres tribus comme de la sienne : il était Montagnais.

En Huronie

À cette période, nous remarquons des développements de la mission, bien qu'il ne se fût pas encore formé de communauté

---

67. Lucien CAMPEAU. MNF II, 122.

chrétienne comme telle. Ce sont des individus qui entrent dans l'Église par le baptême : Pierre Tsiouendaentaha, d'Ihonatiria, le 7 juin 1637 et Joseph Chiouatenhoua le 16 août 1637, du bourg d'Ossosané où les jésuites s'étaient rendus l'année même. Entre les deux baptêmes avaient eu lieu la conjuration et la condamnation à mort des jésuites accusés d'avoir répandu l'épidémie de petite vérole qui sévissait.

Premier adulte en santé baptisé par les pères, après une longue préparation, « Pierre avait environ 50 ans ; il était bien vu de ses compatriotes, pondéré et réservé dans ses paroles et ses actions ; il assistait à l'explication de la doctrine chrétienne depuis l'arrivée des jésuites. Ces derniers observaient ses gestes avec attention, relevant ses écarts assez sévèrement. Cet indigène avait été frappé spécialement par la Résurrection du Seigneur. Il n'hésitait pas à confesser sa foi et à exhorter ses compatriotes à obéir aux missionnaires, même au cours de l'épidémie. Il eut à cette occasion une réflexion qui frappa Brébeuf : "Au reste, Echon, (nom donné par les Hurons à Brébeuf), tu ne dois pas t'étonner si quelques-uns ne croient point et se moquent de ce que tu enseignes. Tu sais bien que tous les hommes n'ont pas cru au Fils de Dieu pendant qu'il vivait sur la terre et que plusieurs ont méprisé sa doctrine, l'ont persécuté et mis à mort." Réservé par tempérament, il n'insistait pas pour être baptisé ; Brébeuf lui offrit le baptême ; il ne se jugeait pas assez instruit. Mais le père lui fit entendre que "c'était assez de bien savoir les articles de notre croyance et que le principal était d'avoir une ferme résolution de garder les commandements de Dieu." Le baptême fut fixé au dimanche de la Trinité. Il proclama sa foi devant les siens. La veille, il fit festin à ses compatriotes, discourant sur ce qu'il croyait. Les principaux du village assistèrent tous à la cérémonie et félicitèrent le nouveau chrétien, mais ne parlèrent pas pour eux-mêmes. Le mois suivant, le néophyte s'embarquait pour la traite de Trois-Rivières[68]. » Ce sera une pierre vivante de l'Église en Huronie.

Pierre était d'Ihonatiria, premier village où s'établirent les pères en 1634. L'autre chrétien adulte vivait au bourg d'Ossosané. À la différence de Pierre, il fut baptisé privément en danger de mort le 16 août 1637. « Il était neveu du grand chef et avait environ 35 ans. Marié jeune, il n'avait jamais eu qu'une femme nommée Aonetta. Il n'était pas joueur comme la plupart des Hurons, ne possédait pas de sort comme les autres et ne fumait pas. Doué d'un excellent naturel,

---

68. Lucien CAMPEAU, *La mission huronne*. Manuscrit inédit. Saint-Jérôme, Québec, 1984, 468 pages.

d'une belle intelligence, il était curieux d'apprendre, ce qui n'était pas commun à ses compatriotes. Il parlait facilement. Frappé au printemps de 1636 par le discours de Brébeuf pendant le conseil préparatoire à la fête des morts, il présenta son enfant au baptême pour lui assurer le ciel ; le petit fut nommé Thomas. Au début de l'épidémie, le père Brébeuf avait déclaré les moyens de se concilier Dieu : il fut dès lors transformé. Il commença à prier, à faire réflexion sur les commandements de Dieu qu'il trouvait raisonnables et depuis ce temps, il se moqua des songes. Dès l'arrivée des jésuites à Ossosané, il fréquenta leur cabane, n'ayant d'autre entretien que de Dieu et de sa loi. Il était aux aguets pour faire baptiser les jeunes enfants autour de lui.

Frappé à son tour par la maladie en août 1637, il courut à la chapelle des jésuites, demanda à être instruit et se fit indiquer quels remèdes il pouvait prendre sans offenser Dieu. Il se disposa ensuite à la mort, montrant une grande résignation. Le jésuite qui l'assistait lui parla du baptême : c'était son désir depuis longtemps, mais il voulait laisser la décision au père. Le voyant en danger, celui-ci le lui administra, le nommant Joseph. Deux jours après, le malade était sauvé. Il remerciait Dieu ainsi : « Puisqu'il lui a plu me rendre la santé, je suis résolu de lui être fidèle toute ma vie. Je ferai en sorte que les autres le connaissent. » Il observera fidèlement ce programme.

Chiouatenhoua était chef d'une cabane de cinq ménages. À part la sienne, on peut identifier les familles de son frère et de sa sœur. Leurs parents à tous étaient morts. L'épidémie frappa rudement la maisonnée du néophyte. Il semble bien qu'elle emporta sa sœur et son beau-frère, dont les enfants vont demeurer orphelins à la charge de Chiouatenhoua. Celui-ci prit soin de tous, après son retour à la santé. Il fit baptiser son fils aîné sous le nom d'Ignace. Les enfants de sa sœur devinrent chrétiens : Pierre de 19 ou 20 ans, qui suivra les traces de son oncle, les trois fillettes, Agathe de 10 à 12 ans, Cécile et Thérèse de 5 et 6 ans. Sa belle-sœur, femme du frère nommé Joseph Téondechoren, fut aussi baptisée, ainsi que son bébé qui survécut et fut appelé Anne. Joseph eut la douleur de voir mourir son cadet Thomas. Sa femme Aonetta épousa les sentiments de son mari. Mais Téondechoren résista plus longtemps : il était adepte des cérémonies de l'aouterochi et membre de la confrérie de la danse du feu.

La cabane de Chiouatenhoua fut le noyau initial de la communauté chrétienne d'Ossosané. Là seulement, on professa la foi durant quelques mois cette année. La vie spirituelle du néophyte, pourtant encore peu instruit, s'épanouit visiblement, animée par la grâce, sous les yeux de ses maîtres. Le père Lemercier, son pasteur, énumère quelques traits de sa vertu qui apparaissent dès les pemières années de vie chrétienne : horreur extrême du péché, zèle pour exhorter doucement ses compatriotes, communication sensible avec Dieu, piété fervente, pureté de conscience, amour de la prière, fidélité et constance dans les épreuves et les tentations que le milieu ne lui épargna pas. Car le bruit de sa conversion s'était répandu dans tout le pays et sa cabane était appelée par dérision la famille des croyants [69]. De lui, le père Lemercier écrivait : « Voici un néophyte, entre les autres, à qui Dieu a touché le cœur, qui ne cède en rien au plus zélé catholique de France. » Nous le verrons subir les persécutions, évangéliser, faire le premier les Exercices spirituels de saint Ignace ; pour le moment, il se montre fervent chrétien.

Est-ce à dire que la nation huronne est gagnée au Christ ? Loin de là, comme le montre la conjuration contre les missionnaires à l'été 1637. Le supérieur saint Jean de Brébeuf pressentait des difficultés dès 1636 : « Il est vrai que j'ai quelque peu d'appréhension pour le temps auquel il faudra leur tenir un langage nouveau sur leurs mœurs, et leur apprendre à clouer leurs chairs [70]. » Les mœurs lascives des Hurons constituaient dans la pensée du futur martyr un obstacle au progrès du christianisme qui, pour le moment, n'avait atteint que quelques âmes d'élite.

Si nous réfléchissons davantage encore aux causes du retardement du christianisme, nous pouvons penser avec Lucien Campeau, dans son étude inédite sur la mission huronne [71a], que le caractère animiste de la culture était l'obstacle essentiel. L'épidémie de petite vérole, répandue sur le continent, révèle cette mentalité chez les Hurons atteints gravement par la maladie. En effet, pour eux, tout est produit par des agents magiques, bons ou mauvais, selon la qualité de leurs effets. Par une stratégie toujours en renouvellement, la société huronne réussit à survivre en parant ces influences, trouvant ici des antidotes, utilisant là des complicités, recherchant plus ou moins des dérivations. Mais l'ensemble n'est pas réassumé dans une source ou un principe transcendant. La conscience d'un Dieu dont la fonction serait de donner un sens à cette agitation n'est pas absente de la vision huronne, mais elle demeure inactive dans les faits concrets. Qui plus est, on accuse les « étrangers » qui dénoncent les agents magiques utilisés pour conjurer ces forces obscures. Si les Hurons n'arrivent pas à tuer les Français qui vivent avec eux, c'est que leur intérêt les en empêche, car

---
69. *La mission hurone, op. cit.*
70. JRT 1636 v 10, 314.
71[a]. Lucien CAMPEAU. *La mission huronne, op. cit.*

les Français sont une pièce essentielle de leur hégémonie commerciale sur le continent. Lors du meurtre de Jacques Douart par les Hurons en 1648, nous verrons une évolution profonde de la nation dans le fait de réparations solennelles qu'organisèrent leurs chefs pour ce meurtre.

D'un point de vue théologal, le père Paul Le Jeune commente ces faits à la lumière de la croix du Christ : « Jésus-Christ est notre vraie grandeur, écrit-il ; c'est lui seul et sa croix qu'on doit chercher, courant après ces peuples ; car si vous prétendez autre chose, vous ne trouverez rien qu'une affliction de corps et d'esprit. Mais ayant trouvé Jésus-Christ en sa croix, vous avez trouvé les roses dans les épines, et la douceur dans l'amertume, le tout dans le néant [71b]. » Vivre la croix du Christ sera un élément fondamental de la spiritualité des missionnaires ; les occasions abonderont. De plus, cette spiritualité de la croix sera imprimée au cœur de tous les membres de la nouvelle Église. Catherine de Saint-Augustin parlera de ce « pays des croix », résumant ainsi la vision spirituelle des chrétiens de cette Église, bâtie sur le modèle de la primitive.

À Trois-Rivières

Depuis 1634, le père Jacques Buteux y travaille péniblement à fonder un embryon de réduction comme à Sillery, près de Québec. Ce n'est qu'en 1640 qu'il y parviendra modestement, car les Attikamègues, les plus ouverts à l'Évangile parmi ces peuplades, veulent fermement demeurer dans la région du nord de Trois-Rivières : ils craignent les Iroquois qui commencent à rôder dans la région, mais surtout ils tiennent à conserver leur culture et leur mode de vie. Chasseurs, les Attikamègues venaient deux fois par année vendre leurs fourrures à Trois-Rivières.

De tous les Amérindiens, ils furent ceux qui vécurent avec le plus de ferveur après leur baptême. En 1637, le père Buteux en baptise un, malade ; deux jours plus tard, les jésuites donnent un festin aux Amérindiens de passage. La moitié sont Attikamègues ; à cette occasion, Makeabitichiou, instruit par les pères à Québec où il s'était rendu l'hiver précédent, leur fit le catéchisme. D'autres baptêmes suivirent en 1638 et 1639.

En 1640, les Algonquins de la Réduction de Sillery invitent les Attikamègues à former une habitation avec eux en cet endroit. Ces derniers refusent : leur tempérament ne s'accorde pas avec celui des

---

[71b]. JRT 1637 v 12, 122.

Algonquins. Ils se font instruire à Trois-Rivières en 1641 ; invités en 1642 par un capitaine montagnais de Sillery, Jean-Baptiste Etinachkaouat, treize canots arrivent à Saint-Joseph de Sillery : des familles formant un total de 60 personnes. Le père Buteux les accompagne : une moitié d'entre eux sont baptisés après les catéchismes suivis avec empressement. Cependant, tous retournèrent reprendre leur vie vagabonde dans le nord québécois. Mais ils furent aussi des pierres vivantes de la nouvelle Église.

Les petites étincelles dont parlait Le Jeune sont sur le point de devenir un grand brasier : les années 1637-1639 constituent un tournant majeur pour l'Église missionnaire de la Nouvelle-France. Un ébranlement général se produit chez tous les peuples indigènes, sauf chez les Iroquois. Le christianisme a déjà fait une percée dont les effets ne peuvent désormais s'arrêter. Paul Le Jeune, supérieur de cette Église et témoin de ces faits, écrit : « Je m'étonne, de l'avancement que Dieu donne à cette Église naissante, vu le peu de temps qu'on a employé jusqu'ici à l'instruction de ces barbares. Je crois que ceux qui nous pressent pressent encore Dieu davantage. C'est celui-là qu'il faut puissamment solliciter, c'est son affaire, c'est lui qui la fera réussir[72]. » Telle est la vision théocentrique qui le guide depuis son arrivée en 1632.

« Ceux qui nous pressent », ce sont toutes les saintes personnes de France, d'abord les ursulines : « Elles m'écrivent avec un tel feu, dit Le Jeune, et en si grand nombre, et de tant de divers endroits, que si on ouvrait la porte à leurs désirs, on composerait une ville de religieuses, et il se trouverait dix maîtresses pour une écolière[73]. » Ce sont aussi les hospitalières qui attendent impatiemment leur départ pour le pays. En 1638, il décrit le contentement des Algonquins de Sillery et ajoute cette remarque : « S'ils voient jamais un hôpital dressé et leurs malades bien logés et bien secourus, c'est un autre étonnement qui les ravira tous[74]. » Ce sont aussi les Cent-Associés qui protestent que « pour former le corps d'une bonne colonie, il faut commencer par la religion ; elle est en l'état comme le cœur en la composition de l'homme, la première et vivifiante partie[75]. » « David voulant bâtir la maison de Dieu, conclut Le Jeune toujours inspiré par la Bible, établit puissamment la sienne. » Le Pape lui-même accorde dès lors des indulgences spéciales, quand au pays on fête l'Immaculée Conception ou saint Joseph. « Comme nous

---

72. JRT 1637 v 12, 222.
73. JRT 1637 v 11, 58.
74. JRT 1638 v 14, 216.
75. JRT 1637 v 11, 46.

avons pris pour patronne de l'Église de Kébec la sainte Vierge sous le titre de sa Conception immaculée, dit-il, aussi en avons-nous fait la fête avec solennité (en 1637) et réjouissance. La fête du glorieux patriarche saint Joseph, père, patron et protecteur de la Nouvelle-France est l'une des grandes solennités du pays [76] » écrit-il. Non seulement la France religieuse presse les vaillants missionnaires d'édifier l'Église de Dieu en ce pays nouveau, mais le ciel même.

Toujours dans cette perspective d'une Église aux mœurs irréprochables, Paul Le Jeune affirme que « c'est à mon avis, dit-il, par la faveur de saint Joseph et par ses mérites que les habitants de la Nouvelle-France demeurant sur les rives du grand fleuve Saint-Laurent ont résolu de recevoir toutes les bonnes coutumes de l'ancienne et de refuser l'entrée aux mauvaises [77] ».

Chez les Français

Au cours de l'année 1638, une seule famille apporta ces bonnes coutumes de la France, celle de Thomas Hayot et de Jeanne Boucher, sœur de Gaspard et de Marin, ainsi que leurs enfants Rodolphe, Jean et Geneviève. Cependant, deux mariages sont célébrés à Québec : Denis Duquet et Catherine Gaultier le 13 mai, Étienne Racine et Marguerite Martin le 22 mai. Thomas Giroust et sa femme reprennent le bateau pour la France, de sorte qu'il reste 47 ménages en Nouvelle-France.

D'autre part, 14 baptêmes enrichissent le peuple de Dieu : Françoise Hébert le 23 janvier, Marie Marsolet le 22 février, Charles Bridé à Trois-Rivières le 3 mai, Jeanne Gadois le 26 juin, Nicolas Bélanger à une date inconnue, Pierre Selle le 14 juillet, Marie Blondel à Trois-Rivières le 21 juillet, François Drouet le 8 août, Noël Guyon le 27 août, Adrien Martin le 22 novembre, Adrien Hayot le 24 novembre, Geneviève Bourdon le 24 novembre, Marguerite Boullé vers le 30 novembre à Trois-Rivières ; ajoutons Guillaume Pinguet non mentionné dans le registre reconstitué.

Les 1er et 6 juillet 1638, François Derré prend possession de la seigneurie de Beaupré au nom des huit seigneurs associés du pays. Le premier souci des propriétaires est de continuer la culture des prairies, commencée au temps des De Caen. Jean Gagnon et ses deux frères Pierre et Mathurin furent sans doute occupés à cette entreprise ainsi que Joseph-Macé Gravel.

---
76. JRT 1637 v 11, 66.
77. JRT 1637 v 11, 70.

Des domestiques, payés par Monsieur de Sillery, arrivèrent aussi pour aider les jésuites à la Réduction de Sillery: Jean Joly, Pierre Vaché, Pierre Larivière, Jean-Baptiste Caron, Jacques Émont, Toussaint Toupin. Les jésuites accueillent en 1638 les pères Jérôme Lalemant, François Dupéron, Simon Lemoyne, tous trois destinés à la mission huronne. Les pères Le Jeune et Dequen sont responsables de la Réduction de Sillery. Le père Jérôme Lalemant occupe une place à part dans l'histoire de la mission du Canada dont il sera supérieur de 1645 à 1650 et de 1659 à 1665. Dès l'année 1638, il monte en Huronie en qualité de supérieur de la mission, remplaçant le père Jean de Brébeuf, supérieur de 1634 à 1638. Au chapitre suivant, nous verrons l'important développement de la mission huronne sous son supériorat et sa pensée sur l'Église canadienne. En 1639, le père Le Jeune sera remplacé par le père Barthélémi Vimont nommé supérieur de la mission canadienne, responsabilité qu'il assumera jusqu'en 1645.

1639: Un tournant

En 1639, l'achèvement de l'ambitieux projet du père Paul Le Jeune se réalisera: un hôpital, destiné aux Amérindiens et doté par la Duchesse D'Aiguillon qui mande trois hospitalières de Dieppe, sera construit. Les religieuses arrivent en août 1639, avec trois ursulines fondatrices d'un séminaire pour les petites Indiennes, dont les frais sont assumés par Madame de la Peltrie qui les accompagne.

En 1639 aussi naît le roi Louis XIV, événement que Québec célébrera dans la joie par une première fête religieuse qui aura lieu le 15 août: procession de toute l'Église du pays, gouverneur en tête, suivi des principaux, des religieuses nouvellement arrivées, des pasteurs, les jésuites, avec leurs ouailles, des Amérindiens vêtus avec faste, le roi leur ayant envoyé des costumes somptueux à la française. Ce sera le début des fêtes religieuses populaires dans la ville de Québec qui en verra bien d'autres au cours de son histoire.

L'Église pastorale est née et désormais les pères parleront souvent de leur petit « troupeau » de néophytes : Noël Négabamat, Nenaskoumat, Charles Meiachkaouat, Makeabitichiou, Pierre Tsiouendaentaha, Joseph Chiouatenhoua et leurs familles dans chacune des nouvelles Églises de Québec, de Trois-Rivières, de Tadoussac et de la Huronie. Si l'on ajoute à ceux-là les baptisés en danger de mort, nous voyons alors augmenter le petit « troupeau » du père Le Jeune et de ses confrères. Telle est donc déjà l'Église de Dieu en Nouvelle-France que le supérieur de la mission « voit naître » sous ses yeux.

Conclusion

Au cours de ce chapitre, nous avons voulu présenter la genèse de la pensée du père Paul Le Jeune sur l'Église naissante du Canada. À la fin de notre étude, nous voyons émerger deux courants de pensées sur l'Église du Canada : celui des Actes des Apôtres, une ÉGLISE PRIMITIVE sur le modèle de celle que fondèrent les Apôtres, modèle qui prévaut pour la période des origines du pays ; puis une Église « nouvelle Jérusalem », celle qui est citée dans l'Apocalypse, prototype de l'Église universelle, qui prévaudra pour tous les temps, spécialement pour l'époque que nous vivons.

Le modèle d'une Église primitive, tel que l'ont mis en œuvre les Fondateurs, contribuera à la formation de fervents chrétiens pendant environ trente ans. Cet élan fut assez fort pour marquer les mœurs des familles canadiennes d'une pureté qui dura jusqu'au milieu du vingtième siècle et imprima chez nous le visage d'une chrétienté qui n'a été ébranlée que récemment. À cause de la crise de notre civilisation, c'est sans doute vers l'image d'une nouvelle Jérusalem que nous pouvons tourner nos regards en vue d'intégrer les valeurs d'une société en mutation profonde.

Comme le disait Jean-Paul II, nous sommes appelés à vivre une nouvelle démarche missionnaire, non plus seulement auprès des Amérindiens comme aux origines, mais auprès des peuples de la terre. Le père Jérôme Lalemant a contribué le premier à marquer notre Église d'un caractère missionnaire : nous le verrons au chapitre suivant.

CHAPITRE II

« Former de nouvelles Églises pour le Christ »

Jérôme Lalemant
1638–1650

Au cours de la deuxième décennie de son existence, la mission du Canada va se profiler dans toute son ampleur comme Église de la mission. Nous y verrons le père Jérôme Lalemant incarner la mystique paulinienne — celle du fondateur d'Église pour le Christ — et l'imprimer fortement dans le cœur des missionnaires, tant masculins que féminins.

I — La mission huronne

Supérieur en Huronie de 1638 à 1645, le père Lalemant deviendra responsable de la mission du Canada de 1645 jusqu'en 1650. C'est sa pensée, exposée précédemment, qui prévaut à cette époque. Les forces vives de la Compagnie de Jésus sont réservées aux Hurons chez lesquels se dévouent quinze missionnaires : François Lemercier, Antoine Daniel, Charles Garnier, Charles Raymbault, Claude Pijart et son frère Pierre, François Dupéron, Isaac Jogues, Joseph-Marie Chaumonot, Paul Ragueneau, Pierre Chastellain, René Ménart, Simon Lemoyne et le frère Dominique Scot. Pendant ce temps, en 1641, quatre jésuites seulement œuvrent à Sillery, Tadoussac et Trois-Rivières.

Dès 1641 aussi, trente-deux Français, y compris les jésuites, travaillent au pays des Hurons dont sept « donnés » : Robert Lecoq, Guillaume Couture, Christophe Régnaut, Charles Boivin, Jacques Lévrier, Joseph Molère. Participent matériellement à la mission cinq engagés : Claude Boucher, François Dornais, Guillaume Loisier, Nicolas Montreuil, Pierrot Cauchon. D'autre part, les jésuites y ont aussi amené deux adolescents et trois « garçons » : Charles Panie, Pierre Boucher, Jean Amiot, Marin Lefêvre et Nicolas Giffart. C'est un anachronisme que de parler de coureurs de bois à cette époque : ils n'apparaîtront que vers 1667. Tous ces Français collaborent, par leurs services, à l'œuvre importante entreprise par les jésuites. Le dévouement et les espoirs de ces premiers apôtres de notre Église ne seront pas déçus.

Avant de retourner en France en 1650, le père Jérôme Lalemant écrit à son Provincial : « Arrivant au pays, il y a douze ans, je n'y rencontrai qu'une seule famille huronne chrétienne (celle de Chiouatenhoua), et deux ou trois qui composaient l'Église algonquine et montagnaise (celles de Negabamat et de Meiachkaouat), et voilà qu'au bout de ce temps sortant du pays, à peine y laissai-je aucune famille huronne, algonquine et montagnaise qui ne soit entièrement chrétienne, sans parler des nations circonvoisines qui abordent de toutes parts en ces contrées, et de celles que nous allons chercher dans leurs demeures qui n'en promettent pas moins avec le temps [1]. »

Puis il assure que les peuplades d'en haut qu'ils ont dû quitter après la destruction de la Huronie en 1650 s'ouvriront à la foi, car, dit-il, « toutes les nations doivent être évangélisées, affirme l'évangile ». Telle est l'espérance invincible de l'ardent missionnaire. « Cela, conclut-il, doit être une grande consolation et un grand renfort de patience pour attendre le temps et les moments ordonnés par la divine Sagesse et Bonté. » Comme Paul Le Jeune, il sait que Dieu dirige l'entreprise et que les obstacles seront vaincus moyennant la patience qui est le « miracle » du Canada, comme l'affirment avec lui Paul Le Jeune et Marie de l'Incarnation.

Une Épouse de feu et de sang

Contrairement à ce qui se produisit lors de la fondation de l'Église par les apôtres, il n'y eut pas de miracles et de charismes éclatants au

---

1. JRT 1650 v 36, 48.

moment de la fondation de l'Église au Canada. Mais les épreuves de la maladie, de la famine, de la guerre, éprouvèrent à l'extrême les nouveaux chrétiens qui ne furent que plus purement fidèles à leur foi baptismale. Le seul signe du ciel fut peut-être cette sorte d'ivresse spirituelle qui s'empara des néophytes, notamment en Huronie et à Sillery, les portant à des actes de fidélité héroïque à la Loi du Christ, actes dont les récits abondent dans les *Relations des Jésuites* et la *Correspondance* de Marie de l'Incarnation et rappellent le geste des premiers chrétiens.

À cet héroïsme des premiers convertis répond celui des martyrs jésuites qui donnent à la jeune Église le visage d'une « Épouse de feu et de sang [2] », selon l'expression même du père Lalemant écrivant au père Jogues, martyrisé par les Agniers le 18 octobre 1646. Les pères Jean de Brébeuf, Gabriel Lalemant, neveu du père Jérôme, et Antoine Daniel donnèrent leur vie dans les années 1648-49. Sera-ce suffisant ? Non, la terre sainte du Canada réclamera encore cette rosée féconde en 1650 par le baptême de sang des pères Charles Garnier et Noël Chabanel. Auparavant, en 1646, deux « donnés » des jésuites, René Goupil et Jean de Lalande, étaient tombés sous la hache des Iroquois... pour la foi chrétienne.

On pourrait, d'un point de vue simplement humain, reprocher au père Jérôme Lalemant de s'être inspiré trop fortement du *sanguis martyrum, semen christianorum* qui a prévalu dans la naissance de l'Église de Jésus Christ et tout au long de l'histoire. C'est ainsi qu'on pourrait le blâmer de l'envoi hâtif, en 1641, du père de Brébeuf chez les Neutres, nation alors très réfractaire au christianisme. De même, on pourrait mettre en doute la prudence humaine du supérieur dirigeant trop tôt le père Jogues vers l'Iroquoisie (1643). Mais ne faudrait-il pas se placer sur un plan supérieur, celui de l'Esprit qui inspire le supérieur et suscite, chez les missionnaires, ce que l'on a appelé à juste titre la spiritualité du martyre ? C'est ce que semble révéler un texte du père Lalemant, qui écrit : « Nous avons quelque fois douté, savoir si on pouvait espérer la conversion de ce pays sans qu'il y eût effusion de sang : le principe reçu ce semble dans l'Église de Dieu, que le sang des martyrs est la semence des chrétiens, me faisait conclure pour lors que ce n'était pas à espérer, voire même qu'il n'était pas à souhaiter, considéré la gloire qui revient à Dieu de la constance des martyrs, du sang desquels tout le reste de la terre ayant tantôt été abreuvée, ce serait une espèce de malédiction que ce quartier du monde ne

---

2. JRT 1646 v 29, 60.

participât point au bonheur d'avoir contribué à l'éclat de cette gloire[3]. » Le déroulement des faits pendant cette décennie confirmera ces vues du supérieur.

Les Iroquois, « fléau de l'Église naissante »

Nous savons aujourd'hui que la cause humaine vérifiable de la destruction de l'Église huronne si florissante et de l'effusion de sang des martyrs fut, à partir de 1639, l'armement des Iroquois par les trafiquants hollandais et anglais, commerçants de fourrures de la colonie de Rensselaerswick, près du fort d'Orange (New York actuel). Dès ce moment, la nation iroquoise obtint la suprématie militaire, non seulement sur les Montagnais, les Algonquins et les Hurons, mais aussi sur les Mahingans du fleuve Hudson. Ses bandes exterminèrent non seulement les Hurons, mais aussi les Pétuns, les Neutres et les Ériés. Il ne faut donc pas prétendre, à la suite de Bruce Trigger[4], que la cause de la ruine des Hurons fut l'ébranlement culturel causé par la prédication des jésuites, car les Pétuns, les Neutres et les Ériés, non évangélisés à cette époque, furent également anéantis. C'est ainsi que disparut l'équilibre naturel établi entre les différentes nations d'Amérindiens.

À partir de 1641, les Iroquois, notamment les Agniers, montèrent par la rivière Richelieu et parurent dans la région de Trois-Rivières, où ils commencèrent à bloquer la route aux Hurons venus faire la traite des fourrures. À Québec, en 1645, les Français et leurs alliés (Montagnais, Hurons et Algonquins), réussirent à conclure une paix éclatante avec les Iroquois qui se montrèrent alors supérieurs en éloquence[5]. Mais dès 1646, ils rompaient traîtreusement la paix et faisaient la guerre d'escarmouches aux Français et aux Amérindiens, jusqu'au carnage des années 1648-1650, plongeant ainsi tout le pays dans la terreur et la nouvelle Église dans le feu et le sang. C'est pourquoi les *Relations* qualifient les Iroquois de « fléau de l'Église naissante ».

Offrir au Christ de nouvelles Épouses

Le père Jérôme Lalemant souffrit beaucoup de la destruction des Églises qu'avec ses collaborateurs il avait engendrées au Christ. Mû par une sagesse supérieure, il avait pressenti ces faits dès le début de son

---

3. JRT 1639 v 17, 12.
4. *The Children of Aataentsic*. Cf. *La mission huronne*, p. 428.
5. JRT 1645 v 27, 246-293.

supériorat en Huronie. Il s'était surtout inspiré de saint Paul dans la fondation de nouvelles Églises : « J'éprouve à votre égard une jalousie divine, car je vous ai fiancés à un époux unique, comme une vierge pure à présenter au Christ » (2 Cor 11 : 2). Dès 1639, faisant écho au texte paulinien, Lalemant écrit au sujet de l'Église huronne qu'il s'efforce de faire surgir de terre : « Ce n'est pas toutefois l'humeur de ces esprits orgueilleux (démons) de se rendre sitôt : tant plus leur confusion est grande, tant plus leur rage croît, qui leur fournit tous les jours de nouvelles inventions de traverser les affaires de Dieu ; surtout quand ils voient qu'il s'agit de l'étendue du Royaume de Jésus-Christ, de lui former de nouvelles Épouses, en un mot d'établir de nouvelles Églises ou assemblées de chrétiens, cela allant à la ruine fondamentale de leur empire [6]. » Il est clair que ces nouvelles Épouses à présenter au Christ, ce sont les nouvelles Églises ou « assemblées de chrétiens » que les jésuites s'efforcent de former en Huronie. En 1639, quelques convertis d'élite seulement sont gagnés au Christ ; mais à partir des années 1640-1642, il se formera des communautés chrétiennes.

Encore dans la veine paulinienne, le même Lalemant écrira au sujet des notables hurons dont le comportement laisse à désirer : « Nous avons été contraints de leur donner avis de ne plus se trouver à l'assemblée des chrétiens, résolus de voir plutôt le tout réduit à néant, que de souffrir un tel mélange et des taches et des rides si énormes dans ces nouvelles Épouses, que nous prétendons offrir à celui qui a répandu son sang divin pour leur donner l'être et la vie, et qui nous a envoyés ici pour en recueillir les fruits [7]. » Visiblement, pour le grand missionnaire l'Église est l'Épouse du Christ, lequel « s'est livré pour elle afin de la sanctifier (...), car il voulait se la présenter à lui-même toute resplendissante, sans tache ni ride, mais sainte et immaculée » (Eph 5 : 25-28). Si l'on pense aux martyrs de l'époque, ce sont des noces de feu et de sang qu'ils célèbrent pour engendrer ces peuples à Jésus Christ, lequel a épousé son Église dans le sang de sa croix.

La mission en 1645

Quand il trace le bilan de son supériorat en Huronie, Jérôme Lalemant affirme en 1645 à son Provincial : « Des sept églises que nous avons ici, il y en a six à demeure. La première, en notre maison de Sainte-Marie, les cinq autres dans les cinq principales bourgades des

---

6. JRT 1639 v 17, 112.
7. JRT 1639 v 17, 140.

Hurons : de la Conception, de Saint-Joseph, de Saint-Michel, de Saint-Ignace et de Saint-Jean Baptiste. La septième église, dite du Saint-Esprit, est composée d'Algonquins, qui ont hiverné cette année plusieurs nations ensemble sur le grand Lac de nos Hurons, environ à vingt-cinq lieues d'ici. Ce qui a obligé le père Claude Pijart et le père Léonard Garreau (...) de passer l'hiver avec eux, avec des peines et des travaux inconcevables, mais non pas sans consolation, lorsqu'ils voient qu'ils vont formant des Épouses à Jésus-Christ dedans ces bois, ces lacs et ces rivières [8]. »

Le père Jérôme Lalemant définit bien ainsi les efforts missionnaires des jésuites de 1638 à 1645 : ce ne sont plus seulement des Hurons d'élite qui se sont ouverts au christianisme comme dans la période fondatrice (1634-1640), ce sont des communautés chrétiennes qui se forment, surtout à partir de 1640-1642. Avant de présenter l'action missionnaire des jésuites de la Huronie, demandons-nous qui était le père Lalemant et quels projets il mena à bien pendant son supériorat.

Le père Jérôme Lalemant

Fils d'un lieutenant-criminel de Paris, frère de deux jésuites éminents et oncle d'un martyr, il naquit le 27 avril 1593 et entra au noviciat de Paris le 20 octobre 1616. Recteur au Collège de La Flèche, ensuite à celui de Blois de 1632 à 1636, puis père spirituel au Collège de Clermont à Paris, il fut promu d'emblée supérieur de la mission huronne en 1638.

Arrivé au pays avec le plan d'instituer une classe d'aides laïcs, les « donnés », il le mit en place et le défendit auprès des supérieurs européens. Grand bourgeois parisien, projeté sans préparation aucune chez les Hurons, il ne surmonta jamais entièrement une aversion naturelle pour les manières de ces « barbares », comme il les appelait. Il ne réussit pas non plus à apprendre parfaitement la langue. Très intelligent, capable d'élaborer de grands projets, il fut un supérieur de grande envergure.

Dès son arrivée, le père Lalemant fit faire un recensement des Hurons qui reste un précieux document : dix mille personnes habitaient les divers bourgs de la Huronie, deux mille chez les Pétuns et douze mille chez les Neutres.

Après l'échec d'Ihonatiria, le père de Brébeuf, supérieur de 1634 à 1638, avait résolu de partager la résidence des jésuites entre Ossosané

---

8. JRT 1645 v 28, 96.

en 1637 et Téanaustaié en 1638, les deux bourgs principaux. Pour sa part, le père Lalemant préféra établir la résidence unique de Sainte-Marie-des-Hurons, tout en créant des « missions volantes » pour les bourgs les plus éloignés, où deux jésuites étaient envoyés missionner temporairement. C'est alors que des chapelles et résidences s'établissent dans les bourgs, que la vie paroissiale s'organise et que s'édifient peu à peu des communautés chrétiennes ferventes, malgré les persécutions. Progressivement, la foi s'étend et elle envahira presque toute la nation, de 1644 à 1648.

La réparation publique et solennelle qu'organisèrent tous les chefs des confédérations huronnes, chrétiens et païens, en 1648, pour le meurtre du jeune Jacques Douart attestera hautement que le christianisme avait pénétré en profondeur l'âme et la culture huronnes.

Les « donnés »

Ouverte en 1640, la résidence de Sainte-Marie devint un centre de prière, d'étude et de ressourcement pour les missionnaires. Avec le temps, on y construisit un entrepôt central, un hospice pour les visiteurs, une école de catéchisme, un hôpital et enfin une ferme pour le soutien des missionnaires. Grâce au travail assidu des Français, donnés, domestiques et garçons, la résidence était en excellent état financier en 1648, lors de la destruction des bourgs par les Iroquois.

Sans salaire et entièrement voués à la mission, les donnés accomplissaient différentes tâches : cultiver, soigner le bétail, édifier les chapelles, avironner sur les lacs, entretenir l'hospice, servir les malades à l'hôpital, couper et entrer le bois, assurer la défense des missionnaires, les conduire souvent en voyage, encourager les nouveaux chrétiens et, occasionnellement, baptiser les catéchumènes en danger. Ils maintenaient dans l'ordre les milliers de visiteurs hurons à la résidence des pères et remplissaient le rôle de commissionnaires à Québec presque tous les ans. Certes, il fallait les nourrir, mais quels travailleurs productifs! Les supérieurs européens craignaient qu'ils ne fussent une charge trop lourde pour la mission. Ils furent au contraire un de ses fondements économiques.

Finalement, en 1645, la permission de les recruter étant reçue, Paul Ragueneau ajoutera constamment aux sept anciens ces précieux auxiliaires jusqu'en 1649. Ils devaient être irréprochables et animés du même esprit que les missionnaires. Catégorie de serviteurs particulière aux missions de la Nouvelle-France, le donné s'engageait à vie, moyennant l'assurance de son entretien jusqu'à sa mort. Les frères coadjuteurs de la Compagnie ne pouvaient porter ni utiliser les armes ni pour la chasse, ni pour la défense des pères; chez les Hurons, ces offices se révélaient nécessaires. Or, les donnés, plus libres à l'égard des traditions de la Compagnie, pouvaient rendre de grands services dans ce milieu nouveau.

Bien qu'en pratique obligés au célibat, ils ne prononçaient cependant pas de vœux. Qu'un si grand nombre de jeunes gens aient vécu ainsi dans l'humilité et le danger constant de mort violente, avec un remarquable esprit apostolique, indique un milieu de vie chrétienne intense.

Qui étaient-ils et que sont-ils devenus? Nommons d'abord ceux qui, libérés de leurs engagements, fondèrent des familles exemplaires en Nouvelle-France: Guillaume Couture, Jean Guiet (Guay), Eustache Lambert. À la destruction de la mission, d'autres entrèrent dans la vie religieuse: Christophe Régnaut, Joseph Molère, Joseph Boursier, Louis Leboesme, François Malherbe. François Gendron devint prêtre et médecin d'Anne d'Autriche. Jean Guérin et Robert Lecoq périrent au service de Dieu; tel fut aussi le sort de René Goupil et de Jean de Lalande. Jean-Baptiste Caron, Guillaume Boivin, Charles Panie, Claude Racine et Jacques Lévrier continuèrent leur service comme donnés.

Les jeunes garçons qui avaient suivi les jésuites à Sainte-Marie profitèrent d'une éducation et d'une instruction que leurs familles étaient incapables de leur procurer. Mentionnons quelques-uns de ces laïcs, éminents citoyens de la colonie: Pierre Boucher, peut-être la plus belle réussite des jésuites, Charles Lemoyne qui joua un grand rôle à Montréal, Eustache Lambert, Jean Gloria, Charles Roger, Charles Amiot, Louis Pinart, Médard Chouart, Jean Amiot disparu trop tôt.

Les missionnaires

L'action missionnaire des jésuites en Huronie est un exemple sans précédent dans l'Église universelle, car elle tient compte de l'acculturation autant que de l'évangélisation et de la sainteté de vie.

Il apparut rapidement aux pionniers que, d'après le projet initial, on ne ferait pas, d'un seul coup, sauter plusieurs millénaires d'expérience historique à des populations du néolithique. L'important est d'en faire des chrétiens, non des Européens: les missionnaires sont les premiers à comprendre cette réalité, imités en cela par les colons français qui vivront quotidiennement avec les Amérindiens. Les uns et les autres se rendent compte que conserver sa culture et son mode de vie n'empêche pas d'être excellent chrétien. D'où le compromis accepté : le missionnaire conservera ses rites européens et son style d'habitation, mais il apprendra la langue et la parlera constamment ; il adaptera la liturgie autant qu'il lui sera possible, supportera les mœurs différentes des siennes, se montrera indulgent pour les questions d'abord perçues comme moralement inacceptables, prodiguera un dévouement rempli d'affection aux Amérindiens. D'autre part, ces derniers garderont leur mode de vie, leur langue, leurs habitudes ancestrales, mais devront renoncer à leurs songes et sorcelleries, puis s'abstenir de vengeances et adopter une optique plus humaine et pacifique dans leurs relations. Le respect mutuel présidera aux relations dans une affection sans domination ni servilité. Le parti pris des missionnaires de considérer l'Amérindien comme un homme de plein droit va s'imposer à la politique française, laquelle n'osera jamais aller contre cette orientation fondamentale.

Les tentatives de francisation furent vouées à l'échec, mais l'évangélisation connut de grands succès en Huronie. En 1648, les dix mille membres de la nation sont chrétiens pour la plupart. L'Église missionnaire d'aujourd'hui aurait de grandes leçons à tirer de cette expérience et pourrait puiser de bons exemples pour élaborer ses principes de missiologie.

Que dire de la sainteté de vie des jésuites de la Huronie ? On imagine mal, d'abord, leur situation matérielle précaire pour ce qui est de la nourriture, de l'habitation, du vêtement surtout, de la rigueur du climat, des privations et souffrances quasi inhumaines des voyages, etc. À elles seules, ces circonstances éprouveraient les anachorètes les plus austères. Dans sa lettre de 1645, le père Jérôme Lalemant est explicite : « Si Dieu tire sa gloire en ces pays, et qu'il y a quelque bien dans les commencements de la conversion de ces peuples, il faut avouer qu'après Dieu tout est dû aux travaux de nos Pères, dont Notre-Seigneur a voulu que j'aie été témoin, voyant la ferveur de leur zèle, leur courage indomptable, leur patience à tout souffrir, leur activité à tout faire, leur humilité dans une vie vraiment cachée à un monde inconnu, personnes qui ne manquent pas pour la plupart de qualités qui les eussent recommandées en France. Quand je les vois embrasser la Croix avec plaisir, les souffrances avec joie et les mépris avec amour, qu'ils portent chaque jour leur âme entre leurs mains, étant continuellement exposés à mille dangers de la mort, et que peut-être la plupart sont pour mourir au milieu des feux et des flammes d'un ennemi cruel, qui va de jour en jour ravageant ces pays ; quand je vois que ces dangers les animent plutôt que d'affaiblir le moins du monde leur courage, il me vient souvent en pensée que Dieu voulait qu'une vertu si forte, si constante et si vigoureuse, suppléât au défaut de miracles, dont il semble que sa divine Providence ne veuille pas se servir en ces siècles derniers, pour avancer la conversion de ces terres infidèles [9]. » Ces louanges, venant d'un homme exigeant, clairvoyant observateur, disent assez haut la vertu des jésuites de la Huronie.

Après avoir assisté à la canonisation des martyrs jésuites du Canada en 1930, verrons-nous un jour monter sur les autels tous ces témoins de Jésus Christ à titre de communauté missionnaire sainte ? Le 1er mai 1648, le père Paul Ragueneau, alors supérieur chez les Hurons, écrit au Général, à Rome : « Les affaires spirituelles ont poursuivi leur cours, de sorte que vraiment il paraisse que c'est ici la maison de Dieu et la porte du ciel, où tous sont un seul cœur, une seule âme, dans la paix, dans la joie et l'Esprit-Saint, dans une charité authentique, dans l'amour des vertus solides, en un seul mot dans l'esprit de la Compagnie [10]. »

En cette année, quarante-deux Français vivent en Huronie, dont une vingtaine de missionnaires : Paul Ragueneau, supérieur, Charles Garnier, Noël Chabanel, Jean de Brébeuf, Gabriel Lalemant, Léonard Garreau, Adrien Greslon, Joseph-Marie Chaumonot, Claude Pijart, Joseph-Antoine Poncet, Pierre Pijart, François Lemercier, Adrien Daran, François Dupéron, Jacques Bonin, Pierre Chastellain, René Ménart, Simon Lemoyne, Antoine Daniel. En 1650, les frères Ambroise Broet, Louis Gaubert, Nicolas Noirclair et Pierre Masson assistent les pères, ainsi que dix-huit donnés, onze domestiques et quatre garçons, formant un total de près de soixante Français. Ce personnel choisi, sacrifié au bénéfice des missions du Canada, n'est-il pas la preuve de l'estime des supérieurs européens pour l'œuvre qui s'y accomplit ?

Difficultés et espoirs de la mission

Tel Champlain au début du pays, les jésuites avaient mis leurs espérances dans les peuples sédentaires de la Nouvelle-France. S'étaient-ils trompés ? De 1634 à 1642 environ, plus de douze missionnaires exceptionnels n'avaient pu, mis à part quelques chrétiens d'élite, ébranler la Huronie, pendant que deux jésuites à Québec, les pères Le Jeune et Dequen, voyaient s'allumer un brasier chez les nomades montagnais, algonquins et attikamègues. Conformément à leur attente,

---

9. JRT 1645 v 28, 98.
10. JRT v 33, 252 ss.

de 1644 à 1648, le christianisme se fera conquérant et gagnera presque toute la Huronie.

Ayant quitté ce pays en 1645, Jérôme Lalemant avait cependant vu lucidement l'enjeu de la mission huronne qu'il présenta dans sa lettre bilan écrite la même année. Dès son arrivée, notait-il, les difficultés lui étaient apparues, notamment au niveau de la culture : « Il semble que ni l'Évangile, ni l'Écriture sainte n'aient été composés pour eux. Non seulement les mots leur manquent pour exprimer la sainteté de nos mystères, mais même les paraboles et les discours plus familiers de Jésus-Christ leur sont inexplicables. Ils ne savent ce que c'est que sel, levain, château, perle, prison, graine de moutarde, tonneaux de vin, lampe, chandelier, flambeau. Ils n'ont aucune idée des royaumes, des rois et de leur majesté, non pas même de pasteurs, de troupeaux et de bergerie. En un mot, l'ignorance qu'ils ont des choses de la terre semble leur fermer le chemin du ciel. Les motifs de crédibilité pris de l'accomplissement des prophéties, des miracles, des martyrs, des conciles, des saints docteurs, des histoires tant sacrées que profanes, de la sainteté de l'Église et de l'éclat qui la rend vénérable aux plus grands monarques du monde, tout cela n'a pas ici de lieu. Par où la foi peut-elle entrer dans leur esprit [11] ? »

La Bible véhicule des schèmes de civilisation agricole ; or, les Hurons en sont encore à l'âge de pierre. Jérôme Lalemant va-t-il reculer devant l'obstacle ? Comme Paul Le Jeune, il est sûr que Dieu conduit l'entreprise : « C'est l'ouvrage de Dieu, c'est Lui seul qui en voit le terme et qui en connaît les moyens ; c'est à nous à le suivre, et non pas à le prévenir. Il faut servir un maître selon sa volonté, et quoi qu'il arrive, être content pourvu qu'il le soit : c'est la gloire de Dieu que les choses aillent comme il le veut [12]. » Pour le père Lalemant, l'histoire est conduite par Dieu malgré toutes les raisons humaines de désespérer, mais, affirme-t-il, « c'est de cela même que nous tirons nos plus puissants motifs pour espérer contre toute espérance aussi bien que faisait Abraham [13] ».

Jérôme Lalemant résume le bilan de son supériorat qui a duré de 1638 à 1645 : la maladie a d'abord éprouvé plus spécialement les chrétiens hurons, peuplant ainsi l'Église triomphante ; la famine a sévi ensuite et discrédité le Dieu qu'on avait préféré aux démons ; la guerre a fauché surtout les convertis. Depuis 1643, le pays est en danger ; cette

---

11. JRT 1640 v 20, 70-71.
12. JRT 1640 v 20, 68.
13. JRT 1640 v 20, 72.

année-là, une troupe de cent néophytes, s'étant jointe aux païens, a été anéantie. Deux groupes de Hurons furent pris par les Iroquois en se rendant à la traite. En 1644, trois flottilles portant « la fleur de nos Églises » ont trouvé la mort ou la captivité. Seuls les pères de Brébeuf, Garreau et Chabanel ont traversé le danger. Cependant, les secours envoyés par le gouverneur, Monsieur de Montmagny, ont dissuadé les Iroquois de faire un assaut général en Huronie. Voilà pour les épreuves extérieures.

Quant à la conversion du pays, elle est, pense Lalemant, l'une des plus difficiles du monde : sans études, sans patriotisme individuel, sans Dieu créateur, ne souffrant ni contrainte ni autorité, sans justice pénale pour les crimes, les Hurons sont sûrs de l'impunité. Cette difficulté à se plier à des lois rend difficile l'acceptation de la foi ; de même l'immoralité, l'instabilité des mariages, les pratiques superstitieuses au temps de maladies, dans les actions économiques et les guerres, font que devenir chrétien, c'est en quelque sorte se mettre au ban de la société. Enfin, sans miracles comme au temps des Apôtres, limités en fait de personnel, de secours temporels suffisants et de soutien efficace du pouvoir civil, comment les missionnaires pourraient-ils gagner ce peuple à l'Église et le lui conserver ? De plus, les Iroquois ferment le passage de la route pour la traite, incitant par là les Hurons à abandonner le commerce avec les Français, sous la protection desquels vivent les missionnaires. Telles sont les difficultés quasi insurmontables de l'entreprise.

Alors que Paul Le Jeune se référait aux débuts du monde et de l'Église — le paradis terrestre de la Nouvelle-France comparée à l'Église primitive — Jérôme Lalemant, pour sa part, s'appuie sur les commencements du peuple de Dieu, notamment sur la foi d'Abraham, ce qui le fait espérer contre toute espérance en Dieu « qui peut transformer des pierres en enfants d'Abraham ». Les sombres pronostics pourraient décourager, mais ils stimulent le courage du grand missionnaire : « Quand nous pensons que ce sont les affaires de Dieu plus que les nôtres, que la foi n'a été fondée en aucun lieu du monde qu'au milieu des tempêtes, que toujours Dieu s'est plu de faire paraître son pouvoir où il y avait moins de l'humain, que sa main n'est pas raccourcie ; quand nous pensons que le Sang de Jésus-Christ n'a pas été moins répandu pour ces peuples que pour le reste de la terre, et que les fruits de son amour ne sont pas épuisés sur ceux qui l'ont déjà reconnu pour leur Sauveur, qu'il doit être adoré de tous les peuples de la terre et loué d'autant de langues qu'il y en a dans l'univers ; quand nous voyons des peuples qui nous environnent de toutes parts, et un monde quasi entier où son saint Nom n'a jamais été adoré, et où toutefois il faut que l'Évangile ait pénétré avant la fin des siècles puisque Dieu y a engagé sa Parole ; quand nous voyons de nos yeux ce qu'il a déjà commencé, et que Lui seul a travaillé plus que nous, qu'il y fait tous les jours des miracles plus grands que ne serait la création d'un monde tout nouveau, changeant des cœurs de barbares en des cœurs de chrétiens ; enfin quand nous pensons que Dieu ne laisse jamais son ouvrage imparfait, qu'il y va de sa gloire et non pas de la nôtre : alors, nous ne jugeons rien impossible, nous espérons contre toute espérance, nos confiances sont aussi fortes que jamais, et des gages de son amour par le passé dessus ces peuples, et de ce qu'il y fait maintenant, nous prenons assurance qu'il ne leur manquera pas à l'avenir [14]. »

Si, d'un point de vue théologique, on considère la lettre précitée comme un hymne à la foi, on peut la comparer à la première épître aux Corinthiens sur la charité. Lalemant parle à maintes reprises des efforts pour « l'établissement de la foi », de la « sainteté de la foi », des « victoires de la foi », des « combats de la foi », de « l'esprit de la foi », du « bonheur de la foi », du « parti de la foi » où il faut se ranger, des « progrès de la foi », des « puissants supports de la foi », des « choses préconisées par la foi ». Il affirme en conclusion que l'Esprit Saint « fera d'une terre infertile et d'un monde infidèle une terre de sainteté et un monde chrétien [15] ».

Les jésuites apôtres de la Nouvelle-France ont été fascinés par ces peuples qu'ils découvraient peu à peu : « Nous ne sommes qu'à l'entrée d'une terre, affirme Lalemant dans cette même lettre, qui, du côté de l'Occident jusques à la Chine, est remplie de nations plus nombreuses que les Hurons ; vers le midi, nous voyons d'autres peuples innombrables où l'on ne peut avoir accès que par cette porte où nous sommes [16]. » Le souffle missionnaire de l'Esprit anime cette communauté de jésuites en ces années qui vont de 1640 à 1650. Le père Jérôme Lalemant est l'âme de ce mouvement unique dans l'Église universelle.

Mais, direz-vous, ce magnifique projet d'évangélisation peut-il s'appuyer sur des réalisations déjà accomplies ? Oui, répond Lalemant qui prévient la question, « nous avons la consolation de voir au milieu de cette barbarie sept petites églises (...) où l'esprit de la foi y règne et ne trouve rien de barbare ». De plus, « nous n'avons pas laissé chaque année d'en baptiser bon nombre, et encore cette année plus de cent

---

14. JRT 1645 v 28, 58.
15. JRT 1645 v 28, 66.
16. JRT 1645 v 28, 65-66.

septante ». En réponse aux préjugés toujours possibles des Français d'outre-Atlantique et malgré ses réticences de grand seigneur, il met en valeur les qualités des Hurons, ces « barbares » : « Pour l'esprit, ils n'ont rien de moins que les Européens. (...) Je n'eusse jamais cru que sans instruction, la nature eût pu fournir une éloquence plus prompte et plus vigoureuse que j'ai admiré en plusieurs Hurons, ni de plus clairvoyant dans les affaires et une conduite plus sage dans les choses qui sont de leur usage. »

Qu'en est-il pour le spirituel ? Dans les domaines où leur conscience est éclairée, on voit chez eux bien moins de désordre qu'en France, bien que la honte seule, et non la vindicte publique, soit la peine du criminel. La difficulté de faire saisir les subtilités de la foi n'existe plus : les pères connaissent mieux la langue et par là ont meilleure entrée dans les cœurs. Les Hurons reconnaissent que la loi de Jésus est sainte, car elle produit des fruits exceptionnels chez leurs semblables éprouvés par eux : Pierre Tsiouendahentaha, Joseph Chiouatenhoua maintenant décédé victime des Iroquois, René Tsondihouané capable d'indiquer le « saint jour » à ses coreligionnaires, Charles Sondatsaa baptisé à Sillery devant toute la communauté montagnaise et algonquine avec Monsieur de Montmagny comme parrain. Citons encore Thérèse Khionrea, élève des ursulines emmenée captive chez les Iroquois à 13 ans. Cette fillette avait préparé Charles au baptême ; nombreuses sont les femmes et filles huronnes admirables de délicatesse de conscience jointe à un sens étonnant de la pureté. Retenons encore les noms de Teondechoren, frère de Chiouatenhoua, d'Eustache Ahatsistari, premier capitaine de guerre du bourg de Saint-Joseph et excellent chrétien baptisé solennellement le 19 avril 1642, d'Étienne Totihri rescapé des Iroquois, lequel se fait maintenant apôtre chez les Neutres avec Paul Onkatakouan du bourg de Saint-Joseph. Florilège exceptionnel que celui de ces chrétiens remarquables de foi et de vie chrétienne intense !

Voici des exemples récents évoqués par le même supérieur : un captif échappé aux tortures entonne une action de grâces devant ses parents pour la joie éprouvée dans ses souffrances ; un guerrier part au combat, ne se fiant pas à son courage, mais sûr de la grâce divine ; un prisonnier ravi au bûcher par une fuite éprouvante fortement soutenu par sa foi ; des vieillards pleins de joie à la pensée de leur délivrance imminente ; de vertueuses femmes consolées dans le deuil ou la maladie ; un capitaine décidé à remettre sa charge pour éviter le péché : les anciens d'un bourg l'exemptent d'offices superstitieux pour le maintenir dans sa fonction ; des chefs de guerre qui se font baptiser avant le combat.

Pour expliquer ce qui précède, Jérôme Lalemant n'avait pas manqué de souligner un des plus puissants motifs de conversion pour les Hurons : la patience, le courage et le désintéressement des pères. Dans l'esprit des autochtones, l'exemple des missionnaires suscitait cette pensée : il faut que les plaisirs du ciel surpassent ceux de la terre, puisque la seule espérance d'y parvenir fait mépriser les biens les plus doux aux missionnaires en leur adoucissant l'amertume des souffrances.

Jérôme Lalemant termine en louant le courage de ses confrères et demande d'autres ouvriers apostoliques. Il s'embarque à la fin de l'été 1645 pour Montréal ; parvenu ensuite à Trois-Rivières, il participe aux négociations de paix des Français et de leurs alliés avec les Agniers. Il avait laissé le père Paul Ragueneau responsable de la mission huronne en 1645 ; ce dernier le sera jusqu'en 1650.

Un « saint » chez les Hurons

Il manquerait peut-être une facette importante de l'expérience missionnaire unique de la Huronie, si nous ne présentions la figure remarquable d'un Huron du néolithique qui a assimilé en profondeur le message évangélique et cela, trois ans seulement après son baptême : nous avons parlé de Joseph Chiouatenhoua rencontré au chapitre précédent. En 1638, les jésuites durent quitter Ossosané, puisqu'on devait déplacer le bourg. Ils confièrent la garde de l'église du lieu à ce fervent chrétien. Joseph promettait alors d'agrandir sa cabane afin de réserver une partie pour la nouvelle chapelle dont le village avait besoin. Il exécuta promptement sa promesse. De diverses manières, il aida les missionnaires, matériellement et spirituellement ; il se fit catéchiste et défendit les jésuites auprès des siens, précédant les pères dans leurs missions en préparant les esprits.

Son premier pasteur, le père François Lemercier, lui proposa de faire les Exercices spirituels de saint Ignace pour le fortifier contre les persécutions qui commençaient. Joseph accueillit l'offre avec la plus grande joie : « J'avais eu, dit-il, mille fois la pensée de m'enquérir pourquoi vous ne m'enseigniez point ce que je voyais faire si souvent aux deux Pères qui sont en ma cabane, qui prient si longtemps Dieu sans remuer les lèvres. Je m'en suis retenu, croyant que si vous m'en eussiez jugé digne, vous me l'eussiez enseigné [17]. »

Le 3 janvier 1640, ce chrétien d'élite se rendit d'Ossosané à la nouvelle maison de Sainte-Marie, où il passa huit jours à faire les

---

17. JRT 1640 v 19, 258.

Exercices spirituels, particulièrement la méditation. Le père Lemercier a laissé par écrit un résumé des sentiments que le retraitant lui confiait au cours de cette expérience. Ils permettent de sonder la qualité d'âme de ce Huron nourri depuis l'enfance dans une tradition étrangère à toute influence chrétienne. Ce qui frappe avant tout, c'est la vive perspective de la grandeur et de la souveraineté universelle de Dieu. Pour sa part, le père Lalemant a communiqué en huron une longue méditation de Chiouatenhoua dont le père Lemercier a fait une traduction mot à mot. Nous citons ici une transposition mise en français courant par le père Lucien Campeau :

> Seigneur Dieu, je me réjouis de te connaître enfin. Tu as fait le ciel et la terre. Tu nous as créés, les hommes. Tu es notre maître, comme nous le sommes du canot et de la cabane que nous avons faits. Mais c'est pour peu de temps que nous sommes maîtres du canot et de la cabane, tandis que toi tu es notre maître aussi longtemps que nous vivrons, nous n'en pouvons douter, et aussi quand nous mourrons. C'est toi avant tout que nous devons craindre ; c'est toi avant tout que nous devrions aimer, puisqu'en vérité tu es le tout-puissant. C'est toi qui nous aimes infiniment. Les démons n'ont pas de puissance et ils ne nous aiment pas. C'est pourquoi je te remercie de ce que tu as voulu que je te connaisse. Oui, tu nous aimes. Je me consacre à toi. Je te fais mon maître. Tu es mon seul maître. Fais de moi ce que tu voudras. Il n'importe que je souffre. Je dirai : Dieu, mon maître absolu, y pourvoira. Toute notre famille a été créée pour toi. Quelque accident qu'il lui arrive en mon absence, je dirai : Il suffit que Dieu le voie, lui notre maître et créateur. Moi, je ne suis rien. Même si j'étais présent, nous mourrions quand même. Je te remercie donc de ce que je te connais [18].

Dans l'ensemble, l'extrait révèle le sens de la transcendance de Dieu : « Nous sommes dans sa main ; il nous conduit ; nous n'avons qu'à le laisser agir pour le mieux. » En août 1640, les pères Ragueneau et Poncet descendent à Québec ; ils apportent une lettre du père Lalemant annonçant la mort tragique de Chiouatenhoua [19]. Le 2 août, sur le coup de midi, il partait à son champ avec ses trois nièces auxquelles il parlait de Dieu en chemin. Voyant les beaux fruits de son champ, il s'agenouille avec elles, et remercie Dieu de ses dons. Il leur fait cueillir des citrouilles et les renvoie chargées à sa cabane, pendant que lui-même va dans le bois chercher du cèdre blanc pour faire le canot qui le portera à Québec avec sa nièce, la petite Thérèse Khionrea qui doit se rendre chez les ursulines. Il prévient les fillettes qu'il restera

---

18. *La mission huronne*, p. 444–446.
19. Cf. *La mission huronne*, p. 252.

jusqu'à la fin du jour pour travailler dans son champ. Le soir, il ne revint pas. On courut à sa recherche : on trouva son corps percé d'un coup d'épée et la tête scalpée. Deux Tsonnontouans, cachés dans la forêt, l'avaient surpris et tué : la jeunesse huronne, en 1639, avait inconsidérément rompu avec ces Iroquois le traité conclu en 1634.

Le père Ragueneau apportait aussi, lors de ce voyage, une carte de la Nouvelle-France indigène où il avait inscrit en huron tous les noms des peuples connus [20].

Il semble donc qu'on puisse parler d'un « saint » chez les Hurons. Même s'il reste essentiellement un homme de l'Amérindie, Joseph Chiouatenhoua a vu son univers mental et culturel s'enrichir et se dilater à la dimension même de Dieu, on l'a vu dans sa méditation. Il a été libéré et annobli jusqu'à la dignité d'enfant de Dieu.

Voilà donc ce qu'a pu produire le christianisme en un temps où le peuple huron est ameuté contre les missionnaires, alors que Joseph Chiouatenhoua se trouve le seul chef de famille chrétien. Chez ce baptisé qui demeure une lumière pour sa nation, la sérénité et l'abandon à la Providence de Dieu sont héroïques. Le destin tragique de cette nation presque entièrement détruite dans les années 1648-1650 priva l'Église canadienne de merveilles de sainteté.

Conclusion

Parlant de l'Église huronne, Jean-Paul II disait, le 15 septembre 1984 à Midland, au sanctuaire des Martyrs : « En sacrifiant leur vie, ces missionnaires espéraient voir se lever le jour où le peuple autochtone, arrivé à une pleine maturité, pourrait prendre en charge sa propre Église. Saint Jean de Brébeuf rêvait d'une Église qui fût à la fois entièrement catholique et entièrement huronne. » Sacrifiée à la fureur iroquoise, martyre avec ses missionnaires, la communauté chrétienne huronne restera une facette importante du MYSTÈRE de l'Église naissante du Canada dont elle a été une pierre fondamentale du « bâtiment d'une merveilleuse grandeur » entrevu à Tours par Marie de l'Incarnation.

II — *La Réduction de Sillery*

Le père Jérôme Lalemant voulait en Huronie « offrir de nouvelles épouses au Christ », c'est-à-dire des assemblées de chrétiens. Paul Le

---

20. Cf. *La mission huronne*, p. 264.

Jeune, à Québec, lui, continuait pour quelques années encore, à expérimenter le mystère de la primitive Église avec les néophytes de la mission Saint-Joseph de Sillery, lesquels vivaient dans une ferveur exceptionnelle. Son supériorat terminé en 1639, il se donna entièrement à l'expérience missionnaire. Comme le père Dequen établit une mission longtemps estivale à Tadoussac, le père Jacques Buteux, qui évangélisa les Attikamègues du nord de Trois-Rivières, et le père Gabriel Druillettes, envoyé en 1646 chez les Abénaquis de la Nouvelle-Angleterre, Paul Le Jeune participe à l'expérience paulienne de Lalemant: celle d'établir de nouvelles Églises pour le Christ.

Ferveur des chrétiens de Sillery

Il faudrait citer longuement les actes vécus dans la ferveur baptismale par les premiers néophytes de Sillery, faits consignés dans les *Relations*. L'ensemble constitue un florilège digne de celui de la primitive Église. Nous avons mentionné déjà les deux familles algonquines choisies par le ciel en 1638 comme pierres fondamentales de cette fervente mission: celles de Noël Negabamat (Tekouriemat) et de François-Xavier Nenaskoumat. Remarquable et unique est le rayonnement apostolique de cette communauté à la fois algonquine et montagnaise de Sillery. Un témoignage rapporté dans les *Relations* en fait foi: « Un capitaine de leur nation (Abénaquis), qui a passé l'hiver à Kébec, disait ce printemps à Montréal que les chrétiens de Saint-Joseph étaient les vrais créans (croyants). En effet, c'est le nom que leur donnent tous les autres sauvages, et si quelqu'un d'entre eux veut témoigner de la ferveur: Je m'en irai, dit-il, demeurer parmi les créans, c'est-à-dire parmi les chrétiens de Saint-Joseph [21]. »

Le flambeau de Sillery

Les Montagnais de Tadoussac et du Nord, les Attikamègues, les Hurons de la Baie Georgienne, les Souriquois de Miscou, les Algonquins de l'Outaouais, les Abénaquis de la Nouvelle-Angleterre vinrent tour à tour réchauffer leur ferveur à ce brasier: « La Résidence de Saint-Joseph à recueilli les premiers fruits de la graine de l'évangile semée en ce nouveau monde, elle a imité les choses bonnes qui se communiquent d'autant plus qu'elles ont de bonté. Son flambeau a répandu sa lumière bien loin au deça et au delà des rives du grand fleuve, son ardeur et son feu ont fait ressentir leur chaleur dans des

---

21. JRT 1646 v 29, 70.

régions quasi inconnues à l'été, où l'hiver tient toujours un magasin de neige et de glace [22]. »

Sillery et les Montagnais du Nord

Au chapitre précédent, nous avons raconté la conversion et le baptême à Sillery du fervent montagnais Charles Meiachkaouat avec deux autres chefs de la même nation. À partir de 1641, les jésuites renonceront à leur projet initial : faire des Montagnais des chrétiens francisés, mais plutôt ils encourageront la formation d'une Église nomade, celle de Tadoussac. Par ce moyen, les jésuites se concilieraient les Montagnais du Saguenay et du Nord du Québec que leurs chefs empêchaient, pour des raisons commerciales, de se rendre à Québec.

À Tadoussac, Charles Meiachkaouat agit puissamment comme intermédiaire entre les missionnaires et les Montagnais de l'intérieur. Il fit accepter la venue du père Le Jeune comme compagnon des gens qui montaient faire la traite au Saguenay, car on avait craint que le père Le Jeune, allant chez eux, n'eût connaissance de leur commerce et ne dévoilât leurs secrets aux Français : leur trafic de pelleteries avec les Indiens du Nord. Finalement, conclut un des chefs, « il est vrai que ces gens ont droit au salut ; il faut qu'il soit permis au père d'aller partout. Il n'est point chargé ni de couteau, ni de haches, ni d'autres marchandises. C'est notre Père. Il nous aime. Je suis d'avis qu'il aille où il voudra ». Un autre exprima l'opinion générale : « Va où tu voudras, mon Père. La porte t'est ouverte dans toutes les nations dont nous avons connaissance. Nous t'y porterons dans nos canots. Mais demeure avec nous pour ce printemps [23]. »

Le père Dequen s'y rendra en 1647, après des invitations réitérées. Entre temps, ce sont des chrétiens montagnais qui se font apôtres au Saguenay. Pour sa part, Charles Meiachkaouat missionne à l'intérieur du pays. Il expose le catéchisme et tonne si fort contre les superstitions que ses auditeurs font brûler à ses pieds tambours et talismans. Si l'on avait eu des provisions pour le voyage, toute la bande l'aurait suivi à Saint-Joseph de Sillery où il retournait. Un malade fut même guéri à sa prière.

Sillery et les Attikamègues

À cette étape, il est assez remarquable de voir des Amérindiens se faire ardents apôtres de leur nation et des tribus alliées. Ainsi se prouve

---
22. JRT 1646 v 29, 64.
23. JRT 1641 v 21, 100.

chez eux comme ailleurs la ferveur conquérante du christianisme. Au début de novembre 1642, treize canots d'Attikamègues arrivent à Sillery. Ils avaient été attirés par l'ardeur apostolique de Jean-Baptiste Etinachkaouat, capitaine montagnais de Sillery, originaire du nord de Trois-Rivières. Soixante personnes, des familles — hommes, femmes et enfants — viennent se faire instruire et baptiser. Ils montent leurs tentes près des cabanes des résidants et se pressent aux enseignements donnés par le père Buteux qui les accompagne. Près de la moitié de ces paisibles commerçants du Nord se font baptiser et retournent à leur vie nomade.

Au début de 1643, une vieille algonquine nommée Angélique, apparentée aux Attikamègues, remonte avec eux vers le haut Saint-Maurice pour « les aider à prier Dieu et à retenir ce qu'ils avaient appris » déclarait-elle. « Cette femme a fait trois voyages parmi ces peuples, écrit le père Vimont [24], non pas tant pour voir ses parents et ses alliés que pour les engendrer à Jésus-Christ. J'aime bien mes parents et mes enfants, disait-elle, mais je les quitterais tous très volontiers, et toutes les richesses des Français, pour la conversion d'une seule âme. Ces fruits sont sortis du parterre du glorieux saint Joseph » affirme le père Vimont.

Ce même père renonçait difficilement à ses projets de sédentarisation : la venue des Attikamègues à Sillery prouvait bien que le ciel continuait « à verser ses grâces sur les sauvages chrétiens, mais leur arrêt y est puissamment combattu de deux côtés : l'un est la peur des Iroquois qui vont croissant en armes, en forces et en cruauté ; l'autre est la pauvreté du pays et des sauvages qui les rend errants et les oblige à courir pour chercher leur vie [25] ».

Le père Jacques Buteux visita les Attikamègues dans leur pays pour la première fois en 1651. Invité à maintes reprises par ces Indiens les plus ouverts au christianisme, il n'avait pu se rendre chez eux, trop occupé à la mission de Trois-Rivières. Le 10 mai 1652, il trouva la mort aux mains des Iroquois en montant vers cette tribu du Nord.

Le brasier de Sillery en Nouvelle-Angleterre

Les Abénaquis vivaient dans cette région près des colonies anglaises. Ils avaient toujours eu des rapports commerciaux avec les Montagnais et les Algonquins. Paraissant à Québec et à Trois-Rivières

---

24. JRT 1646 v 29, 99.
25. JRT 1643 v 24, 100.

en 1637, ils furent éconduits par le gouverneur, Monsieur de Montmagny, vu la concurrence qu'ils auraient faite aux Cent-Associés. En 1641, deux de leurs ambassadeurs apportent à Québec la nouvelle de la mort de Makeabichtichiou. En 1642, un Abénaqui fut capturé et torturé par les Algonquins de Trois-Rivières. Tiré de leurs mains par Montmagny et conduit à l'Hôtel-Dieu de Sillery, il fut soigné par les religieuses qui s'y étaient établies dès 1639, à la demande expresse du père Vimont.

Au début de 1643, Charles Meiachkaouat avec deux chrétiens de la réduction et un jeune néophyte parlant abénaqui reconduisirent le prisonnier dans son pays. Charles ne manqua pas d'évangéliser les Abénaquis et même les puritains anglais ; il gagna un capitaine, lequel quitta son poste et le suivit à Sillery pour se faire instruire. Catéchisé par Charles et le père Dequen, le capitaine est baptisé sous le nom de Jean-Baptiste, nom donné par Montmagny, son parrain, en l'honneur du Grand-Maître de l'Ordre de Malte dont il était chevalier. Il épousa ensuite une chrétienne de Sillery [26].

En 1644, Charles Meiachkaouat retourne chez les Abénaquis dans un but proprement évangélique. Il est probable qu'il y fut tué en 1645 ; la *Relation* de 1646 parle du meurtre de « l'un des plus fervents chrétiens de Sillery [27] » et par la suite, les jésuites ne mentionnent plus son nom. On doit à sa parole et à son sacrifice le baptême de plusieurs Abénaquis à Sillery.

En juillet 1646, deux capitaines abénaquis dont l'un reçut au baptême le nom de Claude viennent demander un missionnaire au père Jérôme Lalemant, supérieur à Québec. Le père Gabriel Druillettes sera envoyé dans leur pays — il y montera par les rivières Chaudière et Kénébec —, où il fondera la mission si fructueuse de l'Assomption.

Le rayonnement de Sillery chez les Hurons

Nous avons mentionné précédemment le baptême de Charles Sondatsaa à Sillery, le 26 juin 1641. Le père Jean de Brébeuf était revenu à Québec en 1641, où il demeurera jusqu'en 1644, afin de calmer l'animosité qui s'était élevée contre lui depuis qu'il était allé chez les Neutres, en 1641 ; il était à la fois le plus aimé et le plus haï des missionnaires de la Huronie. C'est lui surtout qui catéchisa Charles Sondatsaa avec l'aide de la petite Thérèse Khionrea, nièce de

---

26. Cf. JRT 1644, v 25, 116–120 ; 138–142.
27. JRT 1646 v 28, 276.

Chiouatenhoua. Monsieur de Montmagny fut le parrain de Charles, qui retourna chez les Hurons édifié de « la dévotion et de la charité des nouveaux chrétiens [28] ».

Durant l'hiver 1642, deux jeunes Hurons montés à Québec restèrent à Sillery pour se faire instruire. Ils furent édifiés de voir « des hommes, de même pâte qu'eux et de même estoc, se contenter d'une seule femme, fouler aux pieds leurs anciennes superstitions, ne commettre aucun viol, vivre comme des agneaux, être portés à la prière, devenus charitables. Ils en voyaient baptiser de temps en temps avec solennité ; on faisait publiquement des mariages en leur présence dans la chapelle. Tout cela, frappant leurs yeux, touchait fortement leur cœur [29] ».

Sillery et Miscou

Fondée en 1634, la mission de Miscou, éprouvée au début par les épidémies et paralysée par le troc de l'eau-de-vie, végéta d'abord péniblement. En 1642, les Souriquois se réveillèrent en s'ouvrant de nouveau à la parole de Dieu. Des communications s'établirent entre Miscou et Sillery, de telle façon que le père André Richard écrira au père Vimont, en 1642 : « Le flambeau qui est allumé à Kébec éclate jusqu'ici ; ceux qui ont approché de sa lueur en disent des merveilles, louant les travaux de nos Pères envers les Montagnais [30]. »

Conclusion

À la fin de la décennie, les Montagnais et les Algonquins de Sillery, traqués par les Iroquois, redeviendront nomades pour la plupart. Cependant, la réduction de Sillery aura eu le temps de rayonner dans tout le pays. Vers 1648, les Français de Québec commencent à fréquenter le lieu devenu jusqu'à un certain point église paroissiale pour la région de Sillery et du Cap Rouge. Le père Paul Le Jeune avait eu raison de mobiliser hommes et ressources pour cet établissement dans les années 1637-1639. Témoin de cette « ferveur de l'Église primitive », il y avait offert aussi au Christ « de nouvelles Épouses ou assemblées de chrétiens », comme le préconisait alors le père Jérôme Lalemant, figure de proue des années 1640-1650.

---

28. JRT 1641 v 20, 230.
29. JRT 1642 v 22, 142.
30. JRT 1642 v 22, 242.

Les Amérindiens, très ouverts à la notion d'un Dieu créateur, accueillaient avec joie la bonne nouvelle du salut en Jésus Christ. S'ils furent très frappés de la gravité des peines de l'enfer — sujet cher aux prédicateurs du dix-septième siècle —, ils ne furent pas moins satisfaits d'apprendre que les bons étaient récompensés et les méchants punis. Mais ce qui fut décisif, dit Lucien Campeau [31], ce fut « le climat de bonté et de charité dans lequel le néophyte était introduit par sa foi nouvelle. Voilà ce qui libère définitivement l'Indien asservi jusque-là aux monstres, aux tabous, aux nécessités d'un monde obscur, inquiétant et sans ouverture, de se trouver ainsi entre les mains d'un Dieu tout-puissant, attentif et bon pour ses enfants, garant de la gloire et du bonheur de ses fidèles. Et qui pourrait affirmer de bonne foi, conclut-il, que l'âme indienne s'est trouvée ravalée d'avoir appris du christianisme le courage, la paix, la douceur, la compassion, le dévouement sans calcul, la fidélité à ses engagements, la patience à supporter sa vie pénible, l'espérance enfin de l'épanouissement final ? »

III— *L'Église des Français*

Pendant qu'une Église intensément missionnaire germait des travaux apostoliques et du sang même de ses premiers apôtres dans les années 1639-1650, l'Église des Français de la vallée du Saint-Laurent prendra peu à peu son visage fortement communautaire, devenant ainsi un phare lumineux pour les Amérindiens. « La colonie des Français est le premier moyen et l'unique fondement de la conversion de tous ces peuples » affirme le père Vimont à la suite de Paul Le Jeune. « L'ouvrage est bien commencé, dit-il, grâces à Dieu. Vous voyez de plus en plus en chaque maison quantité d'enfants, bien faits et de bon esprit, et ce qui est principal, en tous un désir ardent de leur salut, et une étude particulière de la vertu. Il ajoute ceci : que la résolution de se donner entièrement à Dieu naît avec la pensée de s'établir en Nouvelle-France. Ce n'est pas une petite faveur de Dieu sur le pays [32]. » Le père Vimont continue ainsi les visées de Paul Le Jeune, retourné en France en 1642, afin de trouver des amis et protecteurs pour l'Église naissante, dont Dieu est le grand Fondateur et où tous aspirent à n'avoir qu'un cœur et qu'une âme ; c'est encore ce qu'affirme le père Vimont : « Nous voyons bien que Dieu est le Fondateur de cette Église, aussi bien que de la primitive, car il l'a fait naître comme celle-là dans les travaux, et

---

31. Lucien CAMPEAU. MNF II, 130-131.
32. JRT 1643 v 23, 270.

croître dans les souffrances pour la couronner avec elle dans la gloire [33]. » Il est donc évident que les vues du père Vimont rencontrent celles du père Le Jeune, alors que le père Lalemant imprime un caractère missionnaire à cette société religieuse. C'est ce dernier trait qui illumine cette période historique.

Des femmes missionnaires

À ce moment, l'arrivée des femmes missionnaires, tant religieuses que laïques, semble avoir constitué l'événement majeur le plus original. En 1639, l'Église de Kébec vit une primeur : des femmes deviennent missionnaires dans un continent nouveau aux dimensions immenses. Il fallait l'audace du père Paul Le Jeune pour susciter cet événement par ses appels à la France religieuse et mystique ; il en était étonné lui-même : « Quand on nous vint donner avis qu'une barque allait surgir à Québec, portant un collège de jésuites, une maison d'hospitalières et un couvent d'ursulines, la première nouvelle nous sembla quasi un songe, mais enfin descendant vers le grand fleuve, nous trouvâmes que c'était une vérité. Cette sainte troupe, sortant du vaisseau, se jette à deux genoux, bénit le Dieu du ciel, baisant la terre de leur chère patrie. Tout le monde regardait ce spectacle dans un silence, ajoute-t-il : on voyait sortir d'une prison flottante ces vierges consacrées à Dieu, aussi fraîches et aussi vermeilles que quand elles partirent de leurs maisons, tout l'océan avec ses flots n'ayant pas altéré un seul petit brin de leur santé [34]. »

Trois ursulines débarquent : Marie Guyart de l'Incarnation, Cécile Richer de Sainte-Croix et Marie Savonnières de Saint-Joseph accompagnées de Madeleine de Chauvigny, veuve de la Peltrie et de sa servante Charlotte Barré. Suivent trois hospitalières : Marie Guenet de Saint-Ignace, Anne Lecointre de Saint-Bernard et Marie Forestier de Saint-Bonaventure avec une servante Catherine Chevalier. Le « collège de jésuites » est composé du nouveau supérieur, le père Barthélémi Vimont, accompagné des pères Joseph-Marie Chaumonot, Joseph-Antoine Poncet de la Rivière et du frère Claude Jager. Nous sommes au 1er août 1639.

Les ursulines sont conduites à la Basse-Ville, dans la petite maison de Noël Juchereau des Châtelets qu'elles habiteront en attendant leur construction à la Haute-Ville. Marie de l'Incarnation se met à l'étude du montagnais et de l'algonquin et reçoit avec ses consœurs quelques

---

33. JRT 1644 v 25, 104.
34. JRT 1639 v 16, 16–18.

pensionnaires indiennes et des externes françaises. En 1641, on construit le monastère sur l'emplacement actuel, favorisé de sources découvertes par Marie de l'Incarnation. Des difficultés survinrent, suscitées par Mme de la Peltrie et le père Vimont au sujet du site. Ce dernier d'ailleurs fut cause de souffrance pour Marie de l'Incarnation, notamment pour la conduite spirituelle de sa vie, car il ne comprenait pas, à la différence du père Jérôme Lalemant devenu son directeur en 1645, les voies de Dieu sur elle. En 1642, c'est l'entrée dans le nouveau monastère, maison à rez-de-chaussée surmonté de deux étages ; on l'allongera les années suivantes et l'on construira une belle chapelle. Supérieure jusqu'en 1645, Marie Guyart sera ensuite dépositaire remplacée comme supérieure par la mère de Saint-Athanase, après quoi elle reprendra sa charge. Avec l'aide du père Jérôme Lalemant, elle rédigera les Constitutions en 1645-1646, tâche délicate qui devait rallier ursulines de Paris et de Tours dans un même règlement adapté à la Nouvelle-France.

En 1650, Marie de l'Incarnation recueille des Hurons et apprend leur langue. Après l'incendie du monastère le 31 décembre 1650, elle se pose avec ses sœurs la question décisive : « Faut-il passer en France définitivement ou reconstruire ? » La situation de pauvreté est extrême... Elles recommenceront, sûres de la Providence de Dieu et fortes de la foi en leur vocation missionnaire, grâce aussi aux qualités humaines exceptionnelles de Marie Guyart.

Témoin merveilleux de l'Église naissante, celle-ci écrit d'innombrables lettres d'une remarquable inspiration mystique et missionnaire jointe à une documentation historique sûre. D'excellent conseil pour tous, habitants et Indiens, spécialement pour les principaux de la colonie, elle joue un rôle important au parloir. Ses consœurs, particulièrement la jeune mère Saint-Joseph, qui charma si hautement le cœur des Amérindiens par ses vertus et son amabilité, l'imita dans l'expérience spirituelle qu'elle fit dans les travaux apostoliques de la mission.

À leur arrivée, les hospitalières, non moins ardentes que les ursulines, désiraient s'établir à la Haute-Ville près du Fort. Le père Vimont les obligea à bâtir un petit hôpital près de la Réduction de Sillery, commettant une erreur qui ne sera pas la seule. Mais Dieu aidant, le rayonnement de la Réduction de Sillery sera dû, en bonne partie, à la charité inépuisable des religieuses qui accueillirent avec grande bonté les Indiens malades, les soignèrent et leur parlèrent de la bonté de Dieu pour ses enfants, ce qui en convertit plusieurs. Les Iroquois commençaient à rôder non loin de Sillery, près de Cap-Rouge, obligeant les hospitalières à monter à la Haute-Ville où elles firent bâtir le premier hôpital terminé en 1644, sur l'emplacement actuel de l'Hôtel-Dieu de Québec.

On imagine difficilement aujourd'hui les privations et les souffrances de ces premières femmes missionnaires, la beauté héroïque de leur charité, en éducation comme en soins hospitaliers. Chaque année, l'auteur de la *Relation* loue ces religieuses ardentes qui frappent tellement l'imagination des Amérindiens : oui, ces « filles de capitaines » comme ils les appelaient, ces « filles blanches » ont quitté — est-ce possible — leurs parents très chers, leur pays, pour venir les soigner et les instruire, et cela sans rien attendre de retour, rendant « l'intérieur plus beau », comme ils le disent ingénument de la mère Catherine de Saint-Augustin arrivée au pays en 1648.

À la suite de Jean-Paul II, louons « l'incomparable expérience spirituelle » de Marie de l'Incarnation et « l'inépuisable charité » de Catherine de Saint-Augustin. Ces deux grandes mystiques sont les plus purs joyaux de l'Église de Québec. De même, le Séminaire des ursulines et l'hôpital des hospitalières sont, au dire du père Vimont, « les plus beaux ornements de la colonie[35], où l'on accueille « ces nouvelles plantes insérées au jardin de l'Église[36] ». Quels services insignes elles rendent à tout le pays, non seulement aux indigènes, mais aux Français nouvellement établis !

« Du bon déportement des Français »

Toujours optimiste, Paul Le Jeune écrit dans la *Relation* de 1640 : « La paix, l'amour et la bonne intelligence règne parmi nos Français. La foi s'étend et jette de profondes racines parmi les sauvages ; ces quatre paroles suffiraient, dit-il, pour montrer que nous vivons ici dans un siècle d'or[37]. » Puis il continue : « Les principaux habitants professent un culte particulier envers la Vierge ; tous les samedis, les colons participent à l'Eucharistie, entendent la prédication mariale et fréquentent les sacrements. Le résultat ? Cette dévotion a banni les froideurs et les inimitiés, écrit-il, elle a introduit de bons discours au lieu de paroles trop libertines, elle a fait revivre la coutume de prier Dieu publiquement soir et matin dans les familles, elle a donné des affections de pureté à quelques personnes dans le mariage, jusques à présenter leurs vœux par mutuel accord, à l'intégrité de la Sainte

---

35. JRT 1643 v 23, 290.
36. JRT 1640 v 18, 128.
37. JRT 1640 v 18, 82.

Vierge, et à les renouveler de temps en temps, pour recevoir plus saintement son Fils bien-aimé dans leurs cœurs [38]. » En ce dernier point, il fait probablement allusion au vœu de chasteté vécu par M. et Mme D'Ailleboust, ainsi que par quelques Français d'élite. Bref, la charité, la pureté, la piété, tels sont les bienfaits répandus par Marie « Mère de cette nouvelle Église ».

En 1641, Paul Le Jeune affirme encore : « C'est en ce chapitre que je devrais parler de la vertu de nos Français ; mais il suffit de dire que la paix, le repos et la tranquillité que nous possédons, le bon exemple de ceux qui nous commandent, avec l'éloignement des occasions du péché, nous mettent dans le chemin du ciel sans grande recherche ; si bien que si quelqu'un de ceux qui meurent en ces contrées se damne, je crois qu'il sera doublement coupable, car tout nous porte à la vertu, et le chemin du vice est ici tout plein de honte et de vergogne [39]. » Témoignage remarquable !

Le climat moral de la petite colonie ne laisse rien à désirer, même si, déjà, on tente de ternir la réputation de nouvelles arrivées : « L'air de la Nouvelle-France est très sain pour l'âme et pour le corps, affirme Le Jeune. On nous a dit qu'il courait un bruit de Paris qu'on avait mené en Canada un vaisseau tout chargé de filles dont la vertu n'aurait l'approbation d'aucun docteur ; c'est un faux bruit ; j'ai vu tous les vaisseaux, pas un n'était chargé de cette marchandise » conclut-il vertement [40]. Le préjugé aura la vie longue, puisqu'il circule encore et des écrivains sérieux s'appliquent à le soutenir ! « Le nom de Jésus-Christ se va répandant comme un baume odoriférant qui se fait sentir bien loin dans ces vastes contrées [41] » relate le même auteur.

Après avoir mentionné les bons exemples de Monsieur de Montmagny qui visite les Montagnais de la Réduction de Sillery, prie et communie avec eux, lave les pieds des malades le Jeudi Saint « avec grande charité et modestie », accompagné de Monsieur de l'Isle, de Mlle de Repentigny et de Mme de la Peltrie, il ajoute que tous vivent dans une paix profonde et une grande ferveur, mais Paul Le Jeune pressent l'épreuve : « Comme la nuit retourne après le jour, et l'hiver après l'été, je m'attends bien qu'il s'élèvera quelque tempête après cette bonace [42]. »

---

38. JRT 1640 v 18, 84.
39. JRT 1641 v 20, 124.
40. JRT 1641 v 21, 108.
41. JRT 1639 v 16, 36.
42. JRT 1640 v 18, 124.

Les Iroquois

Voici venir, en 1641, la tempête prévue : les Iroquois commencent à semer la terreur. « Quiconque arrêtera ou domptera la fureur des Iroquois, écrit Le Jeune en 1641, ou qui fera réussir les moyens de les gagner ouvrira la porte à Jésus-Christ dans toutes ces contrées [43]. » Ces redoutables guerriers commencent une guerre de surprises contre les Français. De temps immémorial, ils étaient souffre-douleur du continent et perpétuellement en guerre avec les Algonquins et les Hurons alliés de ces derniers. Maintenant forts de leur supériorité en armements, ils s'attaquent aux Français et à leurs alliés. Déjà, en 1641, leurs faiblesses étaient connues des Français : stratégie de chasseurs, incapacité d'entreprendre des sièges, impatience de revenir avec le butin, inconstance devant l'obstacle, inhabilité à juger les avantages et les faiblesses de l'ennemi. D'autre part, leur sens politique, réunissant les cinq cantons (Agniers, Onneiouts, Onnontagués, Quoyogouins, Tsonnontouans) en confédération et leur faisant entreprendre la guerre sur un seul front, constituaient une force réelle. Cependant, ce dernier fait se vérifiait aussi chez les Hurons, les Pétuns, les Neutres et les Ériés.

Paul Le Jeune écrit : « Cinquante Iroquois sont capables de faire quitter le pays à deux cents Français, non pas s'ils combattent de pied ferme, car en tel cas cinquante Français déferaient deux cents Iroquois, si les Hollandais ne leur donnaient point d'armes à feu. (...) Si on n'a ce peuple pour ami ou si on ne l'extermine, il faut abandonner à leur cruauté tant de bons néophytes, il faut perdre tant de belles espérances, et voir rentrer les démons dans leur empire [44]. » Puis, à la page suivante, il tire la conclusion : « Quiconque arrêtera ou domptera la fureur des Iroquois ou qui fera réussir les moyens de les gagner ouvrira la porte à Jésus-Christ dans toutes ces contrées [45]. » Paul Le Jeune voit clairement l'enjeu ; on aura beau le qualifier d'optimiste invétéré, il a su mesurer la portée du conflit et en indiquer nettement la cause : l'armement des Iroquois. Des cinq cantons iroquois, c'est celui des Agniers qui créera le plus de difficultés aux Français.

Les gagner ou les exterminer : on tentera les deux sans jamais y réussir. Les exterminer, ou du moins les contrer, on l'essaiera en 1642 par la construction du Fort Richelieu sur la rivière du même nom, essayant ainsi de fermer leur chemin d'entrée dans la vallée du Saint-Laurent. En 1644, Anne d'Autriche donnera cent mille livres pour

---

43. JRT 1641 v 21, 124.
44. JRT 1641 v 21, 120.
45. JRT 1641 v 21, 124.

établir un renfort de soldats, ce qui fut bien insuffisant. Vu la mobilité de ces indigènes, la colonie française ne sera jamais en mesure de mettre à exécution aucun plan d'extermination, même si Tracy, en 1666, se promenant avec son armée dans le canton des Agniers sans en tuer un seul, les jette à genoux devant lui. D'autre part, les Iroquois ne réussiront pas non plus à détruire la Nouvelle-France : les Français leur inspiraient de la crainte et excitaient leur curiosité religieuse qui était très grande. Alors, on tâchera de les gagner : le célèbre traité de paix de 1645 semblera définitif. Mais dès 1646, les Agniers rompent traîtreusement leur promesse, tuant le père Jogues et des Français. Puis, en 1648-1650, ils sèmeront le carnage aux pays des Hurons et plongeront toute la colonie dans la terreur, surtout en 1650, au point que les Français songeront sérieusement à abandonner le poste pour retourner définitivement dans leur pays. La mission iroquoise de 1653-1658 à Gannentaha sera une dernière tentative pour les gagner : elle échouera et il faudra l'exploit héroïque de 1660 pour sauver momentanément la colonie.

Devait-on abandonner à leur cruauté leurs nombreux prisonniers, missionnaires, Français, Hurons, Algonquins et Montagnais ? Leur barbarie est décrite avec beaucoup de réalisme, dans les *Relations*. Résumant, le père Jérôme Lalemant écrit en 1647 : « Ils battent, ils frappent, ils arrachent les ongles à ceux qu'ils veulent mener en triomphe dans leur pays. Ils tranchent, ils coupent, ils brûlent ; ils mettent tout à feu et à sang [46]. » Comme dit le père Vimont, « ils font les démons à leur ordinaire... Vrai fléau de notre Église naissante, qui perdent et consument nos néophytes avec les armes et le feu, et qui ont juré une cruelle guerre à nos Français [47] ».

On pourra épiloguer longuement sur ce fléau iroquois ; on louera ou blâmera tout à tour les Français pour leurs procédés avec eux ; mais ne devrait-on pas surtout censurer les Hollandais et les Anglais les armant d'arquebuses ? Cependant, affirment les grands leaders spirituels de la colonie, « Dieu dirige l'histoire ». Pour eux, le mystère de l'Église naissante est enfermée dans la Croix de Jésus Christ, seule explication de l'histoire. La Croix domine, en la récapitulant, l'histoire universelle, celle du Canada comme celle des autres pays. « Quiconque a pris une forte résolution de travailler pour Jésus-Christ doit aimer la Croix de Jésus-Christ, dit Le Jeune commentant les fureurs iroquoises. Le disciple n'est pas au-dessus du Maître. La Croix est l'Arbre de Vie qui

---

46. JRT 1647 v 30, 236.
47. JRT 1642 v 22, 34.

porte les fruits du paradis et ses feuilles sont le remède des nations. La conversion des sauvages ne se fera que par la Croix[48]. »

Il avait raison : la croix des missionnaires, de nombreux Français et Indiens, vaincra la rage iroquoise. Avec le temps, une révolution s'opérera dans l'âme iroquoise, qui s'ouvrira alors à la mystique chrétienne comme une fleur, après une longue nuit noire, boit la rosée de l'aurore : le règne des sorciers s'évanouira, l'anthropophagie disparaîtra, les féroces tortionnaires mangeront, au lieu de la chair humaine, le corps de Jésus Christ, le souffle de l'Esprit passera. Et l'Église iroquoise germera de la Croix de la Nouvelle-France et verra même une de ses enfants, la première parmi les Amérindiens, monter sur les autels : la bienheureuse Kateri Tekakwitha, béatifiée le 20 juin 1980, avec les deux grandes figures de l'Église canadienne, Mgr de Laval et Marie de l'Incarnation.

Fondation de Montréal en 1642

La Société Notre-Dame de Montréal, fondatrice de Ville-Marie et vassale de la Compagnie des Cent-Associés, fut essentiellement à l'origine une société laïque d'évangélisation. Celle des Cent-Associés visait avant tout la colonisation et d'après ses possibilités, elle favorisait le plus possible la mission. Cependant, la stratégie apostolique des deux sociétés était la même que celle que préconise Paul Le Jeune dans les premières *Relations* : créer des réductions indigènes chrétiennes autour d'établissements français leur servant de noyaux.

La Société de Montréal tentera en vain d'attirer les Algonquins, puis les Hurons : la terreur iroquoise déjouera tous les plans et fera s'enfuir Algonquins et Hurons. En 1648, un seul Algonquin vivait à Ville-Marie.

Montréal aussi se modèlera sur l'Église primitive. Colonie toute occupée à se défendre et à défendre le reste du pays contre les Iroquois, Montréal à l'origine n'est qu'un poste d'avant-garde : à l'ouest, il n'y a que des ennemis ; un grand désert, territoire de chasse des Iroquois, s'étend du Lac Saint-Louis jusqu'au Lac Supérieur. Dollier de Casson[49] présentera Montréal comme le boulevard de la Nouvelle-France : avant 1665, c'est un anachronisme d'y voir un centre de commerce comme l'est aujourd'hui la métropole du Canada.

---

48. JRT 1641 v 21, 106.
49. Dollier de CASSON. *Histoire de Montréal*. Montréal, Sénécal, 1871.

La Société du Saint-Sacrement fut fondée en 1630 par le Duc de Ventadour qui avait acheté en 1625 la vice-royauté de la Nouvelle-France en vue d'y introduire les jésuites ; elle eut une grande influence sur la Société de Montréal. Les deux groupes formaient des sociétés laïques d'évangélisation. Les principaux membres de l'une faisaient aussi partie de l'autre : Jérôme Royer de la Dauversière, Pierre Chevrier, le baron de Fancamp, Renty, Liancourt, Séguier ; le fondateur des sulpiciens, Jean-Jacques Olier, jouera un rôle important dans ce groupe.

Différente, cependant, la Société de Montréal exercera une action commune et aura des droits collectifs sanctionnés par l'autorité royale. Mais semblable à la Société du Saint-Sacrement, elle n'aura aucun capital-action, laissant à la générosité individuelle des membres de financer les opérations. De plus, les membres investiront à fonds perdus, renonçant à tout recouvrement, tout intérêt et tout profit, même à la nue propriété des contributions, qu'ils iront jusqu'à soustraire aux réclamations des héritiers. Ils abandonneront encore tous les droits acquis une fois l'œuvre accomplie : le désintéressement était donc absolu. La Société de Montréal contribuera à modeler une Église montréalaise fortement communautaire, ses membres allant jusqu'à la mise en commun des biens. En cela, cette « nouvelle Épouse du Christ », comme la présentait Jérôme Lalemant, s'insère magnifiquement dans le vitrail de l'Église naissante du Canada.

Une double tradition, celle des Sulpiciens et celle des hospitalières de Saint-Joseph, rapporte chez Olier et La Dauversière des interventions du ciel qui auraient été à l'origine de la fondation de Montréal. Par une étude attentive des sources, Lucien Campeau[50] montre, avec preuves à l'appui, que ces mises en scène célestes seraient plutôt l'effet d'un désir fréquent au grand siècle de rehausser d'interventions surnaturelles un projet éclatant pour la gloire de Dieu.

Pour sa part, Paul Le Jeune, écrivant dans la *Relation* de 1642, sur le « dessein des Messieurs de Montréal[51] », — il les avait rencontrés à Paris —, parle d'une « forte inspiration » chez La Dauversière de « travailler pour la gloire de Dieu ». Le même jésuite rapporte une rencontre des Associés à l'église Notre-Dame de Paris « un jeudi vers la fin du mois de février de cette année 1642 », où après avoir communié, ils consacrèrent l'île de Montréal à la sainte Famille. Les sulpiciens,

---

50. Lucien CAMPEAU. *Histoire de Montréal*. Manuscrit inédit, Saint-Jérôme, 1984, 256 pages.
51. JRT 1642 v 22, 202.

eux, d'après une expérience mystique de Monsieur Olier, dateront du 2 février, fête chère à Saint-Sulpice, ce fait important. Là encore, attribuons à l'esprit du temps ces imprécisions. Les jésuites responsables de la mission, pour leur part, ne cessent d'expérimenter que Dieu dirige l'entreprise. Les visées sont essentiellement théocentriques chez tous les grands Fondateurs de l'Église canadienne.

Dans cette perspective surnaturelle et théologale, il faut admirer les préparations providentielles et les rencontres des associés avec les deux grands réalisateurs du « dessein » : Paul Chomedey, sieur de Maisonneuve, et Jeanne Mance. Il n'est pas nécessaire ici de faire l'histoire de la concession de l'île de Montréal à la Société Notre-Dame ni de présenter le bilan économique de l'entreprise : l'historien Lucien Campeau l'a fait scientifiquement. Disons simplement que lors de la cession de l'île aux sulpiciens en 1663, ceux-ci assumeront une dette de 130 000 livres. Ces derniers contribueront grandement au financement de l'entreprise. Monsieur de Queylus, dont la fortune était considérable, y fit sa large part. Passons l'histoire des transactions hasardeuses, pour ne pas dire douteuses, de Jérôme Royer de La Dauversière et des ennuis considérables qui en sont résultés particulièrement pour les hospitalières de Saint-Joseph et pour tout Montréal. Les preuves historiques fournies par Lucien Campeau [52] montrent que loin de prendre ombrage de cette fondation, comme l'ont prétendu certains historiens montréalais, la Compagnie des Cent-Associés, et, à partir de 1645, la Communauté des Habitants à Québec l'ont toujours favorisée, assumant des charges économiques onéreuses. Si, à leur arrivée, Maisonneuve, ses 47 hommes et Jeanne Mance se voient offrir par Monsieur de Montmagny l'île d'Orléans au lieu de Montréal, c'est uniquement à cause du danger iroquois. Les deux sources principales de l'histoire de Montréal, celle de Dollier de Casson et celle de Faillon [53], laissent penser que les Montréalais auraient tendance à se croire persécutés. Il semble bon de rétablir la vérité des faits historiques afin de montrer la contribution de la colonie française tout entière à cet important établissement.

Originaire de Langres, née en 1606 d'une famille nombreuse de la bourgeoisie de robe, Jeanne Mance développe dans sa jeunesse des habitudes de dévouement. Elle subit aussi l'influence de Nicolas Dolbeau, frère du jésuite Dolbeau déjà venu au Canada : il lui parle de

---

52. Lucien CAMPEAU. *Les finances publiques, op. cit.*
53. Étienne FAILLON. *Histoire de la colonie française en Canada.* Paris 1865-66, 3 volumes.

la Nouvelle-France. En 1640, Jeanne se rend à Paris, résolue de se consacrer à ce nouveau pays. Elle consulte les pères Charles Lalemant et Jean-Baptiste Saint-Jure, qui approuvent son projet. Une rencontre providentielle avec Rapine lui permet d'être présentée à Madame Angélique Faure de Bullion, l'une des plus riches Dames de France. Celle-ci lui fait part de son projet de fonder un hôpital en Nouvelle-France. Puis, Mme de Bullion la présente à de grandes Dames de France : la princesse de Condé, Mme Villesavin, la Chancelière Séguier, la Duchesse D'aiguillon, Mme de Liancourt, Louise de Marillac, Marie Rousseau et finalement la reine Anne d'Autriche elle-même. Jeanne Mance accepte la direction du futur hôpital.

En avril 1641, elle s'embarque à La Rochelle plutôt qu'à Dieppe, à cause de la présence d'un prêtre durant la traversée, le père Jacques de la Place. En s'y rendant, elle est reçue partout avec égard. Sortant de l'église des jésuites à La Rochelle, elle rencontre La Dauversière, qui lui apprend son projet de fondation, puis elle voit Maisonneuve et entre dans l'association. Elle conseille à Monsieur de La Dauversière de rédiger le texte intitulé *Dessein des Messieurs de Montréal*, afin de le distribuer aux grandes Dames de Paris ainsi qu'à d'autres intéressés. Qu'en résulte-t-il ? Trente-cinq membres composent la Société de Montréal, au début de 1642. À Paris paraîtra bientôt un écrit intitulé *Les véritables motifs des Messieurs et Dames de la Société Notre-Dame de Montréal*, lequel mettra en lumière l'importance du laïcat chrétien en vue de l'évangélisation : tout baptisé a le devoir d'étendre le Royaume de Dieu [54].

Paul de Chomedey, champenois, entra dans l'armée à treize ans comme les jeunes nobles de son temps. L'année 1639 marquera un tournant dans sa vie. Lui aussi, comme La Dauversière, Olier et Jeanne Mance, vit intérieurement une sorte d'illumination spirituelle qui l'incite à se mettre au service de Dieu, sans quitter la profession militaire. Chez un ami avocat, il lit une *Relation* de Paul Le Jeune où il est question du père Charles Lalemant, procureur des missions du Canada à Paris. Maisonneuve va lui offrir son épée pour la défense des missionnaires canadiens. Au même moment, La Dauversière est à la recherche d'un commandant pour l'expédition de Montréal alors en préparation. Charles Lalemant lui conseille d'accepter le militaire :

---

54. Extrait des *Véritables motifs*, 1643. Texte cité dans Lucien CAMPEAU. *Chronique du Peuplement du Saint-Laurent* (1632-1681). Manuscrit inédit, Saint-Jérôme, 1984, p. 22.

l'accord est conclu. Maisonneuve sera le chef de Montréal, sans appointements. Dès lors, Maisonneuve s'affaire au départ à La Rochelle et prépare l'entreprise avec La Dauversière.

Jeanne Mance arrive à Québec en 1641, suivi de Maisonneuve quelque temps après. Celui-ci fait bâtir un magasin et une maison à la Basse-Ville. Montmagny offre l'île d'Orléans à Maisonneuve qui refuse énergiquement. Montmagny se rend alors à Montréal en octobre 1641, pendant que Jeanne Mance, Maisonneuve, Mme de la Peltrie gagnée à la cause, sont accueillis dans la maison de Monsieur de Puiseaux à Sillery, en vue d'y passer l'hiver dans l'enthousiasme au sujet du plan de l'établissement de Montréal. Pierre Gadois, ami de l'équipe, gardera la maison de Puiseaux qui se rendra à Montréal en 1642 et retournera en France en 1644. Gadois et sa famille rejoindront Montréal en 1646.

Après l'hiver 1641-1642 enfin, c'est le départ pour Montréal le 17 mai 1642. On y arrive avec le gouverneur de la Nouvelle-France, Monsieur de Montmagny et le supérieur des jésuites, le père Vimont. Les deux responsables de la colonie mettent Monsieur de Maisonneuve en possession de l'île. La messe est célébrée avec toute la solennité possible et le père Vimont proclame la parabole du grain de sénevé qui devient un grand arbre ; le Saint Sacrement est exposé toute la journée. Des lucioles remplacent la lampe du sanctuaire. Montréal sera nommée ville de la Vierge, « Ville-Marie » ; on est pour le moment à la Pointe-à-Callière.

En décembre 1642, la crue des eaux provoque une inondation. Pour l'arrêter, on plante d'abord une croix au bord de la rivière et on fait le vœu d'ériger une autre croix sur la montagne, ce qui sera réalisé le 6 janvier 1643, malgré la crainte des Iroquois. D'après Marie Morin, annaliste de l'Hôtel-Dieu, l'héroïque troupe restera pratiquement enfermée dans le fort pendant onze ans.

En 1643, Louis D'Ailleboust, futur gouverneur de la Nouvelle-France, arrive avec sa femme Barbe de Boulogne. Une garnison s'ajoute au premier contingent, de telle sorte que soixante-dix personnes habitent le fort. Les jésuites desservent cette nouvelle population dont la ferveur s'inspire de celle de la primitive Église : la plupart mettent leurs biens en commun. Le caractère communautaire de cette nouvelle Église se dessine nettement pendant que la ferveur missionnaire croît envers les Amérindiens de passage à Montréal. Les conversions sont nombreuses.

Il semble bien qu'il se forma une confrérie à l'arrivée des D'Ailleboust, comme en fait foi Marie Morin dans les Annales[55] qu'elle a composées après avoir recueilli les souvenirs de Jeanne Mance :

> Il (Maisonneuve) composa une fraternité de cinq frères et de cinq sœurs. Il se mit le premier des frères avec Monsieur Lambert Closse, Monsieur Lucau, Monsieur Minime Barbier, Monsieur Prud'homme. Les sœurs étaient Madame D'Ailleboust, Madame de la Peltrie, Mademoiselle Mance, Mademoiselle de Boulogne, Mademoiselle que j'ai dit servir Madame de la Peltrie. Il ne s'appelait que frères et sœurs, s'étudiaient à se déférer en tout, à servir tous les autres quand ils auraient besoin d'eux, à les consoler, à servir les malades, etc. Ils firent quantité de neuvaines et de pèlerinages à la montagne, à pied, et dans les risques de leur vie à cause des Iroquois qui pouvaient facilement se cacher sur les chemins et les y attendre à passer, n'ayant point encore aucun découvert, mais tout en bois debout et forêts fort épaisses. Cela ne refroidissait point la dévotion de ces dames, ni la peine de monter en haut de cette montagne raide et escarpée, en sorte que les personnes les plus robustes y travaillent et suent beaucoup aujourd'hui que les chemins y sont battus. Ce qu'elles firent pendant neuf jours de suite en la compagnie des cinq frères et de quelques autres encore.

Quant aux autres habitants de Ville-Marie, ils forment un noyau fervent, comme en témoigne le père Vimont après les avoir visités en 1643.

> Le gros des Français qui sont ici est composé de gens bien différents à la vérité, de condition, d'âge et de naturel, pour être quasi tous de divers pays. Mais ils ne sont qu'un en volonté, visant tous à un même but de la gloire de Dieu et au salut de ces pauvres sauvages. Et je puis dire que leur vertu a servi à la conversion de plusieurs qui ont été gagnés à Dieu par l'affection qu'ils leur ont témoignées. Croiriez-vous bien que plusieurs des ouvriers qui travaillent ici, dès leur départ de France, ne se sont proposé d'autre motif que celui de la gloire de Dieu et de leur salut en un lieu retiré des occasions de mal faire ? La seule pensée qu'ils contribuent autant qu'ils peuvent au salut des âmes les fait travailler de si bon courage qu'il ne leur arrive jamais de se plaindre [56a].

Cette colonie mystique est gouvernée par un commandant que le père Vimont ne manque pas de louer :

---

55. Marie MORIN. *Histoire simple et véritable, les Annales de l'Hôtel-Dieu de Montréal, 1659-1725.* Édition critique Ghislaine Legendre, Montréal, 1970, p. 53-54.
56a. JRT v 24, 220-222.

> Aussi ont-ils été conduits par un gentilhomme de mérite, que Dieu semble avoir très particulièrement inspiré et appelé pour le servir en ce lieu, tant il a d'affection et pour l'établissement de la colonie et pour le salut des sauvages. Il me suffit de dire que c'est Monsieur de Chomedey de Maisonneuve, sa modestie ne me permettant pas d'en dire davantage... Le commandement a été doux et efficace, l'obéissance aisée, la dévotion aimée de tous universellement. Si bien que celui qui commande dans cette habitation a reçu une satisfaction grande de ses gens, tant des sujets que de leur capitaine ; et ceux qui gouvernent l'Église, un contentement entier des uns et des autres (...) L'exemple de M. de Maisonneuve et des autres personnes de considération qui sont là n'ont pas peu contribué à cela [56b].

En 1643, Mme de Bullion créa une fondation de 42 000 livres, plus 2 000 livres de rentes et 12 000 livres pour la construction de l'Hôtel-Dieu projeté. Les travaux s'effectuent après le traité de paix avec les Agniers en 1645. Jeanne Mance entrera dans cet hôpital en octobre : ce sera la première habitation hors du fort. Elle devra y revenir en 1650-1652 à cause du danger iroquois.

Montréal entrera dans la Communauté des Habitants en 1645, ce qui lui procurera des avantages financiers fort appréciables et favorisera la mission. La même année, Maisonneuve se rend en France d'où il reviendra en 1647 : il avait sans doute expliqué aux Messieurs de Montréal que les Iroquois, toujours menaçants, empêchaient la création de réductions indigènes. Il leur fit part aussi de son projet de distribuer des terres aux engagés dont le contrat était terminé et qui désiraient s'établir au pays. À son retour, il dressa le cadastre en 1648 et concéda quelques terres. Mais cette même année, les Amérindiens s'éloignèrent du poste devenu trop dangereux.

La désaffection des Associés de Montréal se fait alors sentir en France ; de 35, ils sont passés à 9 : La Dauversière, Fancamp, Olier, Bretonvilliers, Barreau, Liancourt, Habert, Drouart et Séguier. Jeanne Mance, voyant le danger, passe en France en 1649. Par contrat, elle réussit à organiser la Société sur une base légale. Monsieur Olier accepte d'être le directeur, grâce à l'influence de Jeanne Mance. Montréal deviendra donc de plus en plus l'affaire des sulpiciens qui en seront le meilleur soutien financier et apostolique. On voit que Jeanne Mance, par ses interventions importantes, est en quelque sorte « le cerveau de Montréal », comme l'affirme à bon droit Lucien Campeau.

Le groupe épique de Montréal s'édifiera comme une chrétienté sur le modèle de l'Église primitive. Pour le moment, elle est l'œuvre du

---

56[b]. JRT v 24, 222-224.

laïcat missionnaire de la France religieuse et mystique, ce dont témoigne la *Relation* de 1643 : « Il semble bien que le zèle, la dévotion et la charité de tous ces Messieurs, qui se sont associés en France à ce pieux et noble dessein, s'est répandue et communiquée à tous ceux qui ont demeuré par deça en leur habitation, lesquels ont été touchés bien particulièrement de Dieu, et ont témoigné avoir reçu beaucoup de faveurs et grâces du ciel, puisque la vie qu'ils y ont menée l'hiver a été à une image de la primitive Église [57]. »

Église de Trois-Rivières

Fondée en 1634, carrefour où convergent les nations indigènes de passage pour la traite des fourrures, Trois-Rivières ne comptera qu'une population française restreinte, car les Iroquois y rôdent continuellement. On y fera plus de pertes en hommes qu'à Québec. Le commerce demeure communautaire.

Lors de la fondation, les jésuites s'étaient établis dans le fort du Platon et desservaient les indigènes et les Français. En 1639, la résidence des pères est construite dans la seigneurie concédée en 1637 ; en 1648, une autre seigneurie leur sera concédée dans la région du Cap. Les jésuites confient alors une terre à Pierre Boucher, qui joue le rôle d'agent pour les colons et les jésuites.

Personnage important avec Jacques Leneuf de la Poterie, Pierre Boucher avait vu son père Gaspard émigrer aux Trois-Rivières en 1646 ; il avait été fermier pour les jésuites à Notre-Dame-des-Anges, à Québec. Mais son fils Pierre était arrivé en ce lieu l'année précédente en qualité d'interprète. Il avait été « garçon » des jésuites en Huronie, de 1637 à 1641, et fortement marqué par l'influence du père Jean de Brébeuf. Remarqué par le gouverneur Montmagny, il fut interprète pour lui à 19 ans. De simple soldat, il devint caporal, puis sergent et accompagna le gouverneur lors de la fondation de Montréal et de la construction du fort Richelieu en 1642. Il combattit alors victorieusement contre 200 Iroquois.

À Trois-Rivières, en 1645, on renouvelait le groupe d'interprètes. Jean Nicolet venait de se noyer. Thomas Godefroy était envoyé à Montréal comme interprète algonquin ; Jean Amiot, Pierre Boucher, Charles Lemoine étaient alors nommés interprètes sous la conduite de François Marguerie. Dès 1646, Charles Lemoine quittait Trois-Rivières pour se rendre à Montréal ; François Marguerie et Jean Amiot se

---

57. JRT 1643 v 24, 226–228.

noyaient en 1648 et Jacques Hertel mourait accidentellement en 1652. Pierre Boucher restait donc comme premier interprète et commis du magasin, puis membre du Conseil de Québec en 1649. En 1651, on le nomme capitaine du bourg de Trois-Rivières, où il préside à l'organisation. La famille Boucher a, pendant ce temps, aligné ses terres le long du Saint-Maurice. Les sœurs de Pierre, Marie et Marguerite, épousent à Québec en 1645 Toussaint Toupin dit Dussault et Étienne Delafond et viennent habiter Trois-Rivières ; Toussaint Toupin retourne à Québec en 1646. Madeleine, la plus jeune sœur, épouse Urbain Baudry dit Lamarche.

Défenseur habile et brave de la ville dans un assaut iroquois en 1653, Pierre Boucher sera nommé gouverneur de l'établissement, la même année. En 1657, il démissionna afin de s'adonner à la colonisation ; nommé de nouveau gouverneur de la même ville en 1662, il démissionna encore en 1667, afin de se rendre avec sa famille — il aura 15 enfants de Jeanne Crevier, son épouse — développer sa seigneurie de Boucherville pour inciter les colons à poursuivre le développement du pays. Imbu des idées des jésuites, il favorisera pleinement l'idéal de la Compagnie des Cent-Associés : la colonisation en vue de l'évangélisation.

Nous ne pouvons raconter ici la longue histoire de cet homme remarquable. Pierre Boucher illustre bien la mentalité humaine et chrétienne des « habitants » du pays à cette époque.[58] Anobli par Louis XIV auprès duquel il avait été envoyé par D'Avaugour en 1661 en vue de présenter les doléances de la colonie, il demeurera le type de l'humaniste et du chrétien et sera un des principaux artisans du développement de Trois-Rivières.

En ce lieu, poste de garnison et centre de commerce des fourrures, les jésuites avaient projeté d'établir une réduction indigène pour les nouveaux chrétiens. Après avoir construit une chapelle avec leur résidence derrière le fort du Platon en 1639, ils transportent leur construction en 1650 sur un emplacement du bourg où leur chapelle servira d'église paroissiale, avec un prêtre desservant : ceci favorisa l'établissement d'une commune pour les habitants sur les anciens lieux — mesure demandée par D'Ailleboust alors gouverneur. Mais les jésuites sont surtout intéressés à leur seigneurie du Cap-de-la-Madeleine. L'histoire de la mission des jésuites et de l'établissement progressif des Français à Trois-Rivières de 1634 à 1663 a été bien esquissée par

---

58. Cf. E. MITCHELL. *Messire Pierre Boucher*. Montréal, Beauchemin, 1967.

Lucien Campeau[59] : lenteurs des débuts, progrès de la décennie 1640-1650, arrêt de 1650 à 1660 à cause de la terreur iroquoise, puis élan nouveau de 1660 à 1663.

L'Église de Trois-Rivières sera marquée des mêmes traits que celle de Québec : missionnaire auprès des Amérindiens de passage, elle sera aussi fortement communautaire pour les mêmes raisons. Le père Jacques Buteux restera la grande figure de cette Église destinée plus tard à un rayonnement marial avec le sanctuaire du Cap-de-la-Madeleine. « Dès 1651, disait Jean-Paul II le 10 septembre 1984, l'abbé Jacques de la Ferté, curé de Sainte-Madeleine de Châteaudun en France, faisait don de ce fief du Cap aux missionnaires jésuites. Dans la bourgade que ceux-ci fondèrent aussitôt en ce lieu, le jour de la Présentation de Marie, en appelant cette paroisse le Cap-de-la-Madeleine, la dévotion mariale devint telle qu'une Congrégation du Rosaire y était instituée avant la fin de ce 17e siècle. C'est là que fut érigé, dès 1714, le sanctuaire qui est devenu le sanctuaire marial et national et la plus vieille église du Canada. (...) Depuis lors, la même piété mariale a entraîné ici, de tout le Canada, des milliers de pèlerins venus chercher foi et courage auprès de leur Mère ! »

L'Église de Kébec

L'Église-Mère du Canada demeure l'Église de Kébec. Le supérieur de la mission du Canada réside à Québec et c'est de ce lieu que partent les initiatives ecclésiales ; c'est à cet endroit que convergent les missionnaires et les pasteurs à l'œuvre en Huronie, à Tadoussac et au Saguenay, en Nouvelle-Angleterre, à Montréal, à Trois-Rivières et même en Acadie.

Pendant la décennie, le développement de l'Église est conditionné par l'avancement de la colonisation. Les concessions de terres se continuent et s'amplifient[60] : les défrichements se poursuivent à Beaupré, à Beauport, à Notre-Dame-des-Anges, dans la banlieue et vers le Cap Rouge ; on commence à habiter la Haute-Ville de Québec ; le développement de la Basse-Ville commencera près 1650. Guillaume Couture se rend à Lauzon en 1648, mais il faut attendre 1660 pour voir des colons se fixer dans cette région. Éléonore de Grandmaison, en 1649, s'établira à l'île d'Orléans, y construisant par la suite le domaine Beaulieu du

---

59. *Les Cent-Associés et le peuplement de la Nouvelle-France, 1633-1663.* Cf. Chapitre IV, « le peuplement de Trois-Rivières », p. 73-109.
60. *Ibid.*, Cf. « Québec, deuxième décennie, 1643-1653 », p. 39-53.

nom de son mari ; mais la période de développement de l'île se situe dans les années 1660-1670. Le danger d'attaque de la part des Iroquois retarde une occupation plus étendue du territoire.

Dans la ville de Québec, l'église brûlée en 1640 est rebâtie en 1647 ; le collège des jésuites est érigé en même temps que l'église avec chapelle intérieure. L'Hôtel-Dieu construit lentement à partir de 1644 aura son église particulière. Le monastère des ursulines, édifié en 1642, sera pourvu d'une belle église. En 1649, Jean Bourdon et son ami l'abbé Le Sueur construiront la chapelle Saint-Jean sur l'emplacement actuel de l'église Saint-Jean-Baptiste.

Olivier Letardif ouvrira une terre domaniale à Château-Richer en 1648, mais le registre de la paroisse ne commence qu'en 1660. Au cours des années 1650-1660, une chapelle préside aux activités du domaine Beaulieu à l'île d'Orléans. En 1657, Monsieur de Queylus en fait construire une à Sainte-Anne-de-Beaupré, sur la terre d'Étienne Lessard et de sa femme Marguerite Sevestre. À Sillery, l'église des Montagnais sert aux Français des environs ; on semble aussi faire mission à Cap Rouge. Les jésuites font la desserte des postes à partir de 1645, célébrant d'abord la messe dans les maisons. Les paroissiens éloignés ne pouvaient se rendre à l'église tous les dimanches, notamment pendant l'hiver. Les prêtres les visitent aux principaux temps liturgiques, puis de plus en plus souvent, et même régulièrement dans les années 1660.

C'est ainsi qu'après la destruction de la mission huronne en 1650, la vie paroissiale s'organise peu à peu dans la région de Québec avec les jésuites, maintenant confinés aux rives du Saint-Laurent ou retournés en France, faute de travail missionnaire ; ils essaient de se faire la main et le cœur aux tâches pastorales. Marie de l'Incarnation louera spécialement le père Jérôme Lalemant sur ce point : « C'est lui aussi qui a mis le bel ordre qui se voit dans l'Église de Québec avec autant de majesté qu'au milieu de la France. Ainsi pour l'Église et pour les affaires du pays, et pour les nôtres en particulier, s'il ne retourne pas, nous ferons une perte irréparable [61]. »

« Pour les affaires du pays »... Marie de l'Incarnation fait sans doute allusion à la présence du supérieur des jésuites au Conseil de Québec créé en 1647. Deux ans auparavant, la Compagnie des Cent-Associés avait remis à la colonie ses responsabilités administratives à sa demande, avec le consentement du Roi qui autorisa la création de la Communauté des Habitants en 1645.

---

61. OURY, *Correspondance*, 403. Lettre à son fils le 17 septembre 1650.

Commentant le fait, le père Vimont écrit : « Messieurs de la Compagnie de la Nouvelle-France, voulant procurer la conversion des sauvages et amplifier la colonie française, lui ont remis entre les mains le trafic de la pelleterie que sa Majesté leur avait accordée, n'ignorant pas que la force des Français a l'appui des nouvelles Églises qu'on tâche d'engendrer à Jésus-Christ dans cette extrémité du monde [62]. »

Dans une étude de la formation et de l'administration de la Communauté de 1645 à 1652, Lucien Campeau [63] établit les faits suivants : la Communauté jouit du monopole du commerce général jusqu'en 1648 et du monopole perpétuel du commerce des fourrures. En 1645, la fondation de la Nouvelle-France par la compagnie privée des Cent-Associés avait coûté un million et demi de livres aux Associés, sans compter 251 360 livres fournies par les institutions religieuses de France. Pour des motifs religieux, Anne d'Autriche avait aussi donné 100 000 livres en 1644 afin d'assurer la défense de la colonie. Il est faux de dire que les Cent-Associés ne payèrent pas leurs dettes, car en 1646, l'excédent d'un peu plus de 100 000 livres était acquitté par eux.

Il n'en sera pas ainsi pour la Communauté des Habitants, qui enregistrera un endettement considérable en 1652 : 189 000 livres. Les principales familles de la Nouvelle-France, instigatrices du projet en cours, n'avaient pas prévu un tel déficit. Au contraire, elles espéraient obtenir un meilleur résultat que les Cent-Associés, dont la plupart avaient dû investir de leur fortune personnelle sans jamais rien récupérer. C'est que la Communauté, sans capital préalable, devait recourir aux financiers français pour emprunter, lesquels à cause des risques de pertes considérables pendant la traversée (naufrages, piraterie, etc.) ne prêtaient qu'à la « grosse aventure », soit à 25% et plus. Les denrées au pays étaient donc beaucoup plus chères qu'en France.

En 1645, les principaux directeurs de la Communauté étaient Pierre Legardeur de Repentigny, Noël Juchereau des Châtelets, Jean-Paul Godefroy, Jacques Leneuf de la Poterie, Robert Giffard, François Chavigny de Berchereau, Michel Leneuf de la Poterie, Guillaume Couillard, Jean Bourdon, Mathurin Gagnon et Jean Guyon. Dès 1646, les habitants se plaignaient d'eux. Six familles surtout — celles de Legardeur, Giffard, Leneuf, Berchereau, Juchereau jointes à celle de D'Ailleboust en 1648 — dominaient les affaires de la Nouvelle-France :

---

62. JRT 1645 v 27, 136.
63. *Les finances publiques*, *op. cit.*, Cf. chapitre II, « Tutelle des financiers français », p. 61–105.

ils les laissèrent dans un état déplorable au moment où la destruction de la nation huronne et les troubles en France réduisirent considérablement la rentabilité des fourrures en 1652.

En 1647, le Roi opéra une réforme en créant le Conseil de Québec, ce qui élargit la direction de la Communauté ; ce fut insuffisant, une nouvelle réforme du Conseil eut lieu en 1648. Dans l'ensemble, une commission du Conseil d'État décidait souverainement à la Cour de ce qui était utile à la communauté de la Nouvelle-France. Cependant, les Cent-Associés présentaient eux-mêmes les problèmes et les demandes ; ils servaient de tampon entre la colonie et le Conseil et assuraient ainsi la continuité de la politique vécue par eux depuis 1632. De cette façon, la Nouvelle-France n'eut pas à souffrir à cette époque des incohérences de la politique du Roi pour les autres colonies. De cette manière également, la Communauté assurera sa collaboration aux missionnaires pour l'évangélisation, comme le préconisaient toujours les Cent-Associés.

Malgré les inconvénients premiers de l'accaparement du commerce par quelques familles nobles, l'expérience nouvelle de la colonie contribua à renforcer l'esprit communautaire de la petite société laurentienne. Il semble que l'Église de Kébec verra se dessiner les traits essentiels de toute Église : ceux de la communion et de la mission. Pendant la décennie, une Église missionnaire se profile en Huronie et ailleurs à l'instigation du père Jérôme Lalemant, pendant qu'à Québec, à Montréal et à Trois-Rivières, l'Église prend un visage communautaire d'après l'idéal d'une Église primitive, comme le préconisait Paul Le Jeune.

Un peuple et une Église

En 1641, on comptait 61 ménages établis en Nouvelle-France. De 1642 à 1650, 130 mariages sont célébrés au pays. 260 naissances sont enregistrées ; si on ajoute les 73 survivants nés au cours de la première décennie, le total est de 333 personnes nées au pays ; puis, si on enlève les décès et un départ pour la France, il reste 291 jeunes Canadiens au pays en 1651. D'après Lucien Campeau, 1 587 personnes auraient séjourné dans la colonie de 1642 à 1651. De ce nombre, 367 ne laissent pas de traces, la plupart retournés en France ; ajoutons quelques décès. Il resterait 1 220 personnes dont il faudrait soustraire 145 décès. Les résidants s'élèvent donc à 1 075 à la fin de 1651. Vingt-sept pour cent d'entre eux sont des naturels du pays ; les femmes, au nombre de 386, forment trente-cinq pour cent de la population laurentienne d'alors.

Quant au défrichement, en 1651, la Nouvelle-France ne présente encore que le visage d'un abatis-chantier. La presque totalité des terres n'ont été ouvertes que dans les dix dernières années. À Québec sont déboisées quelques taches sur le côteau Sainte-Geneviève, le long de la rivière Saint-Charles et une étroite lisière le long de la rivière aux Chiens à Sainte-Anne-de-Beaupré. Les souches parsèment les champs que l'on cultive à la pioche. Quelques maisons, entourées de champs et surtout de bois, se dressent à la Haute-Ville, entre les propriétés des communautés religieuses. La Basse-Ville n'est pas encore bâtie. À Trois-Rivières, le bourg est en construction. À Montréal, tous s'abritent craintivement dans le fort de la Pointe-à-Callière. Tel est, en 1650, la situation du peuple héroïque de Nouvelle-France, en train de bâtir un pays et une Église.

IV — *Conclusion*

À peine né, ce jeune peuple est soumis à l'épreuve : depuis 1648, « une nuit obscure », dit Ragueneau, couvre le pays. La colonie et la jeune Église doivent affronter une épreuve de taille, la fureur iroquoise. La situation est désespérée : faut-il retourner en France ? Celle-ci, engloutie dans des guerres civiles et européennes, demeure sourde à l'appel angoissé de sa colonie. Où regarder pour apercevoir une lueur d'espérance ?

Le dynamisme de la nouvelle Église contribuera largement à relever les courages abattus. Elle aidera puissamment le pays à vivre cet exode pascal. Une figure de proue lui a communiqué cette énergie vitale pendant la décennie, Jérôme Lalemant. Il doit partir pour la France cette même année. Marie de l'Incarnation commente le fait : « Il passe en France pour l'extrémité des affaires de l'Église. (...) Je vous dirai que c'est l'homme du monde à qui j'ai le plus d'obligation, tant pour l'établissement de notre maison que pour les maximes spirituelles et saintes qu'ils nous a données, selon l'esprit de notre vocation. » Elle continue : « On nous menace de ne le pas faire repasser en ce pays. Si cela arrive, nous ferons tous une perte considérable. C'est le père des pauvres tant français que sauvages. C'est le zélateur de l'Église, qui semble avoir été élevé dans toutes les cérémonies, ce qui n'est pas ordinaire à un jésuite. Enfin, c'est le plus saint homme que j'aie jamais connu depuis que je suis au monde [64]. »

---

64. OURY. *Correspondance*, 406. Lettre à son fils le 30 octobre 1650.

Ce « saint homme », de retour en France le 3 décembre 1650, écrit à son Provincial une lettre-bilan sur la Nouvelle-France. Avec sa lucidité coutumière, il constate le tragique de la situation : la nation huronne est exterminée et la colonie est au bord de sa perte. Mais comme en 1645, il se reprend à espérer que tout renaîtra, car, dit-il, « je ne puis ôter de mon esprit que le temps n'est pas loin que la porte s'ouvrira derechef pour les nations d'en haut que nous avons quittées ». Le fondement de son espérance ? « L'Évangile nous assure que devant le jour du jugement, il faut que toutes les nations de la terre aient connaissance de leur Rédempteur.(...) Cela nous doit être une grande consolation et un grand renfort de patience pour attendre les temps et les moments ordonnés par la divine sagesse et par la divine bonté[65]. » Toujours cet esprit missionnaire l'anime, « cet esprit de Jésus-Christ, lequel est un esprit pur, un esprit qui détruit la nature et qui fait vivre de la grâce, un esprit qui prend ses délices et son repos non dans la panne et le satin, mais dans une âme enrichie d'une amoureuse crainte[66] ».

Jérôme Lalemant termine sa lettre en citant cinq causes de « consolation » : le baptême de dix ou douze mille Hurons ; la vertu des pères dont le martyre a montré l'éclat ; l'ouverture des missions des Abénaquis, du Nord, du Saguenay et du Haut Saint-Maurice ; l'extraordinaire rayonnement du couvent des ursulines et de l'Hôtel-Dieu près desquels s'est réfugié le reste de la nation huronne ; l'intérêt du gouverneur D'Ailleboust pour la nouvelle Église. Telles sont les raisons d'espérer du grand missionnaire.

Cette décennie marque donc une étape intense de croissance et de maturation de la nouvelle Église. Le père Lalemant se réfère souvent à Abraham, père du peuple de Dieu dans la foi, à qui ont été faites les promesses d'une race plus nombreuse que les étoiles du ciel et les sables de la mer. Il se rapporte aussi à l'apôtre Paul qui travaille à la croissance de l'Église en « offrant de nouvelles Épouses au Christ ». Pour le responsable de la mission du Canada, l'Église nouvelle est l'Épouse du Christ qui engendre de nombreux et toujours nouveaux enfants à son Époux divin en formant le peuple de Dieu en ce pays : pour lui, l'Église est essentiellement missionnaire.

L'initiateur de l'Église canadienne, Paul Le Jeune, voyait en elle la Nouvelle Jérusalem sur le modèle de l'Église primitive. Pour Jérôme Lalemant, l'Église naissante est l'Épouse du Christ. Certes, déjà

---

65. JRT 1650 v 36, 48.
66. RJQ 1645, 10. Le texte manque dans l'édition de Thwaites.

l'Église du Canada est cette « nouvelle Jérusalem qui descend du ciel d'auprès de Dieu, belle comme une épouse parée pour son Époux » (Cf. Ap 21 : 2). La nouvelle Église est don du Père par les missions du Fils et de l'Esprit. Cet Esprit empourprera bientôt la nouvelle Église du sang de ses Fondateurs pour que de la mort germe la vie : l'Exode pascal est déjà commencé en ce pays, à l'aurore de 1650.

CHAPITRE III

« Nous marchons dans une nuit obscure. »

Paul Ragueneau
1648-1658

Introduction

« Je ne puis me dispenser de vous écrire encore cette année nos pertes et nos gains, nos tristesses et nos joies, nos espérances et nos craintes, et enfin nos obscurités plutôt que nos lumières : car à vrai dire nous marchons plus que jamais dans une nuit obscure ; mais nous y marchons avec Dieu qui nous y conduira. » Ainsi s'exprime Paul Ragueneau[1] au début de la *Relation* de 1651.

Une nuit obscure... Marie de l'Incarnation perçoit le même mystère en écrivant à son fils[2] : « Je vous assure qu'il me faut un courage plus que d'homme pour porter les croix qui naissent à monceaux tant dans nos affaires particulières que dans les générales du pays, où tout est plein d'épines, parmi lesquelles il faut marcher dans l'obscurité, où les plus clairvoyants sont aveugles, et où tout est incertain. »

---

1. JRT 1651 v 36, 160-162.
2. OURY. *Correspondance*, 485. Lettre à son fils le 9 septembre 1652.

En réalité, la période la plus difficile de la terreur iroquoise sera celle de 1660 à 1665 ; mais alors, la colonie sera plus forte et plus peuplée qu'en 1650. On ne songera plus à retourner en France, mais plutôt à obtenir du secours qui viendra d'ailleurs. Tandis qu'à cette étape la colonie est dans un état des plus précaires. Très impressionné par la destruction de la Huronie, le groupe français se demande s'il pourra survivre, le commerce des fourrures étant anéanti en même temps que la nation huronne. Douze cents personnes au plus forment la population française. La situation est désespérée. L'Iroquois est aux portes de Québec ; plusieurs habitants viennent se réfugier au fort près duquel la population se terre. La France, aux prises avec ses guerres civiles et européennes, n'envoie pas de secours.

« Québec est appelé ville, écrit Ragueneau à son Général François Piccolomini [3] le 8 octobre 1650. Il serait plus vrai de dire qu'à part le fort, notre maison et les deux couvents de religieuses, il n'y a à peu près rien qui ait l'apparence, non pas d'une ville, mais d'un humble village. On y peut voir quelque trente maisons de Français dispersées ici et là sans aucun ordre. Les autres demeurent à grande distance de Québec, à une, deux, et même à cinq et dix lieues. Les hameaux sont très épars le long des rives du grand fleuve que l'on appelle Saint-Laurent. En tout, il n'y a que six cents personnes, vieillards et enfants, hommes et femmes, de tous âges. Les jours de fêtes, ils se réunissent assez nombreux à l'église. Quelques-uns ne le font que très rarement, parce qu'ils demeurent trop loin de Québec. C'est ce qui fait que, faisant ici les fonctions de curés, nous sommes obligés d'envoyer un de nos pères parcourir tous ces lieux écartés, afin que personne ne manque de notre aide spirituelle et de notre ministère. »

Les textes cités plus haut caractérisent bien la décennie : d'abord la traversée d'une nuit obscure, puis peu à peu, l'organisation de la vie paroissiale. La destruction de la Huronie a nécessairement mis en veilleuse l'idéal missionnaire. Plusieurs jésuites retournent en France vers la fin de 1650 ; ceux qui restent se voient confinés aux rives du Saint-Laurent jusqu'en 1665.

D'une Église sur le modèle de la primitive d'abord, nous sommes passés à l'image d'une Église intensément missionnaire, puis, durant la troisième décennie (1650-1659), se dessinent les traits d'une Église devenue pastorale. La voie s'ouvre alors à la venue de l'évêque de cette

---

3. Cité dans Lucien CAMPEAU, « Cahiers d'histoire des Jésuites », n° 1, p. 82-83. Traduit du latin par L.C. et extrait des ARSI, 109, I, ff. 239-240.

nouvelle Église en 1659, Mgr de Laval. D'ardents missionnaires qu'ils étaient, les jésuites se font pasteurs dévoués et attentifs du petit peuple français de la Nouvelle-France, sous la houlette d'un homme dont la bonté de cœur pour les humbles et les petits ne le cède en rien à la plus vive intelligence, le père Paul Ragueneau.

I — Une nuit obscure

L'intelligence de cet homme, nous la voyons briller dans des remarques fort pertinentes qu'il écrit en 1648, alors qu'il est responsable des missions de la Huronie (1645-1650) : « Si j'avais un conseil à donner à ceux qui commencent la conversion des sauvages, je leur dirais volontiers un mot d'avis que l'expérience leur fera, je crois, reconnaître être plus important qu'il ne pourrait sembler d'abord : savoir qu'il faut être réservé à condamner mille choses qui sont dans leurs coutumes et qui heurtent puissamment des esprits élevés et nourris en un autre monde. Il est aisé qu'on accuse d'irréligion ce qui n'est que sottise, et qu'on prenne pour opération diabolique ce qui n'a rien au-dessus de l'humain ; et ensuite on se croit obligé de défendre comme une impiété plusieurs choses qui sont dans l'innocence ; ou qui au plus sont des coutumes impertinentes, mais non pas criminelles, qu'on détruirait plus doucement, et je puis dire avec plus d'efficace, obtenant petit à petit que les sauvages désabusés s'en moquassent eux-mêmes et les quittassent, non par conscience, comme des crimes, mais par jugement et par science, comme une folie. Il est difficile de tout voir en un jour, et le temps est le maître le plus fidèle qu'on puisse consulter [4]. »

Puis, Ragueneau continue en admettant que les premiers missionnaires n'ont pas suffisamment tenu compte des différences culturelles, chargeant ainsi les nouveaux chrétiens de fardeaux trop lourds : « Je ne crains point de dire que nous avons été un peu trop sévères en ce point, et que Dieu a fortifié le courage de nos chrétiens au-dessus d'une vertu commune, pour se priver non seulement de récréations innocentes dont nous leur faisions du scrupule, mais aussi des plus grandes douceurs de la vie, que nous avions peine de leur permettre, à cause qu'il leur semblait qu'il y avait quelqu'espèce d'irréligion, qui nous y faisait craindre du péché. Ou pour mieux dire, il était peut-être à propos dans les commencements de nous tenir dans la rigueur, ainsi que firent les

---
4. JRT 1648 v 33, 146.

apôtres touchant l'usage des idolothytes et des animaux étouffés dans leur sang. »

Et le clairvoyant jésuite conclut fort à propos : « Quoi qu'il en soit, nous voyons cette sévérité n'être plus nécessaire, et qu'en plusieurs choses, nous pouvons être moins rigoureux que par le passé. Ce qui sans doute ouvrira le chemin du ciel à un grand nombre de personnes qui n'ont pas ces grâces pour une vertu si extraordinaire, quoiqu'ils en aient d'assez puissantes pour vivre en bons chrétiens. Le Royaume du ciel a des couronnes d'un prix bien différent, et l'Église ne peut pas être également sainte en tous ses membres. »

Ces déclarations nous révèlent non seulement l'intelligence, mais l'esprit d'adaptation de Ragueneau devant les réalités pastorales de l'Église huronne. Aussi, ses confrères seront-ils très heureux de son gouvernement, notamment les pères Charles Garnier et Jean de Brébeuf, qui se feront les interprètes de la communauté missionnaire en 1648, afin de demander au provincial de France le renouvellement de son mandat comme supérieur de la mission huronne : « L'exemple et l'activité du père Ragueneau, supérieur de cette mission, apportent sûrement une très large contribution au bon état de toute la mission, écrit le futur martyr Charles Garnier ; si bien qu'il y aurait, je pense, un grave préjudice pour tous les nôtres, et même pour la mission entière, à vouloir, après le terme de ses trois années, le remplacer par un autre. D'ailleurs, ce serait grandement à notre avantage que le même Révérend Père Ragueneau ait soin de cette mission pour plusieurs années [5]. »

Saint Jean de Brébeuf, qui fut le supérieur et le subordonné du père Ragueneau et sans doute aussi le dirigé de ce jésuite, écrit au père Étienne Charlet, provincial de France, le 2 juin 1648, quelques mois avant son martyre, en faveur du renouvellement du mandat du père Ragueneau : « En vérité, le présent supérieur, le R. Père Paul Ragueneau est un homme tout à fait remarquable et, pour tout dire en un mot, accompli sous tous rapports. Il n'a pas son égal ici et je ne sais s'il en aura jamais dans la suite. La mission lui doit énormément, car il l'a gouvernée jusqu'à ce jour avec très grande douceur, prudence et énergie. Tel est l'état actuel des choses que je le crois l'unique et seul homme capable de la gouverner comme il convient. Bien qu'il y ait ici, parmi nous, beaucoup d'excellents religieux, remarquables par les dons multiples de la nature et de la grâce, tous, cependant, à mon avis, lui sont nettement inférieurs sous maints rapports, tant dans les autres

---

5. JRT 1646 v 30, 149.

matières que dans l'art du gouvernement surtout. Aucun d'eux, d'ailleurs, n'a encore gouverné. Néanmoins, s'il était nécessaire de choisir un autre supérieur, on ne devrait choisir, semble-t-il, que parmi ceux qui sont ici, et non parmi les autres, qui n'ont absolument aucune expérience de ces contrées. C'est pourquoi, l'année dernière, j'écrivis au R.P. Provincial, lui demandant, si la chose était possible, de garder le père Ragueneau dans sa charge, car c'est un homme extrêmement précieux pour le bien de cette mission. Maintenant, le sort en est jeté, j'imagine, et nous attendons des lettres, cette année, nous annonçant qu'il change ou qu'il continue. Si la situation était encore la même, je supplie et conjure votre Paternité, autant que je le puis, de prolonger son terme d'office. Les temps ne seront pas toujours les mêmes. Un autre pourra lui succéder dans trois ans, sinon avec le même succès, certainement avec moins d'inconvénient et de danger. C'est la seule chose que je sollicite de votre Paternité, disposé à tout, cependant, s'il en arrive autrement que je le veux. Car ce que je veux, je ne le veux point si je ne le veux dans la mesure où il contribuera à la plus grande gloire de Dieu. À moi de proposer, à Dieu de disposer. Je demande en outre à Votre Paternité de m'accorder sa bénédiction. De votre Révérence et Paternité le serviteur très humble et très obéissant dans le Christ, Jean de Brébeuf [6]. »

Ce témoignage unique du saint martyr est corroboré par le supérieur lui-même, qui écrit à la veille de la tragédie huronne : « Nous sommes 42 Français au milieu de toutes ces nations infidèles : 18 de notre Compagnie, le reste de personnes choisies, dont la plupart ont pris dessein de vivre et de mourir avec nous, nous assistant de leur travail et de leur industrie avec un courage, une fidélité et une sainteté qui sans doute n'a rien de la terre. Aussi n'est-ce que de Dieu seul qu'ils en attendent la récompense, s'estimant trop heureux de répandre et leurs sueurs et s'il est besoin tout leur sang, pour contribuer ce qu'ils pourront à la conversion des barbares. Ainsi je puis dire avec vérité que c'est une maison de Dieu et la porte du ciel. Et c'est le sentiment de tous ceux qui y vivent et qui y trouvent un paradis en terre, où la paix habite, la joie du Saint-Esprit, la charité et le zèle des âmes [7]. » Parlant ensuite de l'Église huronne qui sera martyre avec ses Pasteurs, Paul Ragueneau ajoute : « Je ne crois pas qu'on doive s'étonner que tout ce pays ne soit pas encore chrétien ; mais plutôt je crois que nous avons

---

6. René LATOURELLE. *Étude sur les écrits de saint Jean de Brébeuf*, tome II, p. 135–137. Montréal, Bellarmin, 1952.
7. JRT 1648 v 33, 74.

sujet de bénir Dieu sur ces peuples, de nous avoir donné une Église que je puis assurer être remplie de son esprit et avoir une foi aussi forte et une innocence aussi sainte en la plupart de ceux qui en font profession que s'ils étaient nés au milieu d'un peuple tout fidèle. La foi de cette Église jette dans tout le pays une bonne odeur du christianisme [8]. »

Tel est le climat de primitive Église qui règne à Sainte-Marie-des-Hurons et dans toute la mission à la veille de l'été 1648.

La tragédie huronne

C'est d'abord le bourg Saint-Joseph qui est attaqué par les Iroquois qui mettent tout à feu et à sang en juillet 1648 et massacrent le père Antoine Daniel avec ses chrétiens. En mars 1649, les Iroquois prennent le bourg de Saint-Ignace et martyrisent saint Jean de Brébeuf et saint Gabriel Lalemant : « Nous voyons l'ouvrage de nos mains dissipé ou plutôt l'ouvrage de la main de Dieu seul, écrit Paul Ragueneau [9] en 1649 : quantité d'Églises naissantes qui portent sur elles la vraie marque du christianisme, je veux dire la croix de Jésus-Christ ; un grand nombre de nos chrétiens qui ont passé par le fil de l'épée, les autres qui ont souffert les feux et les flammes ; des hommes, des femmes et des enfants, et ceux qui ont échappé le fléau de la guerre contraints d'abandonner leurs biens, leurs maisons, leur pays, et d'aller mourir dans les bois de mésaises et de faim, pour fuir une mort plus cruelle. » « Le ciel se remplit des dépouilles de cette Église militante, affirme-t-il. Toute cette troupe de chrétiens tombèrent pour la plupart en vie entre les mains de l'ennemi et avec eux nos deux Pères, Pasteurs de cette Église [10] », « Pasteurs de cette Église vraiment souffrante [11] » ajoute-t-il plus loin.

Puis, en 1650, c'est la destruction des bourgs de Saint-Mathias et de Saint-Jean avec le martyre de saint Charles Garnier et de saint Noël Chabanel avec leurs chrétiens.

Devant le danger iroquois, les jésuites de Sainte-Marie décident de quitter le pays afin de se réfugier à l'île Saint-Joseph (l'île des Chrétiens) avec les Hurons survivants, en vue de l'hivernement de 1650. Non sans douleur, Paul Ragueneau décide de faire brûler Sainte-Marie-des-Hurons en mai 1649.

---

8. JRT 1648 v 33, 140.
9. JRT 1649 v 34, 78–80.
10. JRT 1649 v 34, 128.
11. JRT 1650 v 35, 78.

Nous savons que le 21 mars 1649, Paul Ragueneau avait présidé les funérailles des pères de Brébeuf et Lalemant et qu'il avait fait déposer les corps sous la chapelle de Sainte-Marie, tout en faisant inscrire sur une plaque de plomb placée dans la tombe de Brébeuf son nom et la date de sa mort. Cette plaque de plomb fut retrouvée en 1954. Toutefois, avant de brûler Sainte-Marie, Ragueneau fait lever les corps et d'après un récit de Christophe Régnault, donné, il semble qu'on ait fait brûler les chairs avant de transporter les ossements jusqu'à Québec. Nous savons aussi que dès 1652, Ragueneau collige documents et écrits en vue de la glorification possible non seulement de ses deux confrères de Sainte-Marie, mais aussi de ceux que la voix populaire considéraient comme martyrs. Ce *Manuscrit de 1652* contient les dépositions des témoins confirmés officiellement par Paul Ragueneau, ce qui montre qu'il pressentait leur future béatification.

L'hivernement sur l'île fut des plus pénible; la misère y fut extrême à cause de la famine surtout. Même sur cette île, il était dangereux de tomber aux mains des Iroquois qui semaient le carnage non loin de là. Le père Ragueneau offrit alors aux Hurons fugitifs de l'accompagner jusqu'à Québec où les jésuites, les hospitalières, les ursulines et toute la colonie les accueillirent en juillet 1650. Trois cents Hurons, tous chrétiens, avaient accepté de suivre le père Ragueneau : « En vérité, écrit ce dernier, cette pauvre Église est digne de compassion. Les chrétiens qui sont fugitifs n'ont pas perdu leurs âmes avec leurs biens; ils portent dans leur cœur la vraie foi qui fait en eux une Église vivante. Saint Paul dit qu'il est mort et qu'il est vivant; c'est ainsi que Dieu traite cette nouvelle Église, pour laquelle il n'y a personne entre nous qui ne désire de donner sa vie et de répandre son sang [12]. »

D'autres suivirent en 1651, de sorte que le nombre de Hurons établis à l'île d'Orléans sera de six cents, tous chrétiens. Dès octobre 1650, le père Ragueneau s'occupa activement de procurer un établissement permanent aux Hurons, afin qu'ils puissent cultiver la terre et vivre de leur travail, car la population française, pauvre et disséminée, ne pouvait guère les aider. Toute la charge retombait sur les communautés religieuses déjà très pauvres et particulièrement sur les jésuites. Le 19 mars 1651, le père Ragueneau passait contrat avec Éléonore de Grandmaison, dont le mari François Berchereau de Chavigny était reparti malade en France, afin d'avoir l'usage de sa terre à l'Île d'Orléans pour les Hurons. Le père Chaumonot alla prendre charge de la communauté huronne, assisté du donné Eustache Lambert et d'un

---

12. JRT 1649 v 34, 228.

autre domestique, Pierre Hébert dit Lapierre. Ce furent les débuts de la colonie huronne à Québec, à l'Île d'Orléans, puis plus tard à Sainte-Foy et finalement à Lorette où ils habitent encore aujourd'hui.

Mais il ne faudrait pas penser que ce groupe était tout ce qui restait de la puissante ligue huronne ni même de l'Église huronne. Parlant du projet de la mission iroquoise de 1654, le père François Lemercier écrit au sujet de la décision d'y envoyer le père Simon Lemoine : « N'y eût-il que les enfants à baptiser qui meurent tous les jours sans baptême, c'est un gain assuré pour le ciel, qui vaut plus que dix mille vies ; n'y eût-il que le secours qu'attend de nous une Église captive, y ayant plus de mille chrétiens, hommes et femmes huronnes, qui n'y ont pas perdu leur foi, après avoir perdu leur pays et leur liberté, leurs parents et leur vie, nous serions obligés, étant leurs anges tutélaires, de passer à travers les flammes pour leur tendre les mains et pour les conduire au ciel[13]. » Ainsi, le père Lemercier fait état de mille hurons captifs, tous chrétiens. Il termine en disant que les Iroquois eux-mêmes désirent maintenant se faire chrétiens : voilà, dit-il, les trois puissants motifs qui incitent les jésuites à entreprendre cette mission qu'on appellera Sainte-Marie-de Gannentaha[14] dont Ragueneau sera chargé en 1657.

Le père Ragueneau, supérieur de la mission du Canada de 1650 à 1653, était par le fait même membre de droit du Conseil de Québec ; il y remplaça aussi le père Lemercier, son successeur de 1653 à 1656, à sa demande. Critiqué avec le gouverneur Lauzon par quelques familles nobles évincées du pouvoir, notamment au sujet des 8 000 livres prêtées par le Conseil aux jésuites pour la fondation de Gannentaha, calomnié auprès du Général par le père Poncet qui l'accuse de tyranniser la colonie et de rendre les jésuites odieux auprès de la population, Ragueneau se retire du Conseil de la colonie en 1656. Malheureusement, le père Vimont appuya les accusations du père Poncet porté à la mégalomanie depuis sa captivité chez les Iroquois. Le père Nickel, impressionné par les charges de Vimont et de Poncet, donna l'ordre au père Dequen, supérieur, de rapatrier Ragueneau en France. Ne pouvant s'y résoudre, le père Dequen chargea le père Ragueneau de la mission de Trois-Rivières où, en 1657, il le nomma pour la difficile entreprise de Gannentaha. Comme responsable de cette dure mission, il aura beaucoup à souffrir.

---

13. JRT 1654 v 41, 132.
14. Lucien CAMPEAU. *Gannentaha, première mission iroquoise, 1653-1665.* « Cahiers d'histoire des Jésuites », n° 6, Montréal, Bellarmin, 1983.

Au mois de septembre 1653, les ambassadeurs onnontagués et onnéiouts arrivent à Québec pour demander la paix. Lauzon agrée les présents et répond en offrant à son tour six présents. Le 5 novembre 1653, le père Poncet est libéré et arrive à Québec. Le lendemain, 6 novembre, les Agniers présentent leurs dons à Lauzon. Le gouverneur, prudemment, répond favorablement trois jours plus tard.

Une fois conclue la paix avec les Français, Onnontagués et Agniers se disputeront la possession des Hurons de Québec. Les Agniers, mécontents, feront des victimes chez les Français. En 1654 et 1655, le père Simon Lemoine se rendra chez les Onnontagués à leur demande instante. De leur côté, les Agniers feront de nouvelles offres de paix en 1655. Finalement, les Français acceptèrent de fonder la mission iroquoise de Gannentaha en 1656. Un groupe de Français entreprit la périlleuse aventure qui se soldera par un échec : apprenant la conjuration secrète montée contre eux, Français et missionnaires organiseront avec ruse leur fuite au printemps 1658[15]. C'est encore le père Ragueneau qui, après avoir porté le fardeau de la liquidation de la mission huronne, devra porter le poids de la fuite de Gannentaha. N'a-t-il pas raison d'écrire qu'il marche dans une nuit obscure ?

À la suite de Cavelier de la Salle soutenu par Frontenac hostile aux jésuites, les historiens ont accusé Lauzon de faiblesse en acceptant la paix de 1653 et en favorisant la mission iroquoise. Il aurait ainsi sacrifié les Hurons aux Iroquois. « Or, répond Lucien Campeau[16], quand la guerre est impossible, nuisible, jamais utile, il ne faut pas la faire. C'est ce qu'a reconnu Lauzon (conseillé par Ragueneau). La colonie ne pouvait déjà pas soutenir une guerre contre les Agniers. Elle le pourrait encore moins contre cinq cantons iroquois (ennemis des Agniers). Aussi fallait-il saisir par les cheveux l'offre de paix comme elle se présentait en 1653, venant spontanément de tous les Iroquois. Il fallait aller aux limites des concessions. Parmi ces limites se trouvait la fidélité aux alliés, et en première ligne la protection des Hurons de Québec. La mission de Gannentaha fut d'abord conçue comme une assurance de leur survie, compromise par une capitulation prématurée et sans conseil (des Hurons) aux mains de leurs ennemis. »

Lauzon aurait livré les Hurons aux mains des Iroquois, comme disent les historiens ?... En réalité, sur 600 Hurons, une cinquantaine furent ravis par les Onnontagués. Les victimes des Agniers montent tout au plus à cinquante. Donc, la politique tergiversatrice de Lauzon

---

15. *Gannentaha, op. cit.*, p. 25–48.
16. *Ibid.*, p 51.

a sauvé plus de 500 Hurons. Peut-on dire que les Français n'ont rien fait ? Ils arrachèrent un à un les Hurons aux mains des Iroquois au prix de plusieurs victimes chez les Français eux-mêmes. Ils exposèrent la vie de plus de 50 Français dont 11 jésuites et autant de donnés dans la dangereuse mise en otage de Gannentaha, prouvant ainsi leur charité apostolique jusqu'à la limite de leur vie : « Il n'y a pas de plus grand amour que de donner sa vie pour ceux qu'on aime. » Aussi, les résultats de la politique franco-indigène de Lauzon, inspirée du christianisme même, brillent avec éclat dans cette histoire de la paix iroquoise.

Si des avantages politiques pouvaient en résulter pour la France, laquelle prenait ainsi une avance, au sud des Grands-Lacs, sur les autres puissances européennes, d'autre part les espoirs commerciaux étaient minces, car les Français ne songeaient pas à interdire aux Iroquois le commerce avec le fort d'Orange. Cependant, on ne pouvait concevoir de lien plus efficace et plus permanent pour attacher les Iroquois à l'alliance française que la communauté de foi. Portant un jugement nuancé sur les efforts de Lauzon, conseillé par Ragueneau, au sujet de la première mission iroquoise, Lucien Campeau écrit : « Quant à l'échec, il résultait d'un accident. D'un accident qui demeurait toujours probable aussi longtemps que les relations franco-indigènes n'avaient pas franchi un seuil au-delà duquel le désir de l'alliance primait sur les différends possibles. C'était là le risque, obligatoire si l'on voulait établir le contact. Les possibilités d'échec étaient aussi nombreuses que celles de la réussite. Le seuil était définitivement franchi lorsque les rapports établis sur une confiance affectueuse et mutuelle, c'est-à-dire telle, dans les situations problématiques, que les indigènes gardaient l'assurance que les Français leur voulaient du bien, au lieu de se laisser emporter par les paniques auxquelles ils étaient sujets, telle aussi que les Français pouvaient s'en remettre à la bonne volonté de leurs partenaires, même lorsqu'ils ne voyaient pas les choses d'un même œil avec eux. (...) Ce fut constamment la ligne de développement des relations franco-indigènes. Avec les Iroquois, les Français n'avaient pas atteint ce seuil dont nous parlons [17]. »

En ce qui concerne la dispersion des autres Hurons chrétiens que l'on retrouvera plus tard à la mission de Laprairie et à celle de la Montagne, quant à l'obscur destin des restes de la ligue huronne, on se reportera à l'histoire de la mission huronne écrite par Lucien Campeau [18].

---

17. *Ibid.*, p. 52-53.
18. Cf. Lucien CAMPEAU. *La mission huronne, op. cit.*

Situation générale de la colonie

Avec sa lucidité coutumière, Marie de l'Incarnation analyse bien la situation, en 1655, au moment où les Agniers demandent la paix avec les Français, excluant Hurons et Algonquins : « Cela a été accordé, écrit-elle ; mais je n'y vois guère d'assurance, parce que ces nations se haïssent au dernier point, à cause des massacres qu'ils ont faits les uns sur les autres. C'est là la cause du mal que souffrent nos Français, car comme ils sont obligés de soutenir nos nouveaux chrétiens, ils sont souvent enveloppés dans leurs querelles et dans leurs différends [19]. »

Ainsi, Marie de l'Incarnation caractérise bien le motif missionnaire qui sous-tend toute la politique française au sujet de la guerre iroquoise : « soutenir nos nouveaux chrétiens ». Cette assertion illustre bien l'esprit apostolique de la communauté française du Saint-Laurent.

Sur le plan général, l'état de la colonie ne permettait pas aux Français de prendre l'offensive contre les Iroquois, la défensive ayant été la tactique constante depuis 1641, particulièrement dans les années 1650-1653, où toute la colonie était en péril.

En effet, au poste avancé de Montréal, la situation est cruciale : les Hurons sont détruits ; les Algonquins ont évacué le territoire jusqu'au lac Supérieur ; les Agniers y ont accès sans aucun obstacle ; la colonie montréalaise a diminué de 70 à 50 personnes environ ; les attaques iroquoises sont fréquentes ; l'Hôtel-Dieu est transformé en redoute gardée par Lambert Closse avec 17 hommes ; le fort abrite les colons, alors que d'autres sont distribués en plusieurs redoutes élevées çà et là. Plusieurs sont tués par les Iroquois. On doute sérieusement de pouvoir tenir, même si l'on se défend héroïquement. En 1651, Maisonneuve part pour la France, laissant le commandement à Charles d'Ailleboust qui reçoit 10 soldats de Québec à la demande de Maisonneuve. Ce dernier revient de France en 1653 avec 100 hommes recrutés grâce à la fondation de 22 000 livres, représentant le tiers de la fondation des pauvres, offerte par Jeanne Mance à Maisonneuve. La population montréalaise, la plus éprouvée par les attaques iroquoises, va tenir jusqu'au retour de Maisonneuve qui revient avec la recrue de 100 hommes et Marguerite Bourgeois. Ville-Marie, de plus en plus exposée, mais résolue, vit dans un climat de vie spirituelle intense sous la conduite du père Claude Pijart.

---

19. OURY. *Correspondance*, 564. Lettre à son fils le 12 octobre 1655.

À Trois-Rivières, les Iroquois rôdent sans cesse, faisant plusieurs victimes, détruisant le bétail et incendiant les fermes. Ils tuent le père Buteux en 1652 et emmènent captif le père Poncet en juillet 1653. Pierre Boucher, avec la garnison, défend habilement le poste en 1653 contre les Agniers, au moment où les Onnontagués paraissent à Montréal pour demander la paix, au grand étonnement de D'Ailleboust. Celui-ci les accueille avec prudence et les fait conduire à Québec auprès du gouverneur Jean de Lauzon.

Ayant appris l'offre de paix de leurs ennemis, les Onnontagués, les Agniers comprirent le plan de leurs cousins — emmener captifs les Hurons de Québec — et vinrent aussi offrir la paix. Pierre Boucher accepta l'offre, moyennant la libération du père Poncet, ce qui fut accepté.

En péril constant, Trois-Rivières jouissait d'un climat spirituel remarquable, comme en témoignent les *Relations* : « Le secours qui nous est venu de France cette année est absolument nécessaire en ce lieu (Trois-Rivières), car à vrai dire, il n'a pu subsister que par miracle. Les habitants attribuent leur conservation au recours extraodinaire qu'ils ont eu à la Sainte Vierge dont il y avait un petit oratoire en chaque maison : l'un était dédié à Notre Dame de Lorette, l'autre à Notre Dame de Liesse, les autres à Notre Dame des Vertus, de bon Secours, de bonne Nouvelle, de la Victoire et à quantité d'autres titres sous lesquels on honore la Sainte Vierge en divers lieux de la chrétienté. C'était une dévotion ordinaire à ces pauvres habitants d'aller visiter ces petits oratoires en divers jours de la semaine, principalement les samedis que le concours y était plus grand, et en chaque maison, matin et soir, tout le monde se rassemblait pour y faire les prières en commun et l'examen de leur conscience, pour y dire les litanies de la très Sainte Vierge, le chef de la famille étant d'ordinaire celui qui faisait les prières, et auquel tous les autres répondaient, femmes, enfants, serviteurs [20]. » Ces pratiques ont sans doute contribué à faire considérer Trois-Rivières comme ville mariale, au pays.

À Québec, le groupe français se mit à respirer après les années d'angoisse. Ces angoisses, Marie de l'Incarnation les décrit bien dans sa correspondance, alors que les *Relations* des Jésuites, toutes centrées sur la mission iroquoise, parlent plutôt des efforts missionnaires projetés auprès des cinq cantons iroquois. Dès le 30 août 1650, elle écrit à son fils [21] : « Ce secours ne nous peut venir que de la France,

---

20. JRT 1651 v 36, 166.
21. OURY. *Correspondance*, 394.

parce qu'il n'y a pas assez de force en tout le pays pour leur (Iroquois) résister. Si donc la France nous manque, il faudra en bref ou quitter ou mourir. Mais parce que tous les Français qui sont ici au nombre de deux mille ne pourront trouver des voies pour se retirer, ils seront contraints de périr ou de misère ou par la cruauté de leurs ennemis. »

Dans la même lettre, elle fait l'éloge du père Ragueneau qu'elle vient de rencontrer au parloir à son retour de la Huronie, puis elle nous fait part de la pensée de Ragueneau sur les faits récents : « Le premier (le père Ragueneau) y prend plus d'intérêt (au pays), parce qu'il est le supérieur de la mission des Hurons. C'est un des grands personnages et des plus zélés missionnaires de la Nouvelle-France, mais je l'estime plus pour sa grande sainteté que pour tous ses grands talents naturels et pour toutes ses grâces gratuites [22]. C'est un des meilleurs amis de notre séminaire, ajoute-t-elle, et qui a une grande connaissance des grâces que la divine Bonté y répand. Il m'a encore assurée dans l'expérience qu'il a de la fureur et de la force des Iroquois que si nous n'avons un prompt secours du côté de la France, ou qu'il plaise à Dieu de secourir le pays extraordinairement, tout est perdu. Ce n'est point une exagération, je vous dis le même selon mes petites connaissances. »

L'incendie du monastère en décembre 1650 faillit avoir raison des vaillantes ursulines. Avec la colonie tout entière, elles s'interrogent : « Devrons-nous repasser en France ? » Marie de l'Incarnation se ravise : « Il faut que vous sachiez que les maisons religieuses qui sont ici font une partie des plus considérables de la colonie, et que si une seule quittait, cela serait capable de décourager la plus grande partie des Français qui n'ont soutenu qu'en considération des maisons religieuses et par leur moyen [23]. »

Et dans la même lettre, elle écrit sur le caractère mystérieux de la « nuit obscure » où se trouve plongée la colonie française de la vallée du Saint-Laurent : « La façon avec laquelle Dieu gouverne ce pays y est tout contraire. On ne voit goutte, on marche à tâtons. Et quoiqu'on consulte des personnes très éclairées et d'un très bon conseil, pour l'ordinaire des choses n'arrivent point comme on les avait prévues et consultées. Cependant on roule, et lorsqu'on pense être au fond du précipice, on se trouve debout. Cette conduite est universelle tant dans le gros des affaires publiques que dans chaque famille en particulier. Lorsqu'on entend dire que quelque malheur est arrivé de la part des Iroquois, comme il en est survenu un bien grand depuis un mois

---

22. OURY. C, 395.
23. OURY, C, 476, Lettre à son fils le 1er septembre 1652.

(combat du 19 août), chacun s'en veut aller en France ; et au même temps on se marie, on bâtit, le pays se multiplie, les terres se défrichent, et tout le monde pense à s'établir. Les trois quarts des habitants ont par leur travail à la terre de quoi vivre [24]. »

Le Canada est un pays spécialement gardé par la Providence, Marie de l'Incarnation en est convaincue, mais l'angoisse et l'incertitude planent sur le pays en 1652 : « L'exécution s'accorde rarement avec nos pensées comme le remarquent ceux qui ont connaissance de la conduite de Dieu sur ces contrées, où il semble que la Providence se joue de toute la prudence humaine. Je suis aussi certaine que sa divine Majesté a voulu notre rétablissement et que la vocation que j'ai eue d'y travailler est venue d'elle que je suis assurée de mourir un jour. Nonobstant cette certitude et les dépenses que nous avons faites, nous ignorons ce que le pays deviendra [25]. »

En 1653, Marie de l'Incarnation résume les faits concernant les hostilités iroquoises : « Ces misérables (Iroquois) ont tant fait de ravage en ces quartiers qu'on a cru quelque temps qu'il fallait repasser en France. Tous ces bruits néanmoins sont dissipés, et depuis quelques mois, ils n'ont point paru. L'habitation de Montréal leur a puissamment résisté et donné la chasse avec perte de leurs gens. Maintenant on fait les récoltes qui sont belles. Avec cela il vient du secours de France, ce qui console tout le pays, car c'eût été une chose déplorable s'il eût fallut venir à cette extrémité que de quitter. Plus de deux mille Français qui l'habitent et qui ont fait de grandes dépenses pour s'y établir, n'ayant point de bien ailleurs, eussent été misérables [26]. »

Enfin, écrivant à son ex-supérieure de France [27], elle se fait en quelque sorte l'écho de la conscience missionnaire et apostolique de la nouvelle Église : « Elles ont bien grossi depuis un an (mes croix) que j'ai vu les affaires de ce pays dans un état si déplorable qu'on les croyait à leur dernière période. L'on projetait déjà de tout quitter, et de faire venir des vaisseaux de France pour sauver ceux qui ne seraient pas tombés en la puissance de nos ennemis. Si vous me demandez où était le point de ma croix, je vous dirai que c'était dans la perte générale de l'Église, et de tant d'âmes que je voyais qui allaient demeurer dans leur

---

24. Oury. C, 477.
25. Oury. C, 482. Lettre à son fils le 9 septembre 1652.
26. Oury. C, 500. Lettre à une de ses sœurs le 12 août 1653.
27. Oury. C, 506. Lettre à la mère Françoise de Saint-Bernard en septembre 1653.

aveuglement. J'ai souffert à ce sujet un martyre intérieur : car je me suis donnée à Dieu comme victime. »

À la lumière de la foi, qu'en est-il de la nouvelle Église que Dieu continue d'édifier en Nouvelle-France de 1650 à 1658 ? Elle a, certes, au début de la décennie, traversé une « nuit obscure » des plus cruciales : l'incertitude et l'angoisse ont failli provoquer le retour en France de toute la colonie. Sans doute, Dieu aurait-il pu concevoir la fondation de cette nouvelle Église sans l'épreuve lancinante du fléau iroquois. Pourquoi l'a-t-il permise ? Les responsables de cette Église naissante se sont posé la question, à laquelle ils ont tenté de répondre : « Les Iroquois ont quasi jusques à présent fait plus de bien en Nouvelle-France qu'ils n'y ont fait de mal, écrit Ragueneau en 1652[28]. Ils ont délivré quantité d'âmes des feux de l'enfer, brûlant leurs corps d'un feu élémentaire, car il est vrai qu'ils ont converti quantité de personnes et qu'ils sont les instruments dont Dieu s'est servi pour tirer le doux de l'amer, la vie de la mort, la gloire de l'ignominie, une éternité de plaisir d'un moment de souffrance, rudes à la vérité, mais récompensées au centuple. »

Quant aux missionnaires, certes le pouvoir civil voit en leur action un puissant moyen d'expansion française, mais eux sont tout livrés à la Croix de Jésus Christ pour la mission : « Qu'on perde la vie, les biens ; qu'on soit tué, qu'on soit massacré, qu'on soit brûlé, rôti, grillé et mangé tout vif : patience, il n'importe, pourvu que l'évangile ait son cours et que Dieu soit connu et les âmes sauvées. On gagne plus en ce trafic qu'on y perd. Mais que la porte du salut soit fermée aux nations plus peuplées qui habitent les rives de la mer douce des Hurons, que les nouvelles Églises de Jésus-Christ, fondées et établies par la piété de la France, soient ruinées, et tant de nouveaux chrétiens livrés à la gueule de ces lions, que les ouvriers évangéliques et les pasteurs de ce bercail soient bannis et chassés d'auprès de leurs troupeaux, c'est ce qu'on appelle un grand malheur. »

L'histoire du monde est enfermée dans le mystère de la Croix de Jésus Christ dont le clair-obscur du Vendredi Saint débouche sur le rayonnement pascal de la Résurrection : « Depuis la naissance du christianisme et depuis que Jésus-Christ n'a racheté le monde que par son sang répandu sur la croix, nous sommes assurés, écrit Ragueneau, que la foi n'a été plantée en aucun lieu du monde qu'au milieu des croix et des souffrances[29]. » Non moins que le génial Paul édifiant toute sa

---

28. JRT 1652 v 38, 46–48. Cf RJQ 1652, 32–34.
29. JRT 1649, v 34, 198–200.

théologie sur la sagesse mystique de la folie de la Croix, Paul Ragueneau saisit le fondement du mystère de l'histoire : la Croix du Christ récapitulant toute l'histoire au sein de l'Église, chargée de conduire tous les hommes à la connaissance de ce mystère caché depuis les origines du monde.

II — *Vie paroissiale et communautaire à Québec*

Ragueneau exerça une influence importante sur la politique coloniale à l'égard des Amérindiens, nous l'avons vu. Ce qui l'animait en son action profane, c'était son Cœur de Pasteur vigilant, aimant et attentif pour chaque personne dont il était chargé, qu'elle fût indienne ou française. Les *Relations* rédigées par Paul Ragueneau mentionnent souvent les termes de « Pasteurs de cette nouvelle Église » : ce n'est pas par hasard ! Il a fait surgir la vie paroissiale à Québec. Au lendemain du concile Vatican II, la coloration pastorale des écrits de ce grand jésuite ne manque pas de saveur ni d'actualité. De même aussi, son action désintéressée en faveur des pauvres et des petits de la Nouvelle-France s'accorde bien avec celle des évêques d'aujourd'hui pour la justice sociale.

Dans les missions huronne et iroquoise, il garda comme sa part la visite de tous les groupes de néophytes, s'appliquant à connaître chacun par son nom, à observer ses besoins spirituels ou matériels. Il fera de même à Québec, où il se fera promoteur de la visite à domicile des Français éloignés ; il stimulera la vie paroissiale tout en inspirant fortement la politique de Jean de Lauzon, très attentive au peuple. Il s'appliquera à connaître les besoins du pauvre peuple et à les soulager. Or, la misère était grande au début de la décennie.

Le *Journal des Jésuites* nous apprend qu'il secourut largement les Hurons fugitifs, les ursulines sinistrées et particulièrement la paroisse de Québec, dont l'église venait d'être ouverte au culte. Marie de l'Incarnation témoigne de cette charité inlassable des jésuites pour toute la colonie : « Vous avez vu par mon autre lettre, dit-elle à son fils en novembre 1651, les grandes assistances qu'ils (les jésuites) nous font ; tous ceux qui sont dans la nécessité en reçoivent de même : petits et grands et tous généralement ont recours à eux dans les accidents de misère qui leur arrivent [30]. »

---

30. OURY. *Correspondance*, 427.

Réforme économique

C'est avec cet esprit de charité pastorale que Paul Ragueneau, « ouvrier intelligent et industrieux » au dire de Paul Le Jeune, influença directement le gouverneur Lauzon au sujet de la libéralisation du commerce des fourrures. À titre de supérieur des jésuites du Canada, il était de droit membre du Conseil de la colonie après le gouverneur Lauzon arrivé au pays en 1651 pour remplacer Louis D'Ailleboust.

Ce dernier avait plutôt mal administré les affaires du pays avec quelques familles nobles, au point que la Communauté des Habitants enregistrait une dette de 189 000 livres, ce qui était considérable. Afin de stimuler l'économie, de soulager les pauvres qui étaient nombreux, de payer les dettes de la colonie et afin de créer une classe marchande encore inexistante au pays, Lauzon, en 1652, accorda le régime de traite libre des fourrures à tous les habitants[31]. Cette mesure délivra le pays de la tutelle des financiers français et souleva l'espoir et l'initiative des habitants. « Les affaires temporelles du pauvre peuple prospèrent par la liberté du commerce, écrit Marie de l'Incarnation[32]. Nous espérons que cela continuera pour la gloire de Dieu et pour la consolation de son peuple » conclut-elle.

Le 24 septembre 1654, elle écrit de nouveau à son fils : « Si cette paix dure, comme il y a lieu de l'espérer (la paix iroquoise de 1653), ce pays sera très bon et très commode pour l'établissement des Français qui se multiplient beaucoup et font assez bien leurs affaires par la culture des terres qui deviennent bonnes à présent que l'on abat ces grandes forêts qui la rendaient si froide. Après trois ou quatre années de labour, elle est aussi bonne, et par endroits meilleure qu'en France. L'on y nourrit des bestiaux pour vivre et pour avoir des laitages. Cette paix augmente le commerce, particulièrement des castors dont il y a un grand nombre cette année, parce qu'on a eu la liberté d'aller partout à la chasse sans crainte. Mais, conclut-elle en ardente missionnaire, le trafic des âmes est le contentement de ceux qui ont passé les mers pour les venir chercher, afin de les gagner à Jésus-Christ. L'on en espère une grande moisson par l'ouverture des Iroquois[33]. » Elle souligne ainsi la récolte abondante de fourrures par la venue des Outaouais à Québec en 1654, alors que la traite des fourrures était interrompue depuis 1650 par la guerre iroquoise.

---

31. Cf. Lucien CAMPEAU. *Les finances publiques, op. cit.*, Cf. chapitre III, « Régime de traite libre », p. 105-144.
32. OURY. C, 538. Lettre à une de ses sœurs le 13 août 1654.
33. OURY. C, 545.

Toujours soucieuse du bien général du pays, elle discerne bien les inconvénients de ce nouveau régime économique : « Quant au trafic, les traites du côté du sud sont presque anéanties, mais celles du nord (Tadoussac) sont plus abondantes que jamais. Si l'on était exact à apporter de bonne heure les marchandises de France, en sorte que par ce retardement les castors ne fussent point divertis ailleurs, les marchands seraient riches. Mais au fond, tandis que les habitants s'amusent à cette traite, ils n'avancent pas tant leurs affaires que s'ils travaillaient à défricher la terre et s'attachaient au trafic de la pêche et des huiles de loups marins et de marsouins, et autres semblables denrées dont on commence d'introduire le commerce [34]. » Ainsi, Marie de l'Incarnation, aussi avisée en affaires qu'à Tours, montre-t-elle les avantages et les inconvénients du nouveau régime économique qui prévaudra de 1652 jusqu'à l'arrivée du gouverneur D'Argenson le 11 juillet 1658. Accusé avec Ragueneau par une coterie coloniale de nobles, Lauzon ira se justifier auprès du Roi, où il sera acquitté. Revenu au pays en 1651, le père Jérôme Lalemant l'accompagnera en 1656.

Quoi qu'on ait dit de la faiblesse et du népotisme de Lauzon, il s'est montré un gouverneur remarquable qui a laissé une marque profonde. En plus des mesures économiques qu'il instaura pour le plus grand bien du pays, son mode de vie était fort simple. Il a d'ailleurs témoigné une très grande sympathie à la population pauvre ; il a procuré l'anoblissement des plus anciens colons ; il a élevé Pierre Boucher, fils de menuisier, aux premières charges. Il a fait un grand nombre d'ordonnances socialement et économiquement très utiles. Il a favorisé de toutes manières et à grands frais les missions des jésuites, mais il s'est mérité le mépris des premières familles du pays qui ont subi une éclipse sous son gouvernement. Quittant le pays à 72 ans, Lauzon en confie le gouvernement à son fils Charles de Lauzon-Charny, remplacé en 1657 par Louis D'Ailleboust. Lauzon-Charny se fera prêtre et deviendra supérieur des hospitalières de Québec.

Accusé avec Lauzon, Ragueneau montra sa grandeur d'âme en n'élevant pas un seul mot pour sa défense auprès du Général de la Compagnie. Il quitta le supériorat en 1653, à cause de la loi canonique instaurée par Innocent X fixant à trois ans la durée du mandat de supérieur. Entre temps, il continua activement, avec ses confrères qui lui avaient gardé leur confiance, à développer la vie paroissiale ; il

---

34. OURY. C, 479. Lettre à son fils le 1er septembre 1652.

excella dans la direction spirituelle des saintes personnes du pays et des chrétiens nombreux qui recouraient à lui pour la conduite de leur âme.

Sur les bienfaits de la paix iroquoise dont Lauzon fut le réalisateur, Marie de l'Incarnation écrit encore en 1655 : « Depuis leur départ (le père Simon Lemoine avec deux Français chez les Onnontagués), l'on a toujours été en paix, et les Français se sont retirés dans leurs habitations qu'ils avaient presque tous abandonnées pour se réfugier ici. L'on a fait avec liberté la récolte des grains, on a fauché les prés, et on a fait la pêche à l'anguille, ce qui a causé une joie universelle à tout le pays. De plus, un second vaisseau est arrivé et nous a apporté nos autres nécessités. En tout cela, nous voyons une Providence admirable sur nous tous, qui nous fait revivre, lors que nous pensions être au tombeau [35]. »

Les jésuites pasteurs

Après l'épreuve extrême des années 1650-1653, nous voyons ainsi se lever sur l'Église et le pays une aurore nouvelle. Durant son supériorat, le père Lalemant avait vu surtout à l'organisation matérielle de l'Église. Paul Ragueneau, lui, fera plutôt surgir la vie paroissiale à Québec. Il fera la visite de chaque assemblée chrétienne, de chaque famille à la maison. Il en témoigne lui-même dans la *Relation* de 1651 : « À Québec et aux habitations qui en dépendent, cette façon de faire les prières matin et soir (dans les familles) a été une dévotion ordinaire, chaque maison ayant pris un saint pour patron, et fait un vœu public que chacun se confesserait au moins une fois le mois. Nos Pères ont fait partout ce qu'ils ont pu pour y mettre la paix et l'union des cœurs plus que jamais elle n'y avait été. Les visites fréquentes qu'on a faites, même aux lieux les plus éloignés, de huit ou dix lieues, n'ont pas été sans fruit : la plupart de ceux qui sont en ce pays avouent qu'en aucun lieu du monde, ils n'y avaient trouvé plus d'instruction, ni plus d'aide pour leur salut, ni un soin de leur conscience plus doux et plus facile [36]. »

Au sujet des « consciences » dont seuls les jésuites auraient le soin, Marie de l'Incarnation répond à une critique qui circulait déjà, à l'occasion de l'annonce de la venue d'un évêque en Nouvelle-France : « Ces personnes qui disent que les jésuites gênent les consciences en ce pays se trompent, je vous en assure, car l'on y vit dans une sainte liberté d'esprit. Il est vrai qu'eux seuls ont la conduite des âmes, mais ils ne gênent personne, et ceux qui cherchent Dieu et qui veulent vivre

---

35. OURY. C, 564. Lettre à son fils le 12 octobre 1655.
36. JRT 1651 v 36, 166-168.

selon ses maximes ont la paix dans le cœur. Il pourrait néanmoins arriver de certains cas où l'on aurait besoin de recourir à d'autres ; et c'est pour cela en partie que l'on souhaite ici un évêque. Dieu nous le donne saint par sa miséricorde [37] ! »

Les paroisses et les institutions religieuses

À l'arrivée de Mgr de Laval en 1659, on peut compter onze églises groupées sur l'emplacement de trois embryons de paroisses : à Québec, se dressent l'église paroissiale Notre-Dame, l'église des jésuites, celle des ursulines et celle des hospitalières, toutes en pierres. Dans la région existent les succursales de Sillery et de Château-Richer avec leurs églises en pierres, celles de Sainte-Anne et de Saint-Jean en bois. À l'île d'Orléans et à Lauzon, on dit la messe dans les maisons. À Trois-Rivières, les jésuites ont construit en bois l'église de l'Immaculée-Conception, tandis qu'à Montréal on célèbre dans l'église de pierre de l'Hôtel-Dieu dédiée à saint Joseph. Reste la mission de Tadoussac, où les jésuites ont bâti une église de pierre. Il n'existe ni presbytère ni dîme pour le moment. Seize jésuites prêtres, quatre prêtres séculiers, quatre sulpiciens arrivés en 1657 dont un diacre, forment le clergé de la nouvelle Église. Deux communautés de moniales à Québec travaillent à l'éducation et aux soins hospitaliers ; à Montréal, deux communautés de sœurs naissent à peine : la Congrégation de Notre-Dame, « sans voile ni guimpe » au dire de leur fondatrice Marguerite Bourgeois, et les hospitalières de Saint-Joseph de la Flèche fondées par Monsieur de La Dauversière et Marie La Ferre.

Au sujet de l'Hôtel-Dieu de Québec, le père Ragueneau écrit : « Les Mères Hospitalières sont plus que jamais nécessaires au pays, car leur maison est toujours un asile assuré pour les pauvres, tant Français que Sauvages ; elles y ont rendu aux uns et aux autres toutes les charités possibles au-dessus de leurs forces [38]. » Soulignant l'impact de cette institution sur les Indiens de passage, le père Lemercier écrit en 1655 : « La première chose que font les étrangers qui descendent à Kébec, c'est d'aller voir les filles vierges, c'est-à-dire les religieuses. Ils admirent leur charité, nommément à l'Hôtel-Dieu, où ils voient des malades secourus avec tant de propreté, avec tant de netteté et tant de charité, par des filles douces, modestes et retenues, qu'ils en sont surpris. Aussi faut-il confesser que d'instruire les enfants avec amour, panser les malades avec charité, courir avec zèle après les barbares et

---

37. OURY. *Correspondance*, 597. Lettre à son fils le 24 août 1658.
38. JRT 1651 v 36, 168.

les amener à Jésus-Christ, c'est un fruit du ciel et non pas de la terre, une bénédiction de la grâce et non de la nature[39]. » L'inépuisable charité des hospitalières, nous la voyons briller particulièrement dans le cœur d'une toute jeune moniale arrivée au pays en 1648, sœur Catherine de Saint-Augustin, qui fera bâtir le premier hôpital en Amérique du Nord en 1654, année où elle est nommée économe générale.

Parlant aussi de l'incendie du monastère des ursulines ainsi « visitées » de Dieu, Ragueneau écrit : « Tout le pays a intérêt à leur rétablissement, principalement à cause de leur séminaire ; car l'expérience nous apprend que les filles qui ont été aux ursulines s'en ressentent pour toute leur vie, et que dans leur ménage, la crainte de Dieu y règne davantage, et qu'elles y élèvent bien mieux leurs enfants[40]. » Directeur spirituel de Catherine de Saint-Augustin et confident de Marie de l'Incarnation, le père Ragueneau connaissait bien les hautes faveurs mystiques dont jouissaient nos deux grandes missionnaires et qui rejaillissaient non seulement sur les deux monastères, mais sur la nouvelle Église tout entière.

Pour leur part, les jésuites poursuivaient aussi l'éducation de la jeunesse masculine du pays dans leur collège fondé en 1635. Lucien Campeau, dans une étude récente, souligne l'importance de cette institution de la Nouvelle-France : « L'œuvre est aux prises dès les débuts avec les rudes nécessités d'un pays inculte. (...) Il partage la pauvreté et l'obscurité d'une société qui s'enracine péniblement. Il est débordé ensuite par les exigences d'une population croissante et complexe. Mais on doit savoir gré à la conscience des jésuites, voués avant tout à l'évangélisation des indigènes, d'avoir assumé sans hésiter la charge de l'enseignement aux Français. À leur générosité aussi, car cette charge a dépassé rapidement les obligations contractées. À leur ambition, enfin, de donner à la jeunesse du pays une formation équivalente à celle de la jeunesse européenne, malgré l'exiguïté des moyens. Une fidélité trop jalouse aux normes des collèges européens aurait pu réserver cet instrument à une élite aristocratique. En fait, les maîtres de Québec sont demeurés sensibles aux besoins de la population entière. Le collège fut au début une école élémentaire de garçons et il n'a cessé de l'être jusqu'à la fin. En outre, cette classe de mathématique, créée vers 1650, a été une école commerciale et technique au service des commerçants et des marins du pays. Quant à la formation classique, elle aura surtout procuré à la Nouvelle-France un clergé autochtone

---

39. JRT 1655 v 41, 230–232.
40. JRT 1651 v 36, 172.

d'une rare qualité. Il faut confesser que le collège de Québec a bien servi, au prix de beaucoup de dévouement [41]. »

Ainsi, nous pouvons dire que « le passage du père Ragueneau au supériorat a donné une réelle impulsion aux institutions québécoises (religieuses et civiles). Il ne paraît pas contestable que jusque-là (1650), les Jésuites avaient été avant tout préoccupés d'évangélisation des Indiens. Le soin des Français, à leurs yeux, était une obligation à remplir avec diligence, mais restait secondaire. (...) Le Père Ragueneau, homme très actif, occupa les Jésuites restés au pays (en 1650) à l'amélioration des conditions religieuses de la colonie. Il payait lui-même de sa personne [42] ».

La population

Tous ces témoignages montrent bien l'activité diligente du père Ragueneau afin de donner à la nouvelle Église un visage pastoral au cours de cette décennie qui sera d'ailleurs la plus importante depuis 1632, en regard du peuplement de la région de Québec. Dès 1651, Marie de l'Incarnation écrit à sa nièce [43] : « C'est une chose admirable de voir de quelle manière Dieu gouverne ce pays : lorsqu'on y croit tout perdu, il meut de certains ressorts cachés aux yeux du monde, par le moyen desquels il rétablit ou modère toutes choses. Nous avons vu cela encore cette année par le grand nombre de personnes qui s'y sont venu établir outre ceux que nous attendons l'année prochaine. »

Les deux années les plus fructueuses pour l'immigration seront celles de 1653 (219 immigrants dont la recrue montréalaise de 100 hommes) et de 1659 (263 immigrants dont la recrue de 100 hommes pour Montréal). Les familles-souches, de 49 au début de 1643 et de 142 au commencement de 1653, se montent à 367 en 1663. Le taux d'accroissement naturel de la population sera important avec les 838 baptêmes de 1652 à 1661. Les naissances, de 47 en 1652, s'élèvent à 114 en 1661. « Le pays est très sain, écrit Ragueneau [44]. On y voit fort peu de malades. Les enfants y sont très beaux et très faciles à élever. C'est une bénédiction particulière » conclut-il comme ses devanciers qui avaient

---

41. Cf. Lucien CAMPEAU. *La première mission des Jésuites en Nouvelle-France (1611–1613) et les commencements du Collège de Québec (1626–1670.)* Cahiers d'histoire des Jésuites, n° 1. Montréal, Bellarmin, 1972, p. 113-114.
42. Lucien CAMPEAU. Cahiers d'histoire des Jésuites, n° 1, p. 84-85.
43. OURY. *Correspondance*, 430. Lettre du 23 octobre 1651.
44. JRT 1653 v 40, 216.

conscience que Dieu conduit tout à l'avantage du pays et de la nouvelle Église.

L'accroissement des familles est certes remarquable pendant cette décennie, mais la courbe ne représente pas exactement celle de la croissance démographique. Anormal au début, le rapport entre gens mariés et célibataires tend à se normaliser avec le temps, grâce à l'accroissement naturel de la population féminine et à l'immigration des femmes. « La population féminine, dit Lucien Campeau[45], a augmenté avec une grande constance durant ces trente années (1632-1663), doublant à chaque sept ou huit ans, après 1638. Peu de populations coloniales, dit-il, ont augmenté avec une régularité pareille à leurs débuts. Cela permettait une intégration et une adaptation progressive et sans secousse » conclut-il. Cependant, d'après Marcel Trudel[46], la disproportion en 1663 entre célibataires masculins et féminins d'âge nubile est marquée : pour six hommes cherchant à se marier, il n'y a qu'une femme disponible. La venue de femmes françaises à partir de 1665 (les « filles à marier ») va permettre le mariage de plusieurs, mais l'équilibre démographique ne sera pas encore atteint en 1681. C'est qu'il faut, à cause de l'acclimatation difficile aux rigueurs du pays, transporter trois hommes seuls pour réussir à faire un « habitant » qui choisisse de s'établir ici au lieu de retourner en France.

D'autre part, les concessions de terres seront importantes à Beaupré (environ 30 tenanciers) et surtout à l'île d'Orléans, où l'on compte 96 tenanciers en 1663. L'île presque entière est concédée. Les jésuites à Notre-Dame-des-Anges feront 21 concessions. À Beauport, l'activité est au ralenti, pendant que dans la banlieue de Québec jusqu'à la limite de Sillery, toutes les terres à l'exception de deux ou trois seront concédées en 1663. Dans la seigneurie de Lauzon, nous comptons 34 concessions à la même date. Quant à la ville même, nous verrons concéder 26 emplacements de 1653 à 1663 à la Haute-Ville. À partir de 1653, 75 concessions seront faites à la Basse-Ville. « Pourquoi ce soudain intérêt pour la basse-ville, se demande Campeau[47], sinon qu'une condition nouvelle et très favorable des affaires incite alors à se

---

45. *Cahiers d'histoire des Jésuites*, n⁰ 2, p. 63. Cf. chapitre III, « Québec, troisième décennie », 56–73.
46. Marcel TRUDEL. *La population du Canada en 1663*. Montréal, Fides, 1973.
47. *Cahiers d'histoire des Jésuites*, n⁰ 2, p. 62. Cf. Marcel TRUDEL. *Le terrier du Saint-Laurent en 1663*. Cahiers de Recherche en civilisation canadienne-française, n⁰ 6. Ottawa, Éditions de l'Université d'Ottawa, 1973.

grouper au pied de la falaise ? » Tout cela est le résultat bénéfique de la politique économique de Lauzon, influencée largement par les jésuites, surtout par Ragueneau : économie agricole et activité commerciale caractérisent la période.

Mentalité et mœurs des habitants

À la fin de 1663, la colonie fondée par les Cent-Associés est en état de survivre et le départ est pris malgré l'assaut concerté des cinq cantons iroquois en 1661. Les témoignages de l'époque en font foi.

Lucien Campeau a trouvé récemment, à la Congrégation de la Propagande à Rome, un document inédit [48] sur la colonie laurentienne ; il s'agit d'une lettre de Simon Denis [49] écrite de Québec à ses parents de France le 28 octobre 1651. La lettre de Rome, traduite en latin probablement par les jésuites, à été retraduite en français par Lucien Campeau.

Après avoir parlé du climat très sain de la Nouvelle-France, de ses abondantes richesses naturelles, de la fertilité du sol et de ses eaux, de ses mines récemment découvertes, Simon Denis donne ses impressions sur les habitants : « L'usage est ici de ne passer en voyage devant aucune habitation, dit-il, même de condition moyenne, sans être invité à entrer, à boire du lait, même à déguster le vin, s'il s'en trouve, et aussi sans qu'on vous mette la table, si l'on a de quoi manger. Un noble serait offensé qu'on passe sa maison sans la visiter. Ils se visitent les uns les autres comme le feraient des frères. Tous sont nobles, libres de taxes, de tributs, d'emprunts, de réquisitions militaires et d'autres exactions quelconques. »

L'esprit fraternel et communautaire ne le cède en rien à la discipline qui règne dans la colonie, non à cause d'un appareil judiciaire très lourd, mais grâce à une forte unanimité morale : « Les maisons ne sont pas verrouillées contre les voleurs, que l'on connaît à peine de nom. Les procès se règlent sans délais, sans frais et sans dépens. On n'entend pas parler de querelles ; de voies de fait, nulle mention ; pas de blasphèmes. Lorsqu'une dispute s'élève, on n'attend pas que le grief s'enfle jusqu'à l'injure. Les Pères de la Compagnie de Jésus apaisent tous les soulèvements avec tant de prudence que tous les honorent comme des saints et des oracles, que tous les écoutent et les

---

48. Lucien CAMPEAU. « Un témoignage de 1651 sur la Nouvelle-France », RHAF 23(1970) 601–612.
49. *Dictionnaire biographique du Canada*, tome I, article « Simon Denys ».

aiment. Notre gouverneur interdit à ses serviteurs d'empêcher qui que ce soit de l'approcher, afin que personne n'ait sujet de se dire lésé. Il veut que sa porte soit ouverte à tous ; il les écoute avec une patience admirable et donne satisfaction à chacun. En somme, personne n'a jamais décrit l'âge d'or avec autant d'éclat qu'on le voit réalisé dans ce pays. Les mœurs sont polies ; la langue française y est parlée avec élégance. Hommes, femmes et enfants, si la famille a quelque naissance, s'habillent et s'ornent avec non moins de propreté et de grâce qu'on ne le fait à Paris. »

Après avoir constaté que « l'espoir du profit rend les hommes habiles et laborieux », Simon Denis enchaîne sur l'esprit religieux et communautaire de la colonie des Cent-Associés : « Québec ressemble et ne cède en rien à toute autre ville de France, même au regard des édifices religieux et de leur riche ameublement. On y pratique la piété sans fard et tous ont une sorte d'inclination naturelle aux exercices de charité. Je l'ai éprouvé moi-même par expérience. Dès mon arrivée, tous se disputèrent l'honneur de me faire accueil. Tous les notables nous firent visite, montrant pour notre malheur une compassion si grande et si profonde qu'ils n'auraient pu en témoigner davantage pour une disgrâce arrivée à leurs parents. Si leur bonne volonté n'eût été aussi sincère et évidente, leur serviabilité m'aurait même gêné. Ils me reçurent et me fournirent le manger dont j'avais besoin, une petite maison où demeurer jusqu'à ce que j'eusse trouvé un domicile plus convenable et plus commode. Ils se chargèrent d'y porter tous mes meubles. Même les paysans me donnèrent le témoignage de leur intérêt : ils nous offrirent des choux, du beurre, du lait, des navets, des prunes, des poulets. En sorte que, par la grâce de Dieu, il ne nous manque que du vin et de l'eau-de-vie, que l'on m'a promis, avec des anguilles, contre de l'argent. Notre Gouverneur m'a offert de manger à sa table. Ici, la condition des pauvres est heureuse. Nul besoin de mendier. Au contraire, tout vous est offert avec tant de générosité qu'on paraît faire une grâce en acceptant les dons. »

Peu après, le même Denis parle de la vie du prêtre séculier, probablement de l'abbé Jean Le Sueur de Saint-Sauveur, ami de Jean Bourdon : « Il y a ici un prêtre qui nous dit chaque jour la messe. Il n'a pas de revenu ni d'honoraires réguliers. Cependant, il reçoit magnifiquement tous ses visiteurs. Il gagne sa vie à tisser des rêts, dont on fait grand usage pour la pêche ; et cette industrie lui rapporte plus que ne ferait en France aucun des principaux bénéfices curiaux. Il nous a fait cadeau de vingt-cinq gros choux feuillus, bien meilleurs que ceux que produit la France. Son voisin nous a donné trois minots de navets. Et d'autres ont fait de même.»

Appréciant l'ensemble du pays découvert jusque-là, il poursuit : « Je vous assure que Québec est bien situé et que la nature et la condition du pays environnant sont des plus heureuses. Trois-Rivières, à trente lieues de distance, est beaucoup plus riche et prospère. Et Montréal les dépasse en fertilité. Même le pays des Hurons les surpasserait encore, s'il n'était infesté par les Iroquois avec lesquels ils sont en guerre. Le ciel y est plus chaud et par conséquent plus productif. Nous avons l'espoir qu'avec la faveur et le secours de Dieu, et aussi grâce à la sagesse et à l'énergie de notre Gouverneur, qui a emmené grand nombre de soldats, on les forcera à faire la paix. Autrement, ils devront bien se préparer à la guerre. »

Sans doute à cause de la facilité de marier les filles en Nouvelle-France — Simon Denis en a quatre d'âge nubile —, il conclut sa lettre sur les mœurs du pays : « Ma femme et moi, nous nous plaisons tellement dans ce pays que, si quelque force ne nous en chasse, nous avons bien l'intention d'y achever notre vie, sans renoncer toutefois à l'espérance de revoir la France, lorsque notre demeure sera établie et toutes nos affaires mises en ordre. Car si l'on traite les hommes avec autant d'égards, c'est mieux encore avec les filles. On les recherche en mariage avec tant d'empressement qu'on ne tient aucun compte de leur fortune, pourvu qu'elles soient sages. Si elles ne l'étaient pas, on les renverrait aussitôt. Ce châtiment est le seul dont on ait usé contre tous les crimes qui se sont commis ici. »

Sur ce point des mœurs féminines, Paul Le Jeune, alors procureur des missions du Canada à Paris, reviendra encore : « La Reine, ayant de la tendresse pour la conversion des sauvages et de l'affection pour l'établissement de la colonie française en ce nouveau monde, y envoya ce printemps dernier quelque nombre de filles fort honnêtes, tirées de maisons d'honneur. On n'en reçoit point d'autre dans cette nouvelle peuplade. Je sais d'assurance que dix-huit ans se sont écoulés sans que le maître des hautes œuvres qui était en ce pays-là ait fait aucun acte de son métier, sinon sur deux vilaines que l'on bannit après avoir été publiquement fustigées. Tant que ceux qui tiennent le timon défendront aux vaisseaux d'amener de ces marchandises de contrebande, tant qu'ils s'opposeront au vice et qu'ils feront régner la vertu, cette colonie fleurira et sera bénie de la main du Très-Haut [50]. »

---

50. JRT 1654 v 41, 184-186.

Aux témoignages de Simon Denis et de Paul Le Jeune, joignons celui de Pierre Boucher en 1663, lequel ne prisait guère les bruits qui couraient à Paris, où il s'était rendu l'année précédente : « Il n'est pas vrai, écrit-il, qu'il vienne ici de ces sortes de filles, et ceux qui en parlent de la façon se sont grandement mépris et ont pris les îles de Saint-Christophe et de la Martinique pour la Nouvelle-France : s'il en vient ici, on ne les connaît point pour telles. Car avant de les embarquer, il faut qu'il y ait quelques-uns de leurs parents ou amis qui assurent qu'elles ont toujours été sages. Si par hasard il s'en trouve quelques-unes de celles qui viennent qui soient décriées, ou que pendant la traversée elles aient eu le bruit de se mal comporter, on les renvoie en France. Pour ce qui est des garnements, s'il en passe, c'est qu'on ne les connaît pas. Et quand ils sont dans le pays, ils sont obligés de vivre en honnêtes gens ; autrement, il n'y aurait pas de jeu pour eux. On sait aussi bien pendre en ce pays ici qu'ailleurs et on l'a fait voir à quelques-uns qui n'ont pas été sages [51]. »

Ce préjugé sur les mœurs aurait-il été fondé par la suite ? En 1662, Marie Morin affirme qu'il « faudra désormais dire adieu à ce premier temps qui a duré environ trente ans qu'on vivait ici comme dans la primitive Église, selon le sentiment de plusieurs serviteurs de Dieu à qui je l'ai oui dire et qui déploraient avec douleur le relâchement dans la vertu et le progrès du vice qu'on y voit aujourd'hui [52] ». Les sœurs Juchereau et Duplessis s'expriment de la même façon dans les *Annales de l'Hôtel-Dieu de Québec* [53].

L'Église imprègne profondément les valeurs humaines de la société laurentienne d'alors. L'optique chrétienne était commune aux habitants et indiscutée parmi eux. Les engagés de la colonie ne sont pas des saints, mais ils sont très religieux comme le peuple de France. Ils proviennent du monde artisan, rarement de la paysannerie, ils sont pleins d'imagination et d'initiative. Ils sont pris à l'arrivée par le climat austère et l'orientation apostolique de la colonie. Très près de leurs prêtres, beaucoup plus qu'en France, ils mènent avec eux une vie

---

51. Pierre BOUCHER. *Histoire véritable et naturelle...* Paris, chez Florentin Lambert, 1664, p. 155-156.
52. Marie MORIN. *Histoire simple et véritable. Les Annales de l'Hôtel-Dieu de Montréal, 1659-1725*. Édition critique Ghislaine Legendre, Montréal, 1979, p. 51.
53. Jeanne Françoise JUCHEREAU DE SAINT-IGNACE et Marie-Andrée DUPLESSIS DE SAINTE-HÉLÈNE. *Les Annales de l'Hôtel-Dieu de Québec 1636-1716*. Édité en 1939 par Dom Albert Jamet, O.S.B. Réimprimé en facsimilé en 1984.

communautaire intense. Le christianisme est au principe de la mentalité et de la culture. Le substantiel pour eux n'est pas actuel, mais au terme : la vie du temps est toute relative à l'éternité. Les biens : amour, amitié, plaisir, richesse, réussite, sont appréciés mais tenus pour relatifs. Il n'y a rien de définitif en cette vie, rien d'insurmontable. Les maux : échec, maladie, incapacité, pauvreté, mort elle-même sont considérés comme passagers et relatifs. L'Église soutient et ravive les habitants dans cette foi fondamentale.

Quant à la philosophie sociale, elle est déjà originale et toute marquée par le christianisme. Elle a pour fondement la primauté et le respect de la personne. La société est vue comme un nœud de relations. Le mari est le chef porteur des droits de la femme à laquelle il doit amour, sollicitude, protection, réconfort et fidélité. Celle-ci doit aussi amour, affection, fidélité. Les parents portent tous les besoins des enfants et y répondent ; en retour, ils demandent à leurs enfants affection, docilité, obéissance et respect. Les droits et les responsabilités sont intimement liés. L'homme est le centre de l'anthropologie sociale. La révolution de Cromwell (1649–1660) n'influence pas le pays avec son droit de propriété absolue. En Nouvelle-France, la propriété est subordonnée aux besoins de l'homme et de la famille. La seule source d'enrichissement est le travail. L'argent est vu comme improductif : on prête et on donne sans intérêt, ce qui montre qu'au pays la confiance règne. La Nouvelle-France a pu grandir pendant trente-ans dans le climat humaniste qui avait baigné sa naissance. Cette période a imprimé un caractère ineffaçable à sa personnalité collective. Une philosophie fortement communautaire et personnaliste inspire les premiers habitants de la Nouvelle-France.

Voilà comment, sous l'influence de l'Église, ce jeune peuple comprend sa vie. Tout commence dans ce pays neuf, mais tout commence bien. La société se prend en mains et se donne un visage profondément humanitaire, personnaliste et religieux. Jean-Paul II le soulignait, à Québec, le 9 septembre 1984 : « Vous saurez susciter une nouvelle culture, disait-il, intégrer la modernité de l'Amérique sans renier sa profonde humanité qui venait sans aucun doute de ce que votre culture a été nourrie par le christianisme. »

III — *Un évêque viendra*

En 1659, les jésuites remettront la nouvelle Église aux mains d'un évêque fondateur, Mgr de Laval. En 1663, le Roi forcera la Compagnie des Cent-Associés à lui remettre la Nouvelle-France. Le 6 mai 1663, Antoine Cheffault, secrétaire de la célèbre Compagnie, écrit à Marie de l'Incarnation : « Le roi à présent est tout à fait seigneur du pays, et avons été contraints de lui remettre. Par quel mouvement ? Il ne nous paraît pas. Nous nous en doutons et Dieu veuille qu'ils fassent mieux que nous [54]. »

Les Cent-Associés n'auraient pas rempli leur mandat, se seraient enrichis au détriment de la colonisation du pays, affirment certains historiens. Pourtant, en 1663, une société est établie en Nouvelle-France, avec les principaux organismes, une population unifiée, habituée, dont un tiers est né au pays. Après trente ans, ce jeune peuple a une mentalité distincte de celle de l'ancienne France ; il a l'habitude de résoudre lui-même ses problèmes. Les habitants sont pauvres, mais ils sont entraînés à l'existence pénible et dangereuse. Bref, un pays est fondé ; un peuple est né.

En 1627, la Compagnie des Cent-Associés se proposait de coloniser le pays et de favoriser l'évangélisation. À cette fin, elle faisait passer les jésuites au pays. Or, pendant ces trente ans (1632-1663), les deux organismes travaillèrent avec un grand élan de foi en Dieu à établir un pays et une Église. En toute objectivité scientifique, on ne peut nier que la nouvelle Église ait grandement contribué à modeler le visage de cette société laurentienne. Elle-même s'est laissée façonner par ses grands serviteurs les jésuites, véritables pères de l'Église du Canada, à l'instar de ceux de l'Église universelle. Paul Le Jeune, Jérôme Lalemant, Paul Ragueneau ont été respectivement les trois chefs spirituels. D'ailleurs, deux d'entre eux, Paul Le Jeune et Paul Ragueneau, en plus de Charles Lalemant, sont proposés en 1651 comme évêques possibles de la Nouvelle-France. Les Cent-Associés, en cette année, insistent auprès du général des jésuites pour avoir le père Charles Lalemant ; le Conseil des Affaires ecclésiastiques ajoute les noms de Paul Le Jeune et de Paul Ragueneau. Le Général meurt sur l'entrefaite ; le père Nickel, vicaire-général, refuse, alléguant le vœu des jésuites de refuser toute dignité comportant juridiction ecclésiastique. Le projet d'un évêché est ajourné [55].

On se souvient qu'en 1645-1646, Maisonneuve était allé en France, au moment où Monsieur Thomas Le Gauffre donnait 30 000 livres et était désigné comme évêque. Peu de temps après, il mourait et son don était perdu. Or, en 1656, Maisonneuve retourne de nouveau en France, afin de faire venir les sulpiciens qui avaient largement contribué à

---

54. OURY, *Correspondance*, 1003.
55. Cf. Lucien CAMPEAU. *L'évêché de Québec, op. cit.*

l'établissement des colons de 1653 à 1656. Pour le départ de 1657, Monsieur Olier nomme Monsieur Gabriel de Lévy-Thubières de Queylus, Gabriel Souart, Dominique Galinier et Antoine d'Allet. Le 10 janvier 1656, l'Assemblée du Clergé, après avoir délibéré, par l'évêque Godeau, propose devant Mazarin le nom de Monsieur de Queylus comme évêque de la Nouvelle-France. Godeau avance que les jésuites acceptent M. de Queylus. Or, les jésuites intervinrent pour proposer au Roi un autre nom : l'abbé François de Laval de Montigny.

Dès le 26 janvier 1656, seize jours après la proposition de Monsieur de Queylus comme évêque, Louis XIV écrivait à Alexandre VII, lui demandant de nommer François de Laval à l'évêché de Nouvelle-France. Après les intrigues de Queylus au pays et les misères qu'il fit aux jésuites, après les pourparlers de Rome avec le Roi, François de Laval réussit à se faire consacrer le 8 décembre 1658, malgré les protestations gallicanes de l'archevêque de Rouen, Harlay de Champvallon, auquel M. de Queylus s'était rallié et dont il voulait prolonger l'autorité à son propre avantage au pays. Le nouveau titre de vicaire apostolique créé par la Propagande et le Pape souleva certaines réticences à la Cour de France ; finalement, le Roi s'inclina. À partir de ce moment, la Sacrée Congrégation de la Propagande à Rome prit comme principe de son action que l'archevêque de Rouen n'avait jamais eu aucune juridiction en Nouvelle-France. Dans l'allégresse générale, le nouveau vicaire apostolique, Mgr de Laval, est accueilli à Québec en juin 1659.

Conclusion

« Je vous confesse que voyant le christianisme à deux doigts de sa ruine, écrit Marie de l'Incarnation en 1655, mon cœur souffrait une agonie que je ne puis exprimer. Et il faut avouer qu'il n'y a point de croix pareilles à celles qui viennent de la gloire de Dieu intéressé au sujet du salut des âmes [56]. » Les souffrances de toute la colonie au début de cette décennie, cristallisées dans le cœur de ses grands missionnaires, ont suscité une aurore nouvelle pour la jeune Église dont le père Ragueneau s'est montré le Pasteur dévoué en cette période.

Mgr de Laval avait une haute estime pour ce brillant jésuite : « J'avais, dit-il, une si haute idée de ce Père, le connaissant aussi particulièrement que je le connaissais pendant sa vie, que je le croyais non seulement capable d'être Général de sa Compagnie, mais encore

---

56. OURY, *Correspondance*, 563. Lettre à son fils le 12 octobre 1655.

capable de gouverner un royaume, tant je voyais dans lui d'élévation et d'étendue d'esprit. Ce serait, ajoutait-il, rendre un service très considérable au public que de lui faire part des écrits de piété qu'on pourrait avoir de ce saint homme, mais surtout des réponses admirables qu'a faites ce grand homme de bien des matières les plus délicates de la vie spirituelle [57]. »

Un autre témoignage montre bien la qualité de Ragueneau. C'est celui de Mme D'Ailleboust, retirée chez les Hospitalières de l'Hôtel-Dieu de Québec : « Elle vit un jour, dans son oraison, disent les Annales [58], le cœur du Révérend Père Ragueneau. Dieu lui donna la connaissance des aimables qualités qu'il possédait et lui dit, dans l'admiration où elle était de tant de richesses spirituelles, que ce cœur n'avait presque point son égal. Elle connut que ce qui en relevait le prix était l'amour que ce bon Père portait aux âmes et le talent admirable qu'il avait de les gagner et de les conduire à Dieu par des voies si pures et si douces qu'il rendait la vertu facile, aplanissant toutes difficultés ou inspirant tant de courage et tant de joie qu'on les franchissait sans peine. Il chérissait sincèrement et selon Dieu les âmes, les aidait en tout sans s'épargner... ne se plaisait point à les chagriner sous prétexte de les éprouver. Il savait les connaître et les faire avancer, sans les laisser languir dans les abattements où tombent souvent les faibles qui ne reçoivent aucun secours de ceux qui devraient leur en donner. »

Le cœur de pasteur du père Ragueneau reflète celui de l'Église pastorale et communautaire de cette décennie. Rentré à Paris en 1662, Paul Ragueneau sera procureur des missions du Canada jusqu'à sa mort, le 3 septembre 1682 ; il remplaçait Paul Le Jeune décédé en 1664. Il y fut aussi un directeur spirituel recherché. À son décès, l'abbé Jean Dudouyt, agent de Mgr de Laval à Paris, écrivait à celui-ci le 9 mars 1681 : « C'est un saint dont la mémoire est en bénédiction. Il continue dans le ciel la charité qu'il a eue pour l'Église du Canada pendant sa vie [59]. »

L'Église du Canada... Paul Ragueneau a contribué à façonner son visage pastoral et communautaire, alors que Jérôme Lalemant lui avait

---

57. Mgr de Laval parle du biographe de Ragueneau dont le manuscrit anonyme est conservé aux Archives des Ursulines de Québec. Cité dans Jude SAINT-ANTOINE, *Ragueneau et ses lettres spirituelles*, Montréal, Bellarmin et Desclée, 1974, p. 44.
58. Cf. *Annales de l'Hôtel-Dieu de Québec*, p. 219-220.
59. Lettre du 9 mars 1681 à Mgr de Laval. Conservée aux Archives du Séminaire de Québec.

imprimé un aspect missionnaire encore vivant de nos jours. Paul Le Jeune, lui, avait fait briller l'idéal d'une Église sur le modèle de la primitive comme une nouvelle Jérusalem, appelée aujourd'hui à une autre démarche missionnaire. Cette identité propre, l'Église canadienne l'avait déjà en 1659, alors que les jésuites la remettaient à son premier évêque, qui la dotera d'une institution aux structures stables comme le Séminaire de Québec et la paroisse.

Les traits acquis par la nouvelle Église, Mgr de Laval les adoptera avec joie et s'appliquera à les développer davantage, comme nous le verrons.

Dans ces derniers trente ans, l'Église de Nouvelle-France était née, soutenue par un bel élan de foi et de charité apostolique. Prêtres, habitants, femmes missionnaires, laïcs ardents, tout le peuple de Dieu l'avait édifiée dans la Croix. Mais le grand Maître d'œuvre de ce «bâtiment», c'était Dieu dont la présence pleine d'amour en ce nouveau pays s'était exprimée par les missions du Fils et de l'Esprit dans le cœur de ses apôtres, les jésuites, à l'instar des Apôtres de l'Église primitive, comme aussi dans le cœur de tout le peuple de Dieu au pays.

En 1659, l'épreuve iroquoise achève... mais une autre bien plus lancinante attend la jeune Église. Avec Louis XIV, Colbert, Talon, elle se verra aux prises avec la laïcisation. Les souffrances de Ragueneau, en raison de son activité même bénéfique dans les affaires civiles, annonçaient déjà la naissance du dilemme Église-État qui prendra force sous Mgr de Laval jusqu'à tout récemment, où l'Église sort à peine de ses tentations et de ses luttes à ce sujet.

En plus de la laïcisation qui influençait déjà l'Europe sous Louis XIV, des raisons historiques ont fait surgir ce problème au pays : de 1632 à 1663, la Compagnie privée des Cent-Associés et les jésuites avaient travaillé étroitement à fonder un pays et une Église. Une chrétienté s'était ainsi établie ; elle vient d'éclater, ayant survécu longtemps à l'épreuve sécularisante.

Mgr de Laval, en plus de fonder le diocèse de Kébec couvrant la majeure partie de l'Amérique du Nord, devra affronter ce problème concrètement. Nous verrons la réponse qu'il tentera de donner. Pour le moment, l'Église du Canada est en fête : son premier évêque aborde à Québec.

2

UNE ÉGLISE HIÉRARCHIQUE

> Considérant qu'il a plu à la divine Providence nous charger du soin de l'Église naissante du Canada...
>
> François de Laval [1]

---

1. Décret d'érection du Séminaire de Québec, 26 mars 1663, P 188.

CHAPITRE IV

Un évêque fondateur, Mgr de Laval

1659-1688

> Il y a bien des années que la Providence conduit cette Église, et nous par conséquent, par des voies fort pénibles et crucifiantes, tant pour le spirituel que pour le temporel.
>
> François de Laval [2]

Introduction

La présente étude ne prétend pas offrir l'histoire exhaustive de la période épiscopale de Mgr de Laval (1659-1688). Mais plutôt fidèle à notre propos initial — la présentation de la genèse de l'Église canadienne —, nous esquisserons le visage de la nouvelle Église tel que Mgr de Laval le voulait et l'a réalisé.

---

2. Lettre à Henri Boudon, archidiacre d'Évreux, le 6 novembre 1677, p. 207.

En acceptant la mission confiée sur le conseil de Monsieur Jean de Bernières, le jeune prélat résolut fermement de donner un visage neuf à son Église naissante, sans les rides de l'ancienne Église de France. Contrairement à son successeur, Mgr de Saint-Vallier, lequel s'inspira fortement du modèle des diocèses français, Mgr de Laval créa du neuf en structurant son Église d'après l'idéal communautaire et missionnaire de la primitive Église du Christ, fondée sur les Apôtres. En cela, il faisait sien l'idéal des jésuites de la Nouvelle-France qui l'avaient précédé. Il ouvrait ainsi la voie à la fondation pleine et entière d'un diocèse en communion avec l'Église de Rome, restant saufs les privilèges de l'Église gallicane de France.

Ces prémisses acceptées, le lecteur verra que Mgr de Laval gouverne son Église, fidèle à cet idéal de l'Église primitive. Certains accidents de parcours chez le prélat, mineurs dans l'ensemble, sont dus à la conscience vive, chez le grand Fondateur, de devoir travailler « à la gloire de Dieu et au plus grand bien de son Église », comme il l'affirme à maintes reprises.

Les décisions de son gouvernement ne sont donc jamais inspirées par des motifs d'intérêt personnel où il faut qu'il triomphe, mais plutôt par les raisons d'un pasteur qui veut promouvoir l'intérêt supérieur de son Église. Trop souvent, les historiens ont présenté une fausse image de la personnalité de Mgr de Laval, projetant la figure de son successeur, Mgr de Saint-Vallier, sur le visage du premier prélat de l'Amérique du Nord. Les documents relatifs à l'évêque de Nouvelle-France, colligés dans la *Positio*[3] écrite en vue de sa béatification, sont imprégnés d'une onction singulière qui témoigne de l'éminente charité et humilité du prélat. Non seulement Mgr de Laval n'était pas de caractère brouillon, mais c'était un grand ami de la paix, comme nous le verrons. Loin de tout décider du haut de sa grandeur intransigeante, il consultait régulièrement avec beaucoup d'humilité ses collaborateurs ; il manquait même d'assurance et de confiance en lui.

Qui donc pourrait l'accuser d'ambition politique ou religieuse ? La situation politique nouvelle à partir de 1663 lui fournira maintes occasions de vivre son amour de la Croix et d'y établir fermement son Église nouvelle. À la suite du Christ qui fonda son Église dans le sang

---

3. Les documents principaux relatifs à Mgr de Laval ont été publiés dans : *Quebecen. Beatificationis et Canonizationis Ven. Servi Dei Francisci de Montmorency-Laval Episcopi Quebecensis* († 1708). *Altera Nova Positio Super Virtutibus ex officio Critice Disposita.* Typis Polyglottis Vaticanis, 1956. (Sigle : P) *Passim.*

de sa croix, Mgr de Laval consumera sa vie dans les souffrances et les travaux apostoliques pour l'établissement de l'Église du Canada.

La biographie du premier évêque de l'Amérique du Nord fut écrite en 1761 par l'ecclésiastique Bertrand de Latour[4]. Incomplète et inexacte quant à certains faits historiques, elle est cependant fort utile, car elle nous présente le visage authentique du prélat voulant fonder son Église sur le modèle de l'Église primitive. D'autres biographies suivirent, notamment l'essai récent de l'historien André Vachon[5] qui ne manque pas de mérite, surtout quant aux rapports Église-État sous Mgr de Laval. Nous tiendrons compte de ces apports, mais notre visée essentielle concerne la réalité ecclésiale elle-même. On nous saura gré, dans cette optique, de ne présenter que les grands traits de l'aspect politico-religieux de l'époque.

I — *Climat politico-religieux*

Dans nos temps sécularisés, il est moins facile d'imaginer une France antique régie par deux puissances, le pouvoir royal et la puissance ecclésiastique, toutes deux émanant de Dieu d'une manière différente et dirigeant le destin de la société, la première pour le temporel et l'autre pour le spirituel. Le pouvoir royal tient compte de la loi de Dieu, fondement ultime de la société humaine. C'est pourquoi le roi se conforme à la loi de Dieu et gouverne en accueillant les suggestions de ceux qui ont reçu mission de l'interpréter, les évêques. Les évêques n'ont cependant pas pouvoir sur la société terrestre en elle-même, à moins que le Roi ne leur confère une partie de son autorité. Dans cette optique, il n'est pas étonnant que le Roi choisisse des ecclésiastiques comme ses ministres ou comme membres de ses conseils, ce qui fut le cas de Richelieu, par exemple. Hauts dignitaires ecclésiastiques, ils ne sont pas moins sujets du roi et notables du royaume officiellement catholique que les juristes, les nobles et les marchands qui leur contesteront ces responsabilités politiques. Les évêques demandent que le pouvoir royal organise et régisse la société de façon à favoriser le salut éternel des sujets du royaume. On a donc deux pouvoirs, indépendants l'un de l'autre dans leur domaine propre. Mais en France, si les deux juridictions entrent en concurrence, il est

---

4. Bertrand DE LATOUR. *Mémoires sur la vie de M. de Laval, premier évêque de Québec*, 1761, P 707-875.
5. André VACHON. « François de Laval », *Dictionnaire biographique du Canada* (DBC) col. 374-387, tome II.

admis que le pouvoir royal a priorité sur le pouvoir épiscopal, ce qui fonde le fait d'une Église gallicane. Ainsi, pour sa nomination, malgré les partis en lutte à ce moment, Mgr de Laval s'en remet totalement au Roi, n'intervenant en aucune manière pour avancer sa nomination ou pour la refuser. Le pouvoir du Roi est vu comme essentiellement religieux.

Mais au Moyen Âge fut créée une nouvelle classe, celle des juristes et de la haute bourgeoisie, qui contestait l'origine religieuse du pouvoir royal et le considérait comme laïque, créant ainsi l'opposition clerc-laïc. En conséquence, les juristes, spécialement, s'opposèrent à la nomination des évêques à des fonctions politiques au sein du Conseil du Roi.

Les effets de cette situation se feront sentir au pays : quand les fonctionnaires de la Nouvelle-France opposent l'autorité royale à celle des ecclésiastiques, c'est leur propre autorité de laïcs qu'ils veulent établir au-dessus de l'autre, et non l'autorité que le Roi a de lui-même. C'est ainsi que les fonctionnaires en viennent à s'identifier indûment au pouvoir royal.

De plus, au Moyen Âge, naissait aussi la classe des marchands, de la petite bourgeoisie, dont le lucre et l'appât du gain étaient la motivation essentielle. Avec l'avènement de cette classe était né l'esprit qui établissait la structure économique de l'État comme fondement essentiel. Peu à peu, ce troisième pouvoir contrecarrera les vues du pouvoir royal et ecclésiastique, trop souvent pour l'orienter vers des vues laïcisantes en rapport avec l'économie. À l'époque de Louis XIV, les fonctionnaires de l'État y étaient souvent recrutés. On comprend alors que ce pouvoir laïque aux visées économiques ait voulu évincer les évêques du gouvernement. Au Canada, les fonctionnaires royaux étaient de cette lignée.

En outre, Louis XIV, soustrayant la seigneurie de la Nouvelle-France à l'administration de la Compagnie privée des Cent-Associés, imprima au pays un esprit impérialiste comme celui qui prévalait dans les colonies des pays européens — esprit qui gérait les colonies sans tenir compte de l'intérêt réel de celles-ci.

Cependant, ce n'est pas encore la sécularisation entière : on vit dans un royaume officiellement catholique. L'esprit d'opposition aux valeurs religieuses, qui va croître rapidement en France au 18e siècle, ne fera encore que toucher le niveau des fonctionnaires importés en Nouvelle-France, mais non celui de la population enracinée. C'est ce qui permettra plus tard la résistance au régime anglo-protestant.

La sécularisation ne commencera, du moins dans ses principes, qu'avec la révolution américaine, puis se généralisera dans la plupart des États modernes par la suite. C'est donc en contexte laïcisant plutôt que sécularisant qu'il faut placer l'époque de Mgr de Laval, où les fonctionnaires de la Nouvelle-France sont agressifs à l'égard des gens d'Église. D'autre part, ces officiers sont les exécuteurs fidèles des ordres des ministres de France, eux aussi fortement laïcisants. Et le fonctionnaire qui, sous Mgr de Laval, tentera le plus fortement d'imprimer cet esprit impérialiste et hostile à la religion aura un nom : le ministre Colbert, qui administrera le royaume de France de 1661 à 1683.

Le 24 mars 1663, le roi Louis XIV prendra en charge la Nouvelle-France, en y créant un Conseil Souverain qui sera en fonction en 1665, mis en place par le vice-roi, le marquis de Tracy envoyé par Louis XIV. Cet accaparement royal de la Nouvelle-France fut, quoi qu'on ait dit, le plus éclatant hommage rendu à l'opération colonisatrice des trente années de la Compagnie des Cent-Associés. Mais Colbert, entre temps, donne la seigneurie de la Nouvelle-France à la Compagnie des Indes occidentales, créée en 1665 et gouvernant jusqu'en 1675, laquelle possède aussi les autres colonies françaises en Amérique. Cette Compagnie servira de paravent à Colbert pour appliquer au pays sa politique économique, car c'est lui qui gouverne et, souvent, à l'insu de Louis XIV.

Colbert est donc issu de ce tiers-pouvoir remontant au Moyen Âge, qui trouvera dans nos sociétés contemporaines son aboutissement final dans l'esprit marxiste. Il s'était inspiré des Pays-Bas influencés par Calvin. Ceux-ci voulaient conquérir économiquement le monde. À cette fin, ils avaient d'abord évincé le Portugal ; l'Angleterre avait suivi leur exemple. Et bientôt, ils imprimèrent un horizon commercial aux pays conquis. Le Canada en sera profondément marqué, surtout avec l'avènement du régime anglais. Mais déjà, sous Colbert, cette politique économique sera appliquée selon un mode français : on exploitera les richesses naturelles du pays, en l'occurrence la fourrure, en vue d'enrichir le royaume français ruiné par les guerres de Louis XIV. La petite société laurentienne en sera appauvrie pour longtemps... jusqu'à nos jours.

C'est dans cette perspective que se situe la lutte menée par Mgr de Laval en vue d'interdire le commerce de l'eau-de-vie avec les Amérindiens, incapables d'user sobrement de cette boisson. Menacé dans sa politique économique — favoriser ce commerce en vue d'obtenir gratuitement les fourrures des Indiens —, Colbert exprimera son hostilité à l'égard du prélat dans des directives secrètes données au gouverneur Courcelles, à l'intendant Talon, à Bouteroue, à Frontenac, afin d'humilier le chef religieux, de le réduire servilement à ses vues économiques. Cependant, il prit soin de bien cacher son action à Louis XIV qui aimait Mgr de Laval, l'ayant choisi lui-même comme premier évêque de l'Amérique du Nord. La croix du premier évêque aura donc un nom précis : le ministre Colbert.

Le peuple laurentien souffrira aussi des visées mesquines du ministre français. Après avoir tracé une analyse minutieuse des rapports de Mgr de Laval avec le Conseil Souverain [6] dont il était membre à côté du gouverneur, Lucien Campeau porte un jugement sévère sur l'administration coloniale de Colbert : « La cupidité créa un péril bien plus grand et bien plus général (que le zèle des missionnaires s'étendant d'une façon éparse sur le continent). Les véritables assises économiques d'une société sont le fruit de son travail, c'est-à-dire sa production. Les fourrures étaient la production d'un continent sauvage, non d'une colonie civilisée. Leur manipulation était pleine de hasards et d'incertitudes et fut toujours insuffisante à procurer les besoins de la population. Il importait, avant tout, d'assurer la production proprement coloniale. C'est ce que Jean Talon comprit et tenta, de trop courtes années. Mais Frontenac, à qui Colbert livra la colonie, ne s'est jamais élevé jusque-là. Pour arriver à établir cette production, une discipline vigoureuse était nécessaire, afin de garder tous les bras à l'œuvre du développement et pour dompter l'avidité des aventuriers qui couraient à l'envi au-devant des fourrures, enlevant aux colons un revenu d'appoint qui leur était nécessaire. La course dans les bois prit les proportions d'une maladie sociale en 1667-1668. Il n'est pas douteux que la permission de traiter librement l'eau-de-vie l'aggrava considérablement (en 1668). Les dix années du premier gouvernement de Frontenac rendirent le mal incurable et il avait déjà commencé à produire sa séquelle inévitable, la contrebande. En sorte que les édits de Louis XIV, y compris celui de 1679, vinrent trop tard. »

Devant ceux qui tentaient de montrer les conséquences désastreuses de cette politique, Colbert se montrait obstiné : il ne voulait entendre personne lui représenter le mal incurable de ses décisions économiques. Mgr de Laval s'épuisa héroïquement à défendre ce commerce infâme qui ruinait son Église qu'il voulait, comme dans les premiers trente ans, à l'image de la primitive Église.

---

6. Lucien CAMPEAU. « Mgr de Laval et le Conseil Souverain 1659-1684 » RHAF 27 (1973) 323-359, p. 358-359.

« Si l'on pouvait faire quelque chose pour enrayer ces conséquences prévisibles, conclut Lucien Campeau dans le même article, c'est au début qu'il fallait le faire. Rien n'était plus nécessaire, pour y arriver, qu'une étroite collaboration entre les autorités civiles et religieuses. L'ascendant de l'Église sur la population offrait un concours précieux que des hommes politiques sages ne pouvaient pas négliger en un besoin si grave. Mais l'anticléricalisme étroit de Colbert, son inintelligence de la situation coloniale et son manque de prévoyance au contraire ont provoqué une lutte stérile, dont les instigateurs eux-mêmes n'ont guère profité, tandis que l'avenir de la France en Amérique se trouvait compromis. »

L'esprit de lucre, d'une part, et le désir de laïciser l'État, d'autre part, constituaient donc les deux pôles administratifs au pays. Ces deux tendances expliquent les difficultés subies par Mgr de Laval avec les autorités civiles.

En effet, sous D'Argenson (1659-1661) surgit la question des préséances à l'église pour le gouverneur et l'évêque. Il ne s'agit pas de questions futiles comme on serait porté à le penser aujourd'hui, mais bien plutôt le fait d'assurer, pour l'évêque, l'autonomie et la primauté du spirituel dans son domaine propre. Restée vacante avant Mgr de Laval, sa place à l'église lui était disputée par le gouverneur qui avait tendance à se l'approprier avant son arrivée. Gouverneurs et intendants d'ailleurs s'identifiaient indûment au pouvoir royal, réclamant les honneurs dus au Roi à l'église. Frontenac, notamment, fera resurgir la question des préséances en réclamant la place de l'évêque. Mis au courant, Louis XIV lui reprochera d'exiger des honneurs ecclésiastiques au-delà de tout ce que les gouverneurs de France demandent. D'Avaugour, successeur de D'Argenson (1661-1663), sera indifférent à ces questions, ce qui fera tomber le débat.

S'étonnera-t-on ensuite que Mgr de Laval ait pris soin, à son arrivée au pays, de créer un tribunal religieux distinct de celui de la colonie ? Cependant, les questions des préséances n'ont pas ramené D'Argenson en France, comme on l'a prétendu, mais diverses raisons dont la principale fut l'affaire du contrat Guenet qui fit perdre des revenus considérables au pays.

D'Avaugour, lui, sera rappelé par le Roi à cause de son gouvernement abusif, particulièrement à l'endroit du Conseil de Québec. Il permit le commerce de l'eau-de-vie, contrevenant ainsi l'arrêt royal de 1657 alors en vigueur. Venu au pays en 1668, l'intendant Bouteroue apportait les ordres secrets de Colbert en vue de permettre la traite de l'eau-de-vie; Talon, déjà remplacé, soutint Bouteroue, même si auparavant, il n'avait jamais osé déroger à l'arrêt de 1657. D'ailleurs, depuis les origines avec Champlain, le commerce de l'eau-de-vie avait toujours été interdit par les autorités du pays, qui comprenaient trop bien, à la différence de Colbert, les ravages causés ainsi chez les Indiens.

Même si le Séminaire de Québec constituait le motif essentiel du voyage qu'entreprit Mgr de Laval en 1662, la question de l'eau-de-vie ne le poussa pas moins à partir pour la France afin d'aller demander le secours du Roi. Celui-ci avait une grande estime pour le prélat qu'il écouta non seulement sur cette question, mais aussi pour l'organisation du pays. Il semble cependant exagéré de penser, comme le fait son biographe Latour, que l'évêque obtint du Roi le nouveau gouvernement mis en place en 1663, année où Mgr de Laval, ayant gain de cause, revint au pays.

Le Roi, ayant rappelé D'Avaugour, offrit à Mgr de Laval de choisir son successeur. Il proposa Monsieur de Mésy, qu'il avait connu chez Jean de Bernières; celui-ci avait ramené Mésy aux bonnes mœurs et à la vie chrétienne. Hélas! si on peut souligner une lacune chez le prélat, c'est celle de s'être mépris sur les personnes, sur Mésy notamment et sur Mgr de Saint-Vallier, dont le choix avait été remis aussi à l'évêque par Louis XIV.

Au début, le nouveau gouverneur (1663–1665) soutiendra Mgr de Laval; mais la nomination irrégulière des membres du Conseil par le gouverneur souleva la désapprobation de l'évêque. On a dit que la question des dîmes avait été le grand litige entre les deux chefs. Il est vrai que Mésy soutint le peuple réticent à payer les dîmes fixées à cette époque au treizième, mais le désaccord profond concernait la nomination illégale des conseillers. La mort prématurée de Mésy résolut la question: alors il se réconcilia à l'extrémité avec Mgr de Laval qu'il choisit d'ailleurs pour remettre son âme à Dieu.

Louis XIV envoya alors le marquis de Tracy comme vice-roi pour toutes les possessions françaises d'Amérique afin de mettre en fonction la nouvelle administration du pays, restée au soin des anciens responsables. Il avait aussi pour mission de pacifier les Iroquois en promenant son armée, surtout le régiment de Carignan-Salières, dans les cantons iroquois ligués en 1661, après l'exploit du Long-Sault, contre la colonie entière. Le vice-roi fut remarquable en tout, ouvrant par ses activités militaires la porte à l'évangélisation des Iroquois. Tracy mit en place le gouverneur Courcelles (1665–1672) et l'intendant Talon. En associant gouverneur et intendant, Louis XIV appliquait une politique inaugurée par Richelieu, destinée à tempérer l'autoritarisme des gouvernants dans les provinces éloignées.

Talon (1665-1668; 1670-1672) contribua grandement au progrès économique du pays, mais les restrictions déjà imposées par le Roi le mettaient mal à l'aise pour appliquer les instructions de Colbert à l'égard de Mgr de Laval. En effet, Colbert lui avait enjoint secrètement d'agir de telle façon au sujet de la présence de Mgr de Laval au Conseil Souverain qu'il se dégoûtât d'y être présent et renonçât à y assister, ce qui arrivera en 1668 à cause de la libéralisation du commerce de l'eau-de-vie par Bouteroue.

D'ailleurs, Talon avait manœuvré de telle façon avec Colbert que l'évêque venait en troisième au Conseil, après le gouverneur et l'intendant, alors que selon la charte royale, il devait coopérer à titre égal avec le gouverneur dans les décisions d'autorité. Colbert et Talon cachèrent leur conduite au Roi qui ne la découvrit qu'en 1675, sous Frontenac (1672-1682). Instruit de l'affaire, Louis XIV rétablit l'évêque à son rang après le gouverneur, en 1675. Mais depuis longtemps (1668), l'évêque avait renoncé à assister aux séances du Conseil sans aucune protestation de sa part. Où était donc l'ambition politique de Mgr de Laval, comme l'ont prétendu certains historiens ? Le saint évêque s'appliquera de toute son énergie à gouverner son Église sans se soucier de ses prérogatives politiques par la suite. C'était sans doute préférable pour l'Église, si ce n'eût été de la protection des mœurs chrétiennes dans la colonie, où le gouverneur et l'évêque avaient tout intérêt à agir de concert, ce qui ne fut pas le cas, bien au contraire.

La présence de Tracy au pays de 1665 à 1667 fut bénéfique dans tous les domaines, notamment dans celui des dîmes que le vice-roi fixa, au nom du Roi, au vingt-sixième. La décision de Tracy, d'ailleurs l'une des plus favorables aux tenanciers, ne paraît pas avoir été contestée. L'évêque l'accepta sans murmures. De 1663 à 1667, Mgr de Laval se rendit à la limite des concessions en matière de dîme, ne voulant pas pressurer le peuple qui était pauvre. Il a toujours voulu établir une Église des pauvres ; il était lui-même d'ailleurs d'une excessive pauvreté. Le problème fondamental — la carence de prêtres dans un pays pauvre — fut surmonté par lui en instituant le Séminaire de Québec et la paroisse.

Gouverneur autocrate et passionné, grâce à Colbert, Frontenac (1672-1682; 1689-1698) gouverna sans intendant de 1672 à 1675. Le Roi, informé de l'administration irrégulière au Conseil, nomma Duchesneau intendant et réforma le Conseil en 1675, tout en rétablissant l'évêque à son rang propre. Le gouverneur se vengea. En 1676, il fit un rapport[7] à la Cour sur l'administration financière de l'Église du pays. Il accusait Mgr de Laval d'exploiter le peuple au détriment du pays et majorait considérablement les revenus de l'Église. Les récollets, appelés au pays par Colbert et Talon pour absoudre les vendeurs d'eau-de-vie, ne purent guère éviter d'être les instruments de Frontenac au sujet de ses empiètements dans le domaine ecclésiastique.

En 1662, Mgr de Laval avait fulminé l'excommunication contre les vendeurs d'eau-de-vie aux Indiens, contraint qu'il était de recourir à cette mesure extrême, vu la mauvaise foi de D'Avaugour. Il était dans son droit, malgré la contestation qui s'éleva ; on prétendait que l'affaire relevait seulement de la police coloniale. On peut se demander si la mesure ultime, pleinement justifiée, était opportune : les tenants du commerce passèrent outre et l'autorité de l'évêque fut méprisée.

Après le décret de Bouteroue libéralisant le commerce de l'eau-de-vie en 1668, Mgr de Laval dut encore sévir et réserver son absolution à deux péchés : la vente de l'alcool aux Indiens et l'abus des femmes sauvages enivrées par les Français. Cette fois, la mesure de l'évêque, réduite au for de la conscience, était inattaquable. Mais dès son arrivée, Frontenac ouvrit le combat contre cette mesure. L'autorité civile n'avait rien à voir au confessionnal, où l'évêque était reconnu souverain par les lois du Royaume.

On assista alors au spectacle le plus regrettable qui fût : la lutte des gens d'Église entre eux à l'instigation des fonctionnaires, toujours soutenus par le lucre et le désir de laïcisation. C'est ainsi que Colbert, Frontenac, Talon, fort dérangés par la question du péché réservé, firent passer au pays les récollets en 1670, dans le dessein de « libérer les consciences » que l'évêque et les jésuites contraignaient, disaient-ils.

Les récollets ne s'impliquèrent pas sans hésitation dans cette querelle que redoutaient leurs supérieurs de Paris. Mais en 1677, Frontenac fit passer à leur tête un supérieur docile, le père Valentin Leroux. Celui-ci entra dans les machinations de Frontenac, absolvant les péchés réservés, contrecarrant l'action de l'évêque. Plus encore, Frontenac avait conçu le plan machiavélique de fonder des couvents de récollets dans les principaux centres de commerce de la Nouvelle-France, pour y établir des confesseurs exempts de la juridiction épiscopale. C'est que, fondamentalement, Frontenac voulait à tout prix détruire l'œuvre de Mgr de Laval qui avait suscité un clergé pauvre et fortement uni au service des fidèles. Ombrageux et jaloux, Frontenac craignait ce pouvoir clérical.

---

7. P 349-363.

C'est ainsi que la « querelle du clocher » surgit entre Mgr de Laval et les récollets, à Québec[8]. En 1670, à leur arrivée, les récollets s'étaient établis à Notre-Dame-des-Anges, sur la rivière Saint-Charles ; Mgr de Laval les avait accueillis avec charité. Cependant, par la suite, les récollets obtinrent la permission d'avoir un hospice dans la ville, où ils pourraient loger quand ils ne pourraient se rendre au couvent. Mais Mgr de Laval, flairant le plan de Frontenac qui voulait créer un couvent de récollets à Québec même, permit certes un hospice, mais avec les limitations de l'autorisation royale. Or, le père Valentin Leroux, sans tenir compte de ces limitations, fit construire, non un lieu de passage, avec oratoire, mais une maison régulière avec église publique où le clocher pour appeler les fidèles aux offices était la marque extérieure. Mgr de Laval ne manqua pas d'éclaircir le stratagème et d'ordonner au père Leroux d'abattre le clocher, cette « misérable bagatelle », au dire du gouverneur La Barre faisant rapport en France sur le sujet. On le voit bien, l'enjeu n'était pas le clocher, mais la fondation d'un couvent régulier selon le plan conçu par Frontenac. D'autre part, Mgr de Laval n'avait jamais protesté contre les absolutions du péché réservé données à l'église Notre-Dame-des-Anges. C'était le droit des récollets, mais il ne voulait pas que cela se fît ailleurs. Autrement, Frontenac aurait eu son clergé parallèle dans tout le diocèse pour absoudre le péché réservé. Grâce à sa fermeté et à sa droiture, Mgr de Laval obtint gain de cause au sujet du clocher en 1684, non sans peine, ce qui arrêta le plan d'ensemble de Frontenac dans la colonie. Ayant changé de supérieur, les récollets se soumirent.

À lire objectivement ces faits des relations de l'évêque avec les fonctionnaires du pays, le lecteur en vient à se demander si c'est l'évêque qui doit être accusé d'ingérence indue dans la politique du pays ou si ce ne sont pas plutôt les fonctionnaires qui devraient être accusés de vouloir régenter l'Église selon leurs passions et leurs vues mesquines. Frontenac prête hélas trop souvent à ces interrogations. Si l'on songe que dans sa deuxième mission de gouverneur au Canada (1689-1698), il s'allia avec Mgr de Saint-Vallier pour détruire l'œuvre fondamentale de Mgr de Laval, il y a lieu de se demander si les historiens n'ont pas raison d'affirmer qu'il a fait beaucoup de mal au pays et un peu de bien...

Si en France, en cas de litige, le roi avait la suprématie sur les évêques à cause des privilèges de l'Église gallicane, au pays, les fonctionnaires s'identifient à tort au pouvoir royal voulant gouverner

---

8. P 251-335.

les évêques et l'Église. Nous avons vu que Louis XIV, dans l'ensemble, a protégé et aidé Mgr de Laval ; si, quelquefois, il a pu agir contre son intérêt, c'est qu'il était mal informé par les fonctionnaires désireux de laïciser le pouvoir, ou mus par des intérêts économiques étroits.

À l'exception de La Barre (1682-1685) et surtout de Denonville (1685-1689) qui appréciait grandement l'unité et la charité établies par Mgr de Laval dans tout son diocèse [9], la mauvaise foi de plusieurs fonctionnaires fut la croix continuelle du saint évêque qui, malgré ces traverses, travaillait de toute son énergie à façonner une Église au visage neuf comme celle de la primitive. Bien que les historiens aient porté une attention spéciale à relater les rapports de l'évêque avec les chefs politiques, cela ne constitue pas l'essentiel chez Mgr de Laval, tout centré sur la fondation de son Église nouvelle.

Notons, avant de finir, l'aspect suivant : en dépit de cette administration impérialiste des fonctionnaires royaux, la petite société laurentienne tint bon, enracinée qu'elle était dans le climat humaniste de ses premiers trente ans. Très religieux, en dépit de ses réticences à soutenir financièrement son clergé, le peuple de Dieu en Nouvelle-France s'attacha fortement à son nouveau pasteur, car il reconnaissait en lui l'incarnation des valeurs qu'il avait promues et qu'il voulait transmettre à la génération qui montait. Denonville témoigne de cet attachement, lorsqu'il écrit au ministre Seignelay de France, le 11 novembre 1686, afin de demander le retour au pays de Mgr de Laval qui s'était démis de ses fonctions : « Il est certain qu'il y aura de grands ménagements à avoir avec les peuples et qu'il se trouvera bien des difficultés à surmonter pour resserrer les peuples, et sur cela, Monseigneur, je suis obligé de vous dire que M. de Laval, l'ancien évêque, serait ici d'un très grand secours. Il me paraît par toute la colonie qu'il a si fort le cœur de tout le peuple que sa présence serait ici très utile pour persuader avec douceur de faire de bon gré ce que l'on serait obligé de faire par force [10]. » Cette remarque du gouverneur sur les peuples se rapporte à l'afflux d'immigrants, depuis 1665, inadaptés au pays et difficiles à gouverner.

Dans une lettre adressée à son provincial de France le 16 octobre 1659, Jérôme Lalemant qualifie Mgr de Laval « d'homme angélique [11] ». La *Relation* de 1659, elle, parle avec grande louange de cet « Ange

---

9. Cf. Jacques LEMIEUX, « Mgr de Laval et la prière », Pastorale-Québec, vol. 96, n° 8, 7 mai 1984, p. 193.
10. P 405.
11. JRT 1659 v 45, 70.

consolateur envoyé du ciel, de ce bon Pasteur qui vient ramasser le reste du Sang de Jésus-Christ avec un généreux dessein de n'épargner pas le sien [12] ». Qui est François de Laval et quelle fut son œuvre essentielle au pays ? C'est ce que nous verrons maintenant.

II — La formation et l'œuvre de François de Laval

Sa formation : il convient de parler de sa naissance illustre, de sa formation chez les jésuites, de son idéal communautaire et de son esprit missionnaire, enfin de son esprit d'oraison et de sa vie intérieure.

Sa naissance illustre. Né le 30 avril 1623 à Montigny-sur-Avre, il se rattache du côté paternel à une branche cadette des Montmorency, « premiers barons de France ». Les Laval, alliés des Montmorency, avaient vu une de leurs héritières épouser un Montmorency, et transmettre le nom illustre de Laval aux descendants qu'elle eut de lui. Du côté maternel, il était le neveu de l'évêque d'Évreux, François de Péricard, qui le fit chanoine d'Évreux à huit ans ; il avait renoncé à son canonicat, quand son oncle le fit archidiacre du même évêché à douze ans.

Il fit ses études au Collège de La Flèche, où étudièrent et professèrent les plus grands jésuites de la Nouvelle-France. À La Flèche, il est membre de la Congrégation dirigée par le père Jean Bagot, dont l'esprit communautaire et apostolique est remarquable. Puis, il fait sa théologie chez les jésuites du Collège de Clermont, à Paris, collège où sont aussi passés plusieurs des jésuites de la Nouvelle-France.

Pendant ses études de théologie, deux de ses frères meurent à la guerre : il devient héritier du patrimoine familial et refuse d'abandonner sa vocation ecclésiastique. Il restaure les biens de sa famille et retourne à Clermont. Ordonné prêtre le 1er mai 1647 à 24 ans, il est nommé l'abbé François de Montigny-Laval. C'est alors qu'il fait partie, à Paris, d'un groupe fervent de prêtres appelés Les Bons Amis, sous la direction du père Bagot. Ce groupe prolonge l'action des Congrégations mariales des jésuites. On y favorise l'intériorité spirituelle, la vie en commun et les pratiques d'œuvres de charité et d'apostolat. En même temps, l'Abbé de Montigny continue d'administrer son patrimoine.

Archidiacre d'Évreux, il administre économiquement le diocèse et met partout de l'ordre. Or, la Société des Bons Amis s'intéresse aux

---

12. JRT 1659 v 45, 34.

missions étrangères, d'où sortira d'ailleurs la Société des Missions Étrangères de Paris. En 1652, la visite à Paris du père Alexandre de Rhodes[13], jésuite missionnaire en Orient, éveille chez François de Laval l'esprit missionnaire. Le père de Rhodes proposa au groupe un plan pour la création d'évêques *in partibus*, vicaires apostoliques en Cochinchine et au Tonkin, plan accueilli avec enthousiasme par les Bons Amis. Plusieurs s'offrent pour l'Orient et deux d'entre eux sont désignés comme vicaires apostoliques: François de Laval pour le Tonkin et François Pallu pour la Cochinchine. Les deux élus veulent se lier à la Compagnie de Jésus; les jésuites les recommandent au Général. Les deux candidats se rendent à Rome, à l'automne 1653. À cette occasion. l'abbé de Laval renonce à son archidiaconat en faveur d'Henri Boudon. Il devait certes éviter le cumul des bénéfices, mais il est remarquable qu'il l'ait fait avant d'être sûr de sa nomination comme vicaire apostolique du Tonkin. Quant à ses biens familiaux, il semble, d'après Latour, qu'il ait renoncé à son patrimoine en faveur de son frère, parce qu'il avait abandonné la terre domaniale de Montigny. Il montre ainsi son esprit de désappropriation total dont il fera la base de son œuvre plus tard, le Séminaire de Québec.

À Rome, le projet rencontre l'opposition, semble-t-il, du secrétaire de la Propaganda Fide, Massari. Le projet n'est pas abandonné, mais reste en suspens. L'abbé de Montigny-Laval rentre en France.

Sans bénéfice ni responsabilité, il va demeurer à l'Ermitage de Caen de 1654 à 1658, dirigé par son ami Jean de Bernières de Louvigny, laïc tenu pour un très grand spirituel qui préconise la prière, l'oraison, l'esprit intérieur, la mortification, les entretiens spirituels et aussi les œuvres de charité. L'abbé de Laval y développe ses dispositions pour la vie intérieure et son souci missionnaire s'accentue. En même temps, il fait la réforme d'un monastère d'hommes, administre deux communautés de femmes. Il manifeste ainsi son esprit réformateur, tout en faisant preuve d'un sens des affaires remarquable.

C'est là que les jésuites vont lui proposer l'épiscopat de la Nouvelle-France. Il accepte, mais il ne fait aucune démarche pour le faire aboutir, laissant tout à la décision du Roi. Il est sacré évêque le 8 décembre 1658, à l'âge de 36 ans.

---

13. Lucien CAMPEAU. « Le voyage du Père Alexandre de Rhodes en France 1653-1654 ». AHSJ vol. 48, Rome 1979.

Le Séminaire de Québec

Une fois consacré et rendu en Nouvelle-France, Mgr de Laval examine son église de 1659 à 1662. Il fait la visite pastorale en 1660, manifestant déjà son esprit de pauvreté, sa mortification et son âme de pasteur. Il a besoin d'un clergé ; telle est sa conclusion, car les jésuites lui ont remis toutes leurs paroisses, à l'exception du Collège de Québec, se réservant les missions, du consentement de Mgr de Laval ; les sulpiciens se chargent de l'île de Montréal que l'évêque leur confie. Mais il faut un clergé séculier. Mgr de Laval passe en France pour organiser son clergé. C'est la raison essentielle de son voyage de 1662-1663, même si la question de l'eau-de-vie motive aussi le zèle de l'évêque.

Il veut former un clergé diocésain, hors les jésuites et les sulpiciens, une école de formation des clercs selon l'idéal réformateur du Concile de Trente et un Chapitre qui servira de Conseil à l'évêque. Il obtient les lettres patentes du Roi en 1663 et publie le Décret d'érection le 26 mars 1663. Qu'est-ce donc que le Séminaire de Québec ? Comment fait-il revivre au pays l'idéal de vie intérieure, de vie communautaire et d'esprit missionnaire, tout en mettant en œuvre l'esprit de désappropriation qui était celui de Mgr de Laval au cours de sa jeunesse sacerdotale ?

En 1659, la nouvelle Église se situe aux trois postes de Québec, Trois-Rivières et Montréal, comptant environ 2 500 âmes. En 1684, lorsque Mgr de Laval démissionne, la population aura plus que quadruplé ; elle sera aussi dispersée, s'étendant depuis Rivière-du-Loup jusqu'au-delà de Montréal. Les jésuites s'occuperont des missions indiennes et les sulpiciens, de Montréal. Le reste de la population sera confié au Séminaire de Québec.

« Nous avons érigé et érigeons, dès à présent et à perpétuité un séminaire pour servir de clergé à cette nouvelle Église »... tel est le texte essentiel du Décret d'érection [14]. Mais ce qui est neuf, c'est que Mgr de Laval confie l'administration de tous les biens et revenus qui normalement assurent l'entretien du clergé au Séminaire même. C'est un retour radical à l'esprit apostolique de pauvreté. Du même coup, Mgr de Laval apparaît comme un très grand réformateur de la discipline ecclésiastique en matière de bénéfices depuis les premiers siècles du Haut Moyen Âge.

---

14. P 186–190.

Dans un article clair, Lucien Campeau dégage les fondements de la nouvelle institution et sa portée réformatrice non seulement pour le pays, mais pour toute l'Église [15] : « L'un des traits les plus lumineux de la figure de Mgr de Laval, dit-il, est l'amour qu'il a porté à ses prêtres ; et ses prêtres le lui ont rendu en attachement et en vénération. Il n'a pas voulu les soumettre au péril de devenir des mercenaires dans la vigne du Seigneur ; plus encore, afin d'exorciser à jamais la tentation pour quiconque de les plier à ce joug, il a voulu établir dans son Église un ordre où la notion même de bénéfice ne trouverait pas d'application, ou du moins serait inopérante. » Il cite ensuite Mgr de Laval : « Il y a tout lieu d'appréhender que les évêques qui me succéderont ne prennent la meilleure part de ces dîmes pour eux et qu'ils n'en laissent la moindre aux prêtres qui desserviront les paroisses, comme dans la plupart des diocèses de France, où des prêtres n'ont qu'une pension fort modique, ce qui a bien des mauvais effets [16]. » Voilà la cupidité des évêques extirpée à la base pour les siècles à venir !

Cette institution, Mgr de Laval l'a voulue à perpétuité, il le dit expressément. Comment concilier une remarque de l'abbé Auguste Gosselin, son biographe, avec ce désir clair du Fondateur ? « Mgr de Laval était trop sage, écrit l'abbé Gosselin, et trop prévoyant pour croire que son système de cures, établi conformément à l'édit de 1663, pouvait avoir un caractère permanent. » L'Évangile, dans toute sa pureté, son esprit apostolique de pauvreté, ne serait-il que provisoire, répondrions-nous ? Où serait donc l'esprit du Christ envoyant ses apôtres en mission sans bourse, ni besace, ni monnaie, etc. ? L'Église de Mgr de Laval est neuve parce qu'elle est en pur accord avec l'idéal de l'Évangile du Christ et elle se rattache en droite ligne à celle de la primitive Église où les Apôtres, notamment le grand saint Paul, font l'apologie de la pauvreté du missionnaire se donnant sans compter au service de la Parole et de la communauté chrétienne confiée. Et Mgr de Laval confirme encore son plan : « Je trouve les lettres patentes du Roi nécessaires, dit-il, parce que, bien qu'elles ne le soient pas pour l'établissement des autres séminaires de France, par l'avis des avocats, néanmoins elles doivent beaucoup affirmer ce dépouillement que l'évêque fait du droit qu'il a aux dîmes, afin que les évêques qui nous succéderont ne jugent pas que l'évêque seul les ait liés. » Mgr de Laval voulait ainsi fonder légalement une institution novatrice qui pourrait

---

15. Lucien CAMPEAU. « Le Séminaire de Québec dans le plan de Mgr de Laval. » RHAF vol. 17 (1963) 315–324.
16. Lucien CAMPEAU, art. cité, p. 318.

être falsifiée par la suite. Rien de moins provisoire que cette attitude du saint évêque!

Quel exemple donne l'évêque lui-même? Notons d'abord que le bénéfice épiscopal lui-même restait distinct, parce qu'il n'était pas en son pouvoir de le réformer. Mais en plus d'avoir entièrement renoncé aux dîmes et cédé en bonne partie au Séminaire les revenus épiscopaux sous forme de dotation du Chapitre, Mgr de Laval lui abandonna encore ses biens personnels. En pratique, vivant dans la communauté du Séminaire, il ne garda à peu près rien de ses revenus, de telle sorte que le bénéfice épiscopal lui-même fut réuni à l'œuvre du clergé diocésain. Le saint évêque poussa le désintéressement au point qu'il s'interdit à lui-même et interdit à ses successeurs, non seulement tout usage particulier des revenus de son Église, mais encore la faculté d'en aliéner les fonds, même en cas de nécessité, sans le consentement des quatre principaux officiers du Séminaire. Voilà pour l'esprit de désappropriation mené à sa perfection par celui qui en France avait toujours manifesté l'esprit de pauvreté dont le Christ fait la condition essentielle pour entrer dans son Royaume: « Bienheureux les pauvres, car le Royaume des cieux est à eux. »

Du même coup, ayant mis leurs biens en commun comme dans la primitive Église, les prêtres n'avaient tous qu'un cœur et qu'une âme. Mgr de Laval se rappelait-il ainsi le salut en usage dans la Société des Bons Amis, « le *cor unum* et l'*anima una* » qu'ils se redisaient cordialement en se rencontrant? Laissons la parole à Lucien Campeau: « Ce Séminaire, c'est dans la pensée de Mgr de Laval, une école de formation de jeunes clercs, conforme aux décrets du Concile de Trente; mais il contiendra aussi un Chapitre, formé de prêtres de la même institution; et il sera en outre "une continuelle école de vertu et un lieu de réserve" (Décret d'érection) d'où l'évêque tirera des prêtres pour remplir tous les offices du diocèse. En un mot, le Séminaire de Québec, c'est un clergé diocésain complet, avec tous ses degrés, ses institutions et ses fonctions ordinaires, aussi complet que celui des églises épiscopales de l'antiquité. Ce clergé se trouve encore érigé en un véritable institut de vie commune, en une authentique communauté ecclésiastique. Malgré tout, ce n'est ni un ordre, ni une congrégation; ce n'est pas non plus une société de prêtres séculiers réunis en vue d'une mission particulière; c'est et cela demeure le clergé diocésain, appliqué par l'ordination ou l'incardination à tous les besoins du diocèse. Il n'est fait aux prêtres aucune obligation d'y entrer; il n'est demandé à aucun d'abdiquer ses possessions personnelles, bien que plusieurs de ses membres, et l'évêque le premier, l'aient fait spontanément. Cette libéralité est comme une extension de la désappropriation, du dépouillement de l'esprit de propriété, qui est exigée comme une attitude fondamentale à l'égard de tous les revenus du diocèse. Cette communauté met à la disposition de ses membres des moyens de sanctification très efficaces ; elle est une continuelle école de vertu. Mais elle se charge aussi de tous les besoins temporels de tous les associés jusqu'à leur retour en France ou jusqu'à leur mort, selon le cas. Aussi dans ce Séminaire, n'y a-t-il plus de bénéfice individuel.

C'est pourquoi Mgr de Laval ne veut pas entendre parler de curé inamovible. Le curé inamovible, par nature, c'est le curé bénéficiaire, auquel le droit aux revenus de la paroisse ne peut être enlevé que par la mort ou par procès canonique. Ses prêtres à lui seront donc amovibles. Ce n'était pas caprice d'un esprit autoritaire qui entendait jouer avec ses prêtres comme avec les pièces d'un échiquier ; mais la notion même de bénéfice s'opposait à l'idée que le Fondateur se faisait primitivement de son Séminaire. (...) Est-ce à dire qu'évitant l'écueil des bénéfices individuels, le Fondateur créait quand même un gros bénéficiaire collectif dans le Séminaire ? Quand cela serait, ce n'eût été qu'un moindre mal, car le Séminaire était le clergé même qui remplissait tous les ministères du diocèse. Mais Mgr de Laval évitait encore cet inconvénient en disposant à l'avance des surplus de l'institution, qu'il affecta à la construction des églises, fardeau normal des fabriques, non des curés, et aux diverses œuvres qu'il faut développer dans un diocèse. Ainsi était-il assuré que tous les biens et tous les revenus du clergé seraient intégralement employés à l'avantage commun du diocèse, sans procurer l'enrichissement ni d'un individu, ni d'une collectivité[17]. »

Son premier biographe, Latour, témoigne de cet esprit communautaire : « Rien ne représente mieux la primitive Église, écrit-il, que la vie de ce petit clergé. Ils n'étaient tous qu'un cœur et qu'une âme sous la conduite de Monsieur de Laval et ne faisaient qu'une famille dont il était le père. (...) Il voulut que tout le clergé ne fît qu'une famille, que la maison de l'évêque fût la maison commune de tous les ecclésiastiques et le centre de tout le temporel comme du spirituel. (...) Jamais évêque n'a plus aimé son clergé et n'en a été plus tendrement aimé que Monsieur de Laval. La joie éclatait sur son visage lorsque ses curés venaient loger chez lui avec la confiance d'un enfant qui entre dans la maison paternelle. Il voyait ces hommes que le climat et le travail avaient exténués et qui portaient sur leurs visages le témoignage écrit de leur zèle, il courait à eux, il les embrassait et les comblait de caresses,

---

17. Lucien CAMPEAU, art. cité, p. 320-321.

entrait dans le plus menu détail de leurs peines et s'épuisait pour les soulager dans leurs besoins [18]. »

Bertrand de Latour enchaîne sur les consultations fréquentes que Mgr de Laval faisait auprès de son clergé : « Croirait-on que par tous ces arrangements, Monsieur de Laval avait en vue de consulter son clergé et de n'agir que de concert avec lui, quoique par ses lumières supérieures, son expérience, ses travaux, ses vertus, sa naissance, sa dignité, il fût un oracle dont tout le clergé respectait les vues ? Jamais personne ne s'est plus défié de lui-même ni n'a demandé avec plus d'humilité ni suivi avec plus de docilité les avis de ses inférieurs et de ses disciples. (...) Il avait des assemblées fréquentes avec ses grands-vicaires, les principaux de son Chapitre, les supérieurs des communautés et les religieux distingués par le mérite et la vertu. Point d'affaire importante qu'il n'y proposât. Dans toutes celles des paroisses, les pasteurs étaient principalement consultés ; il les appelait ou leur écrivait exactement avant que de rien faire chez eux ou de rien accorder à leurs paroissiens. C'était moins un supérieur qu'un confrère qui cherchait le bien avec eux et ne le cherchait que dans la vue du bien même. Ils tiennent chaque semaine des congrégations où se traitent toutes les affaires ; c'est ce que l'Église observe dans les conciles et le Pape dans le Sacré Collège. Aussi jamais prélat ne fut ni mieux obéi ni mieux secondé que M. de Laval, parce que bien loin d'avoir cette jalousie de métier qui veut tout faire, qui craint le mérite, qui ne goûte que le despotisme, jamais prélat ne témoigna à ses inférieurs plus d'estime et plus de confiance, ne chercha plus à faire valoir leur zèle et leurs talents, n'eut moins envie de commander et ne commanda moins en effet [19]. » Puis le biographe se réfère à l'exemple du Christ lui-même qui s'est fait serviteur beaucoup plus que Maître dans sa conduite avec les apôtres.

L'auteur ne manque pas cependant, plus loin, de présenter clairement les règlements du Séminaire, lesquels donnaient vraiment le visage d'une Église primitive à tout le diocèse. Il résume en huit points, ainsi : « 1) Tous les ecclésiastiques seront soumis à la conduite du supérieur du Séminaire sous la conduite de l'évêque ; 2) ils ne se regarderont pas comme propriétaires de ce qui leur sera assigné pour leur subsistance, mais afin de pratiquer le détachement, ils rendront compte tous les ans de leur temporel ; 3) ils mèneront une vie si pure qu'on n'ait pas sujet de les retrancher d'un corps dont ils sont comme les membres ; 4) pour entretenir leur ferveur, ils viendront tous les ans

---
18. P 739-743.
19. P 743-744.

faire une retraite au Séminaire, qui pendant ce temps-là fera desservir leurs paroisses ; 5) le Séminaire les regardera comme les enfants de la maison ; ils y seront reçus et traités avec charité quand ils viendront à Québec pour maladie ou affaires nécessaires ; 6) on pourvoira à leurs besoins en santé et en maladie, et l'entretien sera uniforme pour tous les ecclésiastiques, de quelque rang qu'ils soient ; 7) pour les soutenir et les consoler dans l'éloignement, on entretiendra avec eux une parfaite correspondance de charité ; 8) si l'âge, les travaux, les infirmités, les rendent invalides, ils trouveront un asile dans le Séminaire jusqu'à la mort, après laquelle on fera pour eux les prières communes [20]. » Voilà pour cette œuvre admirable et unique dans l'Église !

Il conviendrait ici de rappeler que le Séminaire est dédié à la sainte Famille dont le culte liturgique fut introduit en primeur dans l'Église à Québec par Mgr de Laval [21] le 4 novembre 1684. Auparavant, il avait promulgué le Décret d'approbation [22] de l'Association de la sainte Famille, dont l'origine remonte à 1663 par Madame D'Ailleboust et le père Chaumonot. Il en écrivit aussi les Constitutions [23], qui montrent bien cet esprit de famille qui régnait à la maison, cette Église domestique, dans la paroisse et dans tout le diocèse que Mgr de Laval considérait comme une grande famille.

En conséquence, il est intéressant de souligner que Mgr de Laval ne veut pas donner le titre de curé à ses prêtres, mais bien de « missionnaires » et celui de « mission » à la paroisse confiée. Ceci montre l'esprit missionnaire qui animait ces premiers apôtres de notre Église, esprit du Christ envoyant ses disciples en mission, leur enjoignant le dépouillement et la disposition d'humble serviteur de la Parole, en son Nom. Le Séminaire de Québec est d'ailleurs rattaché à la Société des Missions Étrangères de Paris, en 1665, par Mgr de Laval, société à laquelle il fait la cession presque trop complète de toute l'institution.

Le lecteur pourrait être désireux de connaître ces premiers missionnaires qui vivent de l'esprit donné par Mgr de Laval à son Église, esprit de l'Église primitive, édifiée sur les deux pôles de la communion et de la mission. Disons, d'abord, que de tous les lieux qui dépendaient du Séminaire, la paroisse de Québec exceptée, celui qui comptait le plus fort groupe de chrétiens, en 1683, était Charlesbourg, avec 397 âmes. On comptait en tout 69 localités habitées, de Rivière-du-Loup jusqu'à

---

20. P 785.
21. P 229.
22. P 224-225.
23. P 225-229.

l'île Jésus, et leur population moyenne était de 95 âmes. Certaines n'avaient que quatre et même qu'un seul habitant. Quinze missionnaires desservaient ce territoire comme suit, en 1683 :
Monsieur Soumande, canadien, de Sainte-Anne à Baie-St-Paul ;
M. Gauthier, Français, Château Richer — L'Ange Gardien ;
M. Lamy, Français, Saint-François — Sainte-Famille de l'île d'Orléans ;
M. Francheville, Canadien, Saint-Pierre, Saint-Jean, Saint-Paul ;
M. Martin, Canadien, Beauport, Notre-Dame des-Anges, Charlesbourg ;
M. Morel, Français, de Rivière-du-Loup à Saint-Thomas de Montmagny ;
M. Volant de Saint-Claude, Canadien, de Berthier-en-bas jusqu'à Lotbinière, résidence à Lauzon ;
M. Henri de Bernières, à Québec ;
Les jésuites à Sainte-Foy, à Sillery et à Lorette ;
M. Pinguet, Canadien, de Neuville à Deschambault ;
M. Vachon, Canadien, de Batiscan à Grondines ;
M. Dupré, Français, à Champlain, Marsolet, Gentilly, sur les deux rives du fleuve ;
M. Bruslon, Français, Cap-de-la-Madeleine et les seigneuries d'en face, de Bécancour à Nicolet, avec aussi Trois-Rivières ;
M. Volant, Canadien, Louiseville, Berthier, Autray, Saint-François-du-Lac, Sorel ;
M. Basset, Français, Saint-Sulpice, Repentigny jusqu'à l'île Jésus ;
M. de Caumont, Français, Varennes, Boucherville, Tremblay et Longueuil.

La création des paroisses avait eu lieu surtout de 1667 à 1681. On sait que la pacification des Iroquois avait ouvert la possibilité de défricher sur les deux rives du fleuve. L'abondance des immigrants arrivés entre 1662 et 1672 avait fourni le fonds de la population. En 1666, Talon fonde Charlesbourg ; l'île d'Orléans et Lauzon se peuplent à cette époque, en même temps que les bourgs principaux accroissent naturellement leur population. En 1667, la population est de 4 000 personnes environ, alors qu'elle était de 3 100 en 1663. C'est plutôt de 1668 à 1684 que la colonie prend de l'extension. La population passe de 4 000 à 10 000 de 1667 à 1681. La moitié de ce 10 000 représente les naissances arrivées au pays, ce qui ne laisse pas une grande part à l'immigration de ces mêmes années, même si on a fait grand état de la politique de peuplement de Talon et Colbert de 1667 à 1671. On y fit venir les « filles à marier », bien que cela ait été pratiqué déjà sous les Cent-Associés, ce qu'on verra dans le tableau suivant : 1658-59 : 53 filles à marier ; 1662 : 41 ; 1663 : 38 ; 1664 : 24 ; 1665 : 88 ; 1666 : 21 ;

1667 : 109, dont 20 pupilles du roi pour favoriser les mariages des officiers ; 1668 : 75 filles ; 1669 : 135 ; 1670 : nombre incertain, autour de 135 ; 1671 : 123 ; en 1672, on cesse l'immigration féminine et le dernier convoi arrive en 1673 avec environ de 40 à 50 nouvelles venues [24].

En 1672, on commence à créer des seigneuries. C'est à cette époque surtout que commença l'ouverture des paroisses qui prévalurent par la suite sur les seigneuries. Tel est le développement du peuple de Dieu en Nouvelle-France, peuple qui est gratifié de missionnaires sous la conduite d'un évêque digne de la primitive Église, au dire d'un des plus illustres habitants, Pierre Boucher qui écrit déjà, en 1663, quatre ans après l'arrivée de Mgr de Laval au pays : « Pour le spirituel, l'on ne peut rien désirer de plus. Nous avons un évêque dont le zèle et la vertu sont au delà de ce que j'en puis dire. Il est tout à tous, il se fait pauvre pour enrichir les pauvres et ressemble aux évêques de la primitive Église. Il est assisté de plusieurs prêtres séculiers, gens de grande vertu, car il n'en peut souffrir d'autres. Les pères jésuites secondent ses desseins, travaillant dans leur zèle ordinaire infatigablement pour le salut des Français et des sauvages [25]. »

Obstacles : gouverneurs et officiers royaux

Les gouverneurs et officiers royaux ne pouvaient souffrir une telle différence entre l'organisation ecclésiastique canadienne et celle de France. Mésy, nous l'avons vu, en querelle contre l'évêque, avait soulevé les passions à propos des dîmes que les habitants n'étaient pas habitués de payer, les jésuites ayant financé les débuts de l'Église grâce à la générosité de la Compagnie de Jésus et à celle de la France religieuse.

Frontenac, irrité de l'union du clergé, multiplia les attaques, incitant Colbert à forcer la main de l'évêque pour établir des cures fixes sur le modèle français. Colbert, voyant s'échapper de ses mains la question de l'eau-de-vie réglée en 1679 par l'édit royal, sauta sur cette arme afin de contrecarrer l'action de Mgr de Laval, et l'obliger à établir des cures fixes avec bénéfices.

La véritable nécessité où se trouvait Mgr de Laval, c'était l'impossibilité de trouver des revenus suffisants pour établir des bénéfices, ce

---

24. Cf. Lucien CAMPEAU. *Chronique du peuplement du Saint-Laurent 1632–1681,* ouvrage cité.
25. Pierre BOUCHER. *Histoire véritable et naturelle des mœurs et productions du pays de la Nouvelle-France.* Paris, 1664. Extrait de la Préface.

qui l'avait incité auparavant à créer l'organisation financière du Séminaire.

Après beaucoup d'enquêtes et de tractations, Mgr de Laval s'exécuta pour un certain nombre de paroisses, neuf en tout, où il créa des cures fixes avec bénéfices curiaux réguliers, mais les prêtres invités par Mgr de Laval consentirent librement à remettre leurs revenus au Séminaire, ce qui sauva le principe initial de Mgr de Laval.

Mais ni Colbert ni même le Roi n'avaient affaire en cette question qui relevait uniquement de l'Église. Mgr de Laval n'aurait pas dû céder, car il avait trouvé le moyen de financer son Église par l'institution du Séminaire. À partir du moment où il créa des cures fixes, les bénéfices insuffisants obligèrent le Roi à fournir annuellement 8 000 livres pour combler le déficit des revenus des curés. Cependant, l'association libre des curés avec le Séminaire préserva l'essentiel. Cette forme d'union libre des cures, inaugurée en 1678, subsista jusqu'en 1692, où Mgr de Saint-Vallier, s'alliant avec Frontenac, réussit à disloquer l'institution, à la grande douleur du clergé canadien.

Mais pourquoi donc le Roi, si respectueux à l'endroit de Mgr de Laval, intervint-il dans la question des cures fixes au pays? Dans l'intention de procurer la sécurité aux prêtres des paroisses de France, il avait ordonné de n'y établir que des curés bénéficiaires ou des vicaires que soutenait une portion congrue du bénéfice. Or, en Nouvelle-France, les édits royaux en ce sens ne s'appliquaient pas, car les prêtres étaient assurés de leur subsistance jusqu'à la mort par le Séminaire. Mais Frontenac, qui avait juré de détruire l'œuvre de Mgr de Laval, ne considérait comme curé fixe que celui qui avait rompu tout lien avec le Séminaire. Il travailla dans ce sens auprès de Colbert, lequel se servit de l'édit du Roi pour les prêtres français en vue de contraindre Mgr de Laval à agir de même au pays.

Réflexions

Les jésuites canadiens des origines avaient déjà marqué la nouvelle Église de ses traits communautaires, pastoraux et missionnaires. Mgr de Laval, qui avait sans doute lu les *Relations*, avait pu s'en inspirer, car il avait reçu la même formation qu'eux. Mais la nouveauté vient du fait que Mgr de Laval a inscrit ces traits dans des structures d'Église comme celles du Séminaire de Québec et des paroisses. Mais il l'a fait en insufflant à ces structures un souffle nouveau, celui même de l'Évangile du Christ. Ainsi, Mgr de Laval se montre un audacieux fondateur pour l'Église du Canada et un réformateur radical pour l'Église de France, voire pour l'Église entière. Il est de ces rares ecclésiastiques pour qui l'application des Béatitudes du Christ est réalisable dans le cours ordinaire de la vie politique et la vie de l'Église. Il faut, non pas mettre en doute l'idée de pérennité des institutions de Mgr de Laval, mais bien au contraire réfléchir sur l'audace de sa conception d'une Église purement selon l'idéal de l'Église primitive. Il est certes le disciple de ses maîtres les jésuites, mais il va beaucoup plus loin qu'eux encore, revêtu qu'il est de l'autorité épiscopale.

Son Église de Nouvelle-France est toute remplie de l'esprit de communion et de mission de la primitive Église du Christ, parce que le fondement est la désappropriation radicale par la mise en commun des biens matériels, réalisant ainsi l'idéal des premières communautés chrétiennes qui n'avaient qu'un cœur et qu'une âme dans la prière, la charité fraternelle, le partage de la parole et la fraction du pain. Telle est la nature profonde de la communauté ecclésiale où le pouvoir religieux est au service de la communauté fondée sur la miséricorde, la rémission des péchés et l'Eucharistie qui scelle la communion en vue de la mission.

Ainsi, l'Église fondée par Mgr de Laval prend-elle appui sur le Christ envoyant ses apôtres en mission, en vue de se mettre totalement au service du plan de Dieu, qui établit la nouvelle Église par les missions du Fils et de l'Esprit sur cette terre appelée à devenir une terre sainte, où vivrait une famille de saints, la famille de Dieu sur terre. Cette idée de famille était très forte chez Mgr de Laval, non par hasard ! S'il fut un gouvernement collégial avant la lettre de Vatican II, ce fut bien celui de Mgr de Laval !

Cette Église du Christ dont le siège universel est à Rome se développa au 17e siècle, où une aventure d'expansion politique en permit le développement, comme à l'origine l'Église s'était répandue dans le monde méditerranéen grâce à l'extension de l'Empire romain. L'Église de Rome « qui préside à la charité », comme le dit Ignace d'Antioche aux Romains, devait aussi présider « dans la charité » à la fondation de l'Église de Nouvelle-France, où Mgr de Laval, successeur des Apôtres, désirait vivement établir son Église en communion avec l'évêque de Rome, le pape.

III — *En communion avec Rome*

L'institution du Séminaire de Québec et l'établissement d'un évêché en Nouvelle-France sont sans doute les deux œuvres essentielles de Mgr de Laval. Il compléta la première après avoir institué le petit séminaire de Québec en 1668 et créé le Chapitre de Québec en 1684, tout juste avant de partir pour la France en vue de remettre sa démission au Roi comme évêque de Québec.

L'établissement de l'Église de Nouvelle-France selon sa forme définitive du premier évêché en Amérique du Nord fut longue, pénible, et nécessita des démarches suivies de 1659 à 1674 de la part de Mgr de Laval. Son titre initial de vicaire apostolique suscitait des réactions peu favorables de la part des fonctionnaires royaux comme du peuple. Marie de l'Incarnation traduit bien le climat qui régnait sur le sujet, à Québec: « Monseigneur notre Prélat, dit-elle, aura l'inspection sur tout cela (Montréal) quoiqu'il ne soit ici que sous le titre d'évêque de Pétrée et non pas de Québec ou de Canada. Ce titre a bien fait parler du monde. Mais cela s'est fait de la sorte au sujet d'un différend qui est entre la Cour de Rome et celle de France. Le Roi veut que l'évêque de Canada dépende de lui et lui prête serment de fidélité comme les autres de France et le Saint-Père prétend avoir quelque droit particulier dans les nations étrangères. C'est pour cela qu'il nous a envoyé un évêque, non comme évêque du pays, mais comme commissaire apostolique, sous le titre étranger d'évêque de Pétrée [26]. »

Le problème éclate dans toute son ampleur dans un texte écrit par Mgr de Laval lui-même au Pape Clément X, en 1672: « J'ai appris, dit-il, par une longue expérience combien la condition de vicaire apostolique est peu assurée contre ceux qui sont chargés des affaires politiques, je veux dire des officiers de la cour, émules perpétuels et contempteurs de la puissance ecclésiastique, qui n'ont rien de plus ordinaire que d'objecter que l'autorité du vicaire apostolique est douteuse et doit être restreinte dans certaines limites [27]. »

Si l'on examine les 46 lettres et les 4 relations écrites par Mgr de Laval au Saint Siège et à la Propaganda Fide en 25 ans, nous remarquons tout de suite que seulement neuf lettres ont été écrites au Vatican après 1674, date de l'établissement de l'évêché de Québec. L'ensemble de la correspondance de Mgr de Laval avec Rome se situe donc dans la période de son vicariat apostolique, de 1659 à 1674. À cette époque, Mgr de Laval s'appuie sur Rome, car il détient alors son autorité de la Cour de Rome. Mais après cette date, sa correspondance sur les affaires de l'Église du Canada suivra la voie diplomatique française, soit le Roi ou le Nonce apostolique de Paris. Il

---

26. OURY, *Correspondance*, 614. Lettre à son fils, septembre-octobre 1659.
27. P 125.

est donc clair qu'après 1674, le diocèse de Québec est un diocèse français d'esprit gallican.

L'ultramontanisme du 19ᵉ siècle a eu tendance à considérer le gallicanisme du grand siècle comme hérésie; c'est exagéré, car les gallicans ont aussi une intelligence catholique de l'Église. Il faut se rappeler que le Roi a comme premier devoir la protection de l'Église, ce que lui confère son sacre, de caractère fondamentalement religieux. Le Roi, ne l'oublions pas, reçoit son autorité de Dieu aussi bien que les évêques du pays.

D'ailleurs, la correspondance de Mgr de Laval avec les papes Alexandre VII (1659-1667), Clément IX (1667-1670) et Clément X (1670-1677) a pour but de démontrer au Saint Siège que l'état du diocèse de Nouvelle-France est tel que la création d'un évêché en bonne et due forme s'impose. Dix-huit lettres sont écrites aux papes, huit à des cardinaux romains et le reste à la Congrégation de la Propagande. L'ensemble manifeste sans doute la vie apostolique du prélat, le caractère de son ministère, son zèle pastoral et l'état de l'Église naissante du Canada, mais surtout la correspondance avec le Vatican vise à demander l'établissement d'un évêché à Québec.

Le 19 juin 1659, Mgr de Laval arrive à Québec et dès le 31 juillet de la même année, il écrit une lettre au Pape Alexandre VII pour lui rendre compte de l'état de son Église, ce qu'il développe longuement dans une relation[28] qu'il écrit au même pape en octobre de la même année. Si l'on y regarde de près, on y remarque des données fort intéressantes sur la nouvelle Église du Canada, mais la demande du vicaire apostolique est claire: il termine sa relation en demandant qu'on évince l'archevêque de Rouen qui soutient les prétentions de M. de Queylus, tout en suggérant discrètement que la création d'un évêché s'impose. Déjà Mgr de Laval entreprend des démarches pour son projet qui aboutira seulement en 1674.

Peu de mois après, le Roi, sans doute informé des désirs du nouvel évêque, lui écrit le 13 mars 1660: « Ayant été informé que depuis votre arrivée en la Nouvelle-France, vous avez agi avec tant de zèle et de piété dans la mission qui vous a été donnée par Notre Saint-Père le Pape, que non seulement les chrétiens qui habitent le pays en ont beaucoup d'édification, mais encore que vous avez travaillé avec efficace à la propagation de la foi, j'en ai une particulière satisfaction, dont j'ai bien voulu vous donner avis par cette lettre et vous dire que lorsqu'il y aura lieu de faire ériger un évêché au dit pays, j'en ferai

---

28. P 74-77; 79-89.

volontiers instance à Notre Saint-Père le Pape, et vous nommerai ensuite à Sa Sainteté pour en être pourvu, vous assurant que je serai bien aise de vous donner dans toutes les occasions qui s'en pourront offrir, des témoignages de l'estime que je fais de votre personne. Et sur ce, je prie Dieu qu'il vous ait, Monsieur l'Évêque de Pétrée, en sa sainte garde [29]. »

Et le même 13 mars 1660, il écrit au gouverneur D'Argenson, au sujet des prétentions à l'épiscopat de Nouvelle-France de Monsieur de Queylus : « Depuis que le sieur Évêque de Pétrée a été envoyé en Nouvelle-France pour y faire ses fonctions épiscopales, j'ai eu avis qu'il y a des personnes qui essayent par divers moyens d'y introduire quelque schisme et d'y établir une autorité indépendante de celle du dit sieur Évêque. Et voulant empêcher une chose qui pourrait non seulement apporter beaucoup de désordre et de confusion dans l'Église du dit pays, mais encore un très grand préjudice à la propagation de la foi, je vous fais cette lettre pour vous dire que vous ayez à favoriser l'établissement et le maintien de l'autorité ecclésiastique du dit Évêque de Pétrée en tous les lieux où votre pouvoir s'étend, conformément à la mission qu'il a reçue de Notre Saint-Père le Pape, et que vous empêchiez qu'il ne soit rien fait qui y puisse être contraire ni à la bonne union qui doit être dans la dite Église sous la dépendance du dit Évêque, lequel en a été établi le chef à mon instance par Sa Sainteté, vous assurant que, comme c'est une chose qui regarde la gloire de Dieu, les soins que vous en prendrez me seront très agréables. (...) [30] »

Ces deux lettres du Roi font voir quelles sont les relations entre la Cour de Rome et la Cour de France, comment le Roi est chargé premièrement de la protection des droits de l'Église et comment il entend établir l'Église de Nouvelle-France sous l'autorité du Pape lui-même, « à son instance », ne manque-t-il pas de souligner. Le Roi use pleinement de ses droits dans un pays où l'Église est gallicane, il ne faut pas l'oublier. Et nous voyons aussi que Mgr de Laval est soumis au Roi dans les choses temporelles, car le pouvoir royal vient de Dieu.

Et nous en arrivons à la question délicate des rapports de Monsieur de Queylus, sulpicien, avec Mgr de Laval. Le problème de fond vient que les religieux, en l'occurrence les jésuites, avaient des facultés qui leur facilitaient l'entrée dans les pays de mission, alors que les séculiers, pour le cas les sulpiciens arrivés au pays en 1657, n'avaient pas de juridiction. Nous avons parlé des tentatives pour faire nommer

---
29. P 143.
30. P 142.

M. le Gauffre, puis un des trois jésuites proposés, Charles Lalemant, Paul Le Jeune et Paul Ragueneau. Le tout échoua. Monsieur de Queylus, en 1658, envoie deux hospitalières de Québec à Montréal, probablement dans l'intention de conserver, au moins pour Montréal, la juridiction de Rouen. On sait que l'archevêque de Rouen, faute d'autre autorité épiscopale, avait conservé celle que la profession des hospitalières de Québec lui donnait sur elles depuis 1639. En 1647, les jésuites, ne pouvant obtenir de Rome les pouvoirs nécessaires à la profession de deux ursulines, avaient offert au primat de Normandie de reconnaître de fait son autorité sur la Nouvelle-France. C'est ce qui avait eu lieu, et Rome, même informée, n'éleva aucune protestation. Une coutume était en voie d'être établie, dont les canonistes reconnaissaient la fermeté après dix ans d'exercice paisible. Et le début de la coutume pouvait à juste titre être rapporté à 1639. La reconnaissance en fut rendue publique le 15 août 1653.

Rome ne s'avisa qu'en décembre 1658 de récuser la juridiction de Rouen sur la Nouvelle-France. Le motif en fut purement accidentel et politique. Mais la récusation avait de sérieux et funestes effets pour l'Église de Nouvelle-France. Les principaux étaient de rendre douteux, non du point de vue canonique, mais de celui du droit français, tous les mariages célébrés dans la colonie par les jésuites depuis 1639. Plus gravement encore, elle invalidait radicalement les professions religieuses faites à Québec depuis 1648. La juridiction de l'archevêque de Rouen ne s'opposait pas du tout à la création d'un diocèse de Nouvelle-France, quand le Roi le jugerait bon. Elle entraînait seulement comme conséquence naturelle que Québec serait suffragant de Rouen. Le prélat normand ne trouva aucune difficulté ni en 1646, ni en 1651, ni en 1657, aux propositions de créer un évêque de Québec. En cette dernière année, M. de Queylus, frustré de l'épiscopat, demanda à Rouen la juridiction pour lui-même et pour ses compagnons sulpiciens. Entre temps, toutefois, si la requête proposant François de Laval avait été exaucée telle quelle, il n'est pas douteux que M. de Queylus se fût soumis à l'autorité du nouvel élu. L'archevêque, d'autre part, n'aurait pu faire aucune opposition, sa qualité de métropolitain ayant été reconnue.

C'est l'offre par la Propagande de créer un vicaire apostolique plutôt qu'un évêque qui fit surgir toute la difficulté. Elle fut inspirée par des considérations étrangères aux besoins de la France et de la Nouvelle-France. Anne d'Autriche, pressée par les missionnaires, se crut obligée d'accepter. Mais un tel vicaire apostolique, aux yeux de Rouen, c'était un délégué direct du pape auquel on confiait le gouvernement d'une partie de l'archidiocèse. Ce qui était tout à fait contraire aux principes de l'Église gallicane, que Rome évitait d'ordinaire de contredire sans les admettre. Mgr Harlay de Champvallon fit manquer la consécration de François de Laval le 4 octobre 1658. Le vicaire apostolique dut être sacré clandestinement par le Nonce à Saint-Germain-des-Prés, le 8 décembre suivant. Apprenant cette opposition de Rouen, la Propagande adopta alors comme principe que la Nouvelle-France n'avait jamais été sous la juridiction de Rouen. Elle n'en démordra plus et l'archevêché de Rouen y perdra sa qualité de métropole. Le tort de M. de Queylus fut de jouer sur cette querelle pour se créer une situation avantageuse au pays. La résolution de Louis XIV de le rapatrier en 1661 va lui faire échec. Mais le vicariat apostolique, ignoré par le droit français, sera un prétexte commode pour les autres adversaires du prélat. Ce qui explique les efforts de ce dernier pour transformer cette délégation pontificale en titre d'évêque ordinaire et de plein droit reconnu.

Le retour de M. de Queylus en France était un dur coup pour Montréal et les sulpiciens, parce que sa fortune et sa générosité se révélaient nécessaires au développement de Montréal. Jean Talon et Colbert vont persuader Louis XIV d'inviter Queylus à revenir à Montréal avec d'autres sulpiciens. Mgr de Laval, apprenant la volonté du Roi conquis aux propositions de Colbert, ne pourra refuser. Il recevra même M. de Queylus avec honneur et fera de lui son vicaire général en 1668, année du retour. Cependant, de 1661 à 1668, il est compréhensible que Mgr de Laval se soit montré réticent à donner sa confiance aux sulpiciens. Il savait que Talon et Colbert les courtisaient en vue de faire appuyer leur politique pour la vente de l'eau-de-vie ; mais les sulpiciens ne répondirent pas aux avances de Talon et de Colbert. À partir de 1668, Mgr de Laval redonnera sa pleine confiance aux sulpiciens, dont il parlera avec éloge en écrivant à l'Abbé Dudouyt à Paris, en 1682 : « Nous conservons toujours une grande union avec le Séminaire de Montréal rempli de bons et vertueux ecclésiastiques [31]. » Dans ce fait se révèle un trait de la personnalité de Mgr de Laval : quand il a été trompé, il est long à redonner sa confiance ; cependant, s'il le fait, c'est pour toujours, et il le fait magnifiquement.

Dans l'affaire Queylus, Mgr de Laval avait pris fermement appui sur Rome, afin d'évincer l'archevêque de Rouen qui tentait de faire main mise sur Montréal en soutenant Queylus. D'esprit gallican, le Roi approuva momentanément l'archevêque, mail il confirma par la suite

---

31. P 373.

Mgr de Laval dans son autorité. Cependant, quand Mgr de Laval demandera au Vatican d'ériger un évêché en pleine et due forme, l'obstination du Roi à rattacher l'Église de Québec à l'archevêché de Rouen fera traîner les négociations à l'extrême. Finalement, le Roi s'inclina et Mgr de Laval put obtenir du pape ses Bulles le 1er octobre 1674. Le 20 avril 1675, il prêta serment de fidélité au Roi et devint évêque en titre de Québec.

C'est en 1671 que Mgr de Laval partit pour la France afin de réaliser le projet dont il avait parlé au pape dès 1659. Il dut séjourner en France jusqu'en 1675 pour avoir gain de cause. Non seulement les difficultés diplomatiques entre Paris et Rome retardèrent-elles la création de l'évêché, mais la pauvreté du prélat fut aussi cause de retard. Mgr de Laval écrivit des lettres au Vatican et au Nonce de Paris afin d'obtenir ses Bulles, même s'il ne pouvait payer. À la Chancellerie de Rome, on l'accusa d'avoir dilapidé ses biens : « À quoi donc s'est-il appauvri sinon à soutenir son Église, les prêtres, les pauvres, qui sont ses enfants, à bâtir des églises, à enrichir les hôpitaux, à faire des fondations : voilà les péchés de cet évêque et qui l'a mis hors d'état de contenter la convoitise de la Chancellerie. C'est ce qui le rend coupable à ce tribunal mais c'est ce qui sera quelque jour canonisé au tribunal de la Congrégation dei Riti [32]. » Ainsi le prêtre Gazil écrit-il à son ami Pallu déjà proposé en 1653 comme vicaire apostolique de Cochinchine.

Pendant son séjour à Paris, Mgr de Laval vivait au Séminaire des Missions Étrangères, où les prêtres, bien connus de lui, le soutenaient dans son projet de création d'un évêché en Nouvelle-France. Fortement gallicans, Gazil et Pallu se révèlent ainsi dans une lettre que Gazil adresse à Pallu, le 13 juillet 1674 : « Monsieur de Québec est en peine comment on aura dressé la bulle et quels termes on aura usé pour exprimer les libertés de l'Église gallicane ou sous quelles équivoques on les aura fait passer [33]. » Le 26 juillet de la même année, Gazil écrit encore à son ami : « On n'a rien fait dans l'affaire de Québec qui empêche que l'Église canadienne se maintienne dans le droit commun de l'Église gallicane. Monsieur de Québec est venu armé de vos lettres pour se plaindre que j'avais négligé les privilèges de l'Église gallicane et que l'on vous en fait reproche. Il est à propos que vous soyez informé que l'on ne peut être accusé d'avoir rien fait qui soit contraire aux avantages de notre liberté française [34]. »

---

32. P 345.
33. P 339.
34. P 341.

Il est donc clair que Mgr de Laval, tout en prenant appui sur Rome comme vicaire apostolique, entend bien établir un diocèse français au pays. En cela, il se montre bien homme d'Église de son temps, soucieux du contexte juridique, même s'il fut réformateur pour son œuvre du Séminaire de Québec.

On peut donc distinguer deux étapes très nettes dans le gouvernement épiscopal de Mgr de Laval : celle de vicaire apostolique de 1659 à 1674, et celle d'évêque de Québec de 1674 à 1688. La différence est marquée non seulement au point de vue juridique, mais aussi pour l'œuvre accomplie. À la première étape, il se montre réformateur et rencontre de sérieuses difficultés : M. de Queylus conteste sa juridiction papale et les fonctionnaires royaux acceptent mal son autorité de vicaire apostolique. Mais au cours de la deuxième période, il est plus affermi quant à son autorité. Il en profite pour consolider son œuvre, le Séminaire de Québec et les paroisses.

Évêque français bien de son temps du point de vue juridique, c'est comme vicaire apostolique surtout qu'il se référa à Rome. Jean-Paul II n'a pas manqué de le souligner discrètement, l'an dernier, à Québec : « Vicaire apostolique, il était soucieux de bien relier avec le Siège apostolique de Rome la communauté chrétienne alors naissante, dont le rayonnement allait s'étendre dans la majeure partie de l'Amérique du Nord. Il connut la joie de fonder un diocèse de plein droit, renforçant ses liens confiants avec le pape. Il voulut établir fermement l'Église en ce nouveau pays en communion avec l'évêque de Rome. »

IV — Relations pastorales de Mgr de Laval

Après avoir présenté les relations de Mgr de Laval avec les chefs politiques et religieux de même qu'avec ses prêtres, il convient maintenant d'étudier brièvement ses rapports avec les collaborateurs et collaboratrices de son diocèse, ainsi qu'avec le peuple de Dieu en Nouvelle-France.

Les jésuites

Le nouvel évêque a toujours montré une confiance quasi absolue aux jésuites, ses anciens maîtres et prédécesseurs dans la fondation de l'Église du Canada. Cependant, il leur a demandé de grands sacrifices : il leur a imposé le fardeau de donner les classes de philosophie et de théologie du Séminaire, au collège de Québec ; il les a empêchés de recruter des vocations pour eux-mêmes ; il leur a enlevé leurs meilleurs pensionnaires pour former le petit Séminaire ; et plus tard, il leur fera accepter de sacrifier leur mission des Tamarois. Malgré cela, les jésuites, qui l'avaient proposé pour l'évêché de Nouvelle-France, lui montreront toujours grand respect et attachement. Mgr de Laval ne manquera pas d'occasions pour souligner le mérite des jésuites dans la formation de l'Église canadienne.

Société des Missions Étrangères de Paris

Peu sûr de lui-même, Mgr de Laval fait grandement confiance à ses collaborateurs, particulièrement à ses amis les prêtres séculiers du Séminaire, qu'il choisit d'ailleurs avec grand soin. La cession de son Séminaire aux prêtres des Missions Étrangères de Paris en 1665 est une preuve de cette confiance presque excessive qu'il fait aux autres. Son Séminaire est un clergé diocésain, alors que la Société des Missions Étrangères de Paris est une société de prêtres missionnaires voués au monde entier. Mgr de Laval en espérait des prêtres pour son diocèse, mais en réalité, seulement quelques-uns furent assignés à Québec, car la S.M.E. s'intéressait plutôt aux missions des Indes orientales. Cependant, au temps de Mgr de Saint-Vallier, cette association servira assez bien le nouveau diocèse de Nouvelle-France. D'autre part, cette union causera des difficultés avec les successeurs de Mgr de Laval, surtout avec Mgr de Pontbriand.

Les récollets

Les difficultés rencontrées avec M. de Queylus laissèrent Mgr de Laval pour un certain temps dans la méfiance à l'égard des sulpiciens. Mais après 1668, il leur redonnera sa confiance et son amitié.

Bien qu'il ait accepté les récollets et qu'il les ait traités avec respect et politesse, il n'a jamais pu leur donner sa confiance, parce qu'ils étaient trop dominés par Frontenac et disposés à faire ses volontés. Les récollets ont donné plusieurs sujets de plaintes à Mgr de Laval et ils ne seront vraiment acceptés dans le diocèse que sous Mgr de Saint-Vallier.

Mgr de Laval avait une pensée très structurée de son rôle épiscopal. Quand il avait conçu une chose comme étant de son devoir, il la poursuivait avec constance, surtout s'il y allait de « la gloire de Dieu et du bien de son Église ». D'autre part, il savait tenir compte des personnes et des réalités. Il n'a jamais entrepris de briser un adversaire, mais il n'a toujours eu en vue que l'intérêt majeur de son Église. On ne peut déceler chez lui des conflits de personnalité.

Marie de l'Incarnation et les ursulines

Bien qu'il se soit montré « zélé et inflexible » quand il y allait de la gloire de Dieu, selon ce qu'écrit Marie de l'Incarnation à son fils, il consulte, cède sur de bonnes raisons mais parfois se laisse conduire par les vues de son temps dans ses rapports avec les femmes de son Église.

Mgr de Laval ne conçoit les religieuses que cloîtrées et contemplatives, selon l'esprit du Concile de Trente. Or, Marie de l'Incarnation, en collaboration avec le père Jérôme Lalemant, avait écrit des Constitutions d'esprit apostolique pour l'ordre des ursulines et d'après les besoins du pays, ce qui donna un petit chef-d'œuvre encore valable de nos jours.

Or, Mgr de Laval veut retoucher les Constitutions selon l'esprit de moniales plutôt appliquées à la contemplation. Finement, Marie de l'Incarnation résiste fermement, exposant ses vues. Mgr de Laval, homme de son temps en ce qui a trait aux femmes, leur défend le chant choral et leur commande de le réciter « à voix droite », crainte d'orgueil, et autres changements du genre. Les ursulines se soumettent avec peine, mais franchement. Quant aux Constitutions, Marie de l'Incarnation se montre habile diplomate pour contourner la difficulté. Devant la fermeté des ursulines, Mgr de Laval cède enfin, pour le plus grand bien du monastère et de l'Église du pays.

Malgré ces difficultés, Marie de l'Incarnation fait l'éloge de l'Évêque dans une lettre à son fils : « J'ai bien compris ce que vous m'avez voulu dire de son élection ; mais que l'on dise ce que l'on voudra, ce ne sont pas les hommes qui l'ont choisi. Je ne dis pas que c'est un saint, ce serait trop dire : mais je dirais avec vérité qu'il vit saintement et en apôtre. Il ne sait ce que c'est que respect humain. Il est pour dire la vérité à tout le monde, et il la dit librement dans les rencontres. Il fallait ici un homme de cette trempe pour extirper la médisance qui prenait un grand cours et qui jetait de profondes racines. En un mot, sa vie est si exemplaire qu'il tient tout le pays en admiration. Il est intime ami de Monsieur de Bernières avec qui il a demeuré quatre ans par dévotion ; aussi ne faut-il pas s'étonner si, ayant fréquenté cette école, il est parvenu au sublime degré d'oraison où nous le voyons [35]. »

Marie de l'Incarnation ne le canonise pas encore à son arrivée au pays, mais quand elle le verra lutter avec courage et fermeté contre le commerce de l'eau-de-vie, elle écrira : « Mgr notre prélat a fait tout ce

---

35. OURY, *Correspondance,* 613. Lettre à son fils, sept.-octobre 1659.

qui se peut imaginer pour en arrêter le cours (eau-de-vie), comme une chose qui ne tend rien moins qu'à la destruction de la foi et de la religion dans ces contrées. Il a employé toute sa douceur ordinaire pour détourner les Français de ce commerce si contraire à la gloire de Dieu et au salut des sauvages. Ils ont méprisé ses remontrances, parce qu'ils sont maintenus par une puissance séculière qui a la main forte. (...) Les affaires étant à cette extrémité, il s'embarque pour passer en France afin de chercher les moyens de pourvoir à ces désordres qui tirent après eux tant d'accidents funestes. Il a pensé mourir de douleur à ce sujet, et on le voit sécher sur le pied. Je crois que s'il ne peut venir à bout de son dessein, il ne reviendra pas, ce qui serait une perte irréparable pour cette nouvelle Église et pour tous les pauvres Français. Il se fait pauvre pour les assister, et pour dire en un mot tout ce que je conçois de son mérite, il porte les marques et le caractère d'un saint. Je vous prie de recommander et de faire recommander à Notre Seigneur une affaire si importante et qu'il lui plaise de nous renvoyer ce bon prélat, Père et véritable Pasteur des âmes qui lui sont commises [36]. »

Malgré certaines difficultés rencontrées au sujet des Constitutions et autres pratiques en avance sur son temps, Marie de l'Incarnation est trop intelligente pour ne pas voir la qualité éminente du prélat. Cependant, ses modèles et émules demeurent les jésuites unis à elle dans une même communion apostolique pour la nouvelle Église du Canada : « Vous avez raison de croire, écrit-elle, que j'ai envie de mourir en cette nouvelle Église, car je vous assure que mon cœur y est tellement attaché qu'à moins que Dieu ne l'en retire, il ne s'en départira ni à la vie ni à la mort. Vous croyez peut-être que ce sont les filles et les femmes sauvages qui nous retiennent, mais je vous dirai ingénument mes sentiments à ce sujet. Il est vrai qu'encore que notre clôture ne me permette pas de suivre les ouvriers de l'Évangile dans les nations qui se découvrent tous les jours, étant néanmoins incorporée comme je suis à cette nouvelle Église, Notre Seigneur m'ayant fait l'honneur de m'y appeler, il me lie si fortement d'esprit avec eux, qu'il me semble que je les suis partout et que je travaille avec eux en de si riches et si nobles conquêtes [37]. »

Marie de l'Incarnation conçoit la nouvelle Église comme essentiellement missionnaire, en union avec les pères jésuites. Elle illustre bien aussi le caractère doctrinal de l'Église par ses écrits mystiques qui

---

36. OURY, *Correspondance*, 682. Lettre à son fils le 10 août 1662.
37. OURY, C, 734. Lettre à une ursuline de Tours le 19 août 1664.

feront d'elle un jour, il faut l'espérer, un Docteur mystique de l'Église à l'égal de saint Jean de la Croix.

Mais Marie de l'Incarnation présentera toujours cet aspect intéressant d'une femme au génie polyvalent qui s'intéresse à toute la vie de la colonie. Sous ce rapport, une notation qui ne manque pas de piquant se retrouve sous sa plume, quelques mois avant sa mort, au sujet de la présence des Anglais à la Baie d'Hudson : « L'on vient d'apprendre que quelques-uns de ceux qui sont en route pour la grande baie du Nord ont rebroussé chemin pour apporter la nouvelle que des sauvages, dont ils ont fait la rencontre, les ont assurés qu'il était arrivé deux grands vaisseaux et trois pinaces d'Angleterre, à dessein de s'emparer du port et du pays ; que les deux vaisseaux s'en sont retournés chargés de pelleteries et que les pinaces y vont hiverner. Voilà une mauvaise affaire pour le temporel, peut-être aussi pour le spirituel, puisque le pays tombe sous la domination des infidèles. Si l'on y eût envoyé de France, comme l'on en était averti, cette perte ne serait pas arrivée. Ceux qui sont partis d'ici pour cette découverte ne laisseront peut-être pas d'y planter la Croix avec les Fleurs de Lys à la face des Anglais. (!) Prions pour cette grande affaire [38]. » Nous sommes en novembre 1671 et Marie de l'Incarnation quittera la terre en avril 1672. Tout le problème de l'Amérique française est ainsi posé et les rapports franco-anglais sur le continent sont modifiés pour les siècles à venir !

Les hospitalières de l'Hôtel-Dieu de Québec

Mgr de Laval estimait grandement les deux communautés mères du pays, les ursulines et les hospitalières. En vertu de son intérêt et de sa sympathie pour ces dernières, il leur fit séparer les biens des pauvres de leurs biens communautaires. Il séjourna chez elles à son arrivée au pays, n'ayant pas de maison épiscopale.

Il vécut une profonde amitié avec la plus célèbre d'entre elles, la mère Catherine de Saint-Augustin qu'il visitait souvent et consultait pour la conduite de son diocèse. Il est permis de penser que Mgr de Laval éprouvait une particulière sympathie pour la jeune moniale à cause de sa lutte intime et inouïe contre le Prince des ténèbres, car lui aussi menait une lutte très dure contre le démon géant de la laïcisation. Catherine de Saint-Augustin incarnait sans doute aux yeux de l'éminent prélat le mystère de l'Église militante prolongeant celui du Christ venu en ce monde pour jeter Satan dehors. C'est lui qui l'avait fait

---

38. OURY, C, 944. Lettre à son fils, septembre-novembre 1671.

renommer Directrice générale de l'Hôpital en 1667 et il lui avait demandé de garder le secret, même avec sa supérieure, sur ses luttes nocturnes avec les démons de l'enfer qui persécutaient la nouvelle Église. C'est encore Mgr de Laval qui demanda au père Ragueneau, après la mort de Catherine en 1668, d'écrire sa Vie, ce qui fut accompli en 1671.

« Monseigneur l'Évêque de Pétrée, écrit Ragueneau [39], que l'on peut dire avoir véritablement un cœur selon le Cœur de Dieu et être un modèle parfait des véritables évêques, a toujours eu tant d'estime et, si je l'ose dire, tant de vénération pour les grâces que Notre Seigneur avait versées si libéralement sur cette digne religieuse qu'il la consultait très souvent et recommandait à ses prières les affaires les plus importantes de son diocèse. »

Dans une lettre datée du 8 novembre 1670, Mgr de Laval fait lui-même l'éloge de la sainte moniale : « J'ai une très particulière confiance, pour le bien de cette nouvelle Église, au pouvoir qu'elle a auprès de Notre Seigneur et de sa très sainte Mère, car si elle nous a secourus si puissamment pendant le temps qu'elle a été parmi nous, que ne fera-t-elle pas maintenant qu'elle connaît avec plus de lumière les besoins soit du pasteur, soit de ses ouailles ! »

Nous sommes au moment où la génération des fondateurs-pionniers de la nouvelle Église s'éteint : Madame de Bullion et le père Le Jeune meurent en 1664 ; Catherine de Saint-Augustin, en 1668 ; Mme de la Peltrie suit en 1671 avec sa compagne inséparable, Marie de l'Incarnation, en 1672, de même que le père Jérôme Lalemant et Jeanne Mance, en 1673 ; la Duchesse D'Aiguillon s'éteint en 1675 et Maisonneuve, en 1676.

« Les saints ne vieillissent jamais, disait Jean-Paul II, le 2 juin 1980, à Lisieux ; ils ne tombent jamais dans la prescription. Ils restent continuellement les témoins de la jeunesse de l'Église. Ils ne deviennent jamais des personnages du passé, des hommes et des femmes d'hier. Au contraire, ils sont toujours les hommes et les femmes du lendemain, les hommes de l'avenir évangélique de l'homme et de l'Église, les témoins du monde futur. »

---

39. Paul RAGUENEAU. *Vie de la Mère Catherine de Saint-Augustin, religieuse hospitalière de la Miséricorde de Québec en la Nouvelle-France*, Paris, Florentin Lambert, 1671, p. 213. Cf. *Dieu et Satan dans la vie de Catherine de Saint-Augustin*. Montréal, Bellarmin, 1979. Tournai, Desclée.

De ces fondateurs d'une Église vue par Marie de l'Incarnation comme un « bâtiment d'une merveilleuse grandeur tout construit de personnes crucifiées », il ne reste plus que son chef et pasteur, Mgr de Laval, et le premier pionnier arrivé au pays en 1634 et décédé en 1717, Pierre Boucher, avec Marguerite Bourgeoys qui mourra en 1700, après avoir laissé une œuvre fondamentale pour l'Église de Montréal et l'Église du Canada tout entier.

Mgr de Laval et Marguerite Bourgeoys

Marguerite Bourgeoys ne réalise son œuvre proprement dite que sous l'épiscopat de Mgr de Laval qui la soutient, l'approuve et l'admire. En effet, arrivée avec la recrue des 100 hommes en 1653, elle ne vient pas spécifiquement fonder une communauté : elle est avant tout fille de la Providence. « On a été environ huit ans que l'on ne pouvait élever d'enfant » écrit la mère Bourgeoys. Le Dictionnaire biographique du Canada attribue à la mortalité infantile l'absence d'enfants à Montréal. Or, c'est plutôt parce qu'alors Montréal était peuplé de célibataires : Antoine Primot adopte une fille au berceau en 1642 ; Nicolas Godé a 4 enfants, tous grands ; Louis D'Ailleboust est sans enfants, de même qu'Antoine Vedet ; Pierre Gadois a des enfants tous grands. Marguerite Bourgeoys savait qu'elle ne trouverait pas d'enfants à instruire ; elle ne venait pas pour cela. De 1653 à 1657, elle tient la maison de Maisonneuve dans le fort. Elle s'occupe d'action sociale surtout auprès des toutes jeunes mères de famille de la colonie. Elle relève la croix du Mont-Royal, l'entourant d'une clôture.

En 1657, au moyen de corvées, elle commence la construction de Notre-Dame-de-Bonsecours, à l'extrémité est des habitations. Elle doit arrêter sur l'ordre de M. de Queylus, en 1658. En 1677 seulement, elle pourra l'achever. En 1658, Maisonneuve lui donne l'étable de la Commune, en pierre avec rez-de-chaussée et grenier. Elle est aidée par Marguerite Picart qui épousera Nicolas Godé fils. Elle commence à instruire garçons et filles ; elle adopte une petite Iroquoise encore dans les langes, Marie des Neiges. C'est alors seulement qu'elle entrevoit la possibilité de former une communauté imitant la vie voyagère de Notre-Dame, dont le mystère principal sera celui de la Visitation.

Puis, elle s'embarque pour la France comme infirmière de Jeanne Mance, laquelle est guérie de son bras malade grâce à l'attouchement du cœur de Monsieur Olier. Marguerite Bourgeoys en ramène Edmée Chastel, Anne Hiou, Marie Raisin et une fille pour les grosses besognes, Catherine Crolo. Elle refuse 700 livres de Monsieur Raisin, ainsi que l'offre d'un bourgeois de Paris de fonder son œuvre. Revenue au pays, elle s'occupe des filles à marier; en 1662, elle achète l'emplacement d'André Charly, où elle s'installe avec les filles du Roi. Mais en 1663, elle doit céder aux instances de ses sœurs et commencer la construction de la maison de la Congrégation, à côté du terrain de l'Hôtel-Dieu.

En mai 1671, elle obtient les lettres patentes du Roi, grâce à l'intervention de Mgr de Laval qui l'avait déjà approuvée pour son diocèse en 1667. En 1676, elle ouvre le premier pensionnat. Puis, elle fonde un ouvroir à Pointe-Saint-Charles, des écoles à Pointe-aux-Trembles, à Lachine, à Batiscan, à Champlain, à la Montagne en 1678, à Sainte-Famille de l'île d'Orléans en 1685 et enfin, à la Basse-Ville de Québec.

Marguerite Bourgeoys enrichit la pensée sur la nouvelle Église d'une intuition mariale : celle de la Vierge au début de l'Église avec les Apôtres. Elle a une conception bien à elle d'une Église apostolique, ce qu'elle exprime dans un écrit : « Les Apôtres, modèles des sœurs missionnaires [40]. » « Je fais comparaison, écrit-elle, du collège des apôtres avec la Congrégation, à une étoile qui est au firmament et un brin de neige (...) et je dis que Notre-Seigneur, voulant instruire tout le monde de sa doctrine et de son Évangile, a choisi des hommes grossiers et peu estimés des gens du monde. » Puis, elle établit longuement le parallèle entre les apôtres fondant l'Église et les filles de la Congrégation. Dans le même texte, elle ramasse en une expression dense son intuition mariale pour le Canada : « La Sainte Vierge, dit-elle, ayant reçu de Dieu le domaine de la Nouvelle-France (par les prières des Fondateurs), elle a eu dessein de faire instruire des petites filles en bonnes chrétiennes, pour en faire ensuite de bonnes mères de famille, et pour cela, a choisi de pauvres filles sans esprit, sans conduite, sans talent et sans biens [41]. »

Nos jésuites en tête, tous les fondateurs ont eu une perception très vive du rôle de Marie dans la fondation de notre Église, mais Marguerite Bourgeoys l'a eue en plénitude, en quelque sorte. Mgr de Laval a dédié la Cathédrale de Québec à l'Immaculée Conception en juillet 1666, bien qu'il ait eu l'idée de la consacrer à la sainte Famille d'abord, suivant en cela les jésuites du début. Il approuva le culte du

---

40. *Écrits de Mère Bourgeoys*. (Sigle : EMB) Montréal, C.N.D. 1964, p. 125–128.
41. EMB 125.

Cœur de Marie introduit par les hospitalières, qui avaient rencontré saint Jean Eudes en France, notamment à l'instigation de Catherine de Saint-Augustin. Il avait choisi le 8 décembre pour se faire sacrer évêque « par une confiance particulière qu'il avait en la Mère de Dieu conçue sans tache. Jamais prélat n'a eu plus soin de faire honorer cette Reine des Anges dans son diocèse et d'inspirer son amour à ses diocésains » affirme Jean de la Colombière dans son éloge funèbre du 6 juin 1708 [42]. Bref, tous nos fondateurs ont perçu Marie comme « Mère de cette nouvelle Église », selon l'intuition de saint Jean de Brébeuf dès 1636.

Mgr de Laval, qui communiait de cœur et d'esprit avec Marguerite Bourgeoys, n'a eu que d'excellentes relations pastorales avec elle. Il aurait bien endossé les paroles de Jean-Paul II chez les Sœurs de la Congrégation Notre-Dame à Montréal, le 11 septembre 1984 : « Regardez le zèle, le réalisme, l'audace de l'amour de sainte Marguerite Bourgeoys. Considérez le prix qu'elle accordait à l'âme de chaque enfant, fille de colon ou fille de famille indienne. (...) Voyez son dévouement et son savoir-faire d'institutrice, ouvrant des écoles populaires sur place, se faisant proche des familles et collaborant avec elles. (...) Admirez son imagination et sa ténacité pastorales pour préparer jeunes gens et jeunes filles à fonder des foyers solides, pour former des épouses et des mères chrétiennes, cultivées, laborieuses, rayonnantes. Remarquez le soutien réaliste qu'elle continuait à apporter aux familles, aux femmes mariées réunies en associations. Vous savez la foi, la fermeté et la tendresse qui ont marqué toute son œuvre. »

Les hospitalières de l'Hôtel-Dieu de Montréal

Jeanne Mance, qui continuait à se faire l'âme des décisions importantes pour le développement de Ville-Marie, avait obtenu la venue des hospitalières de Saint-Joseph de La Flèche en 1659, en dépit de M. de Queylus qui tentait de faire venir celles de Québec. Sur ce point, Mgr de Laval était d'accord avec M. de Queylus. Il aurait désiré d'abord des « vraies religieuses » : celles de La Flèche étaient séculières, comme les Filles de la Congrégation, d'ailleurs. Cependant, il reçoit charitablement ces nouvelles consacrées. Il les assiste lors de la perte de leur fondateur, M. de La Dauversière. Il leur envoie même leurs premières novices. Il permet que Marie Morin fasse ses vœux. Fille de Noël Morin et d'Hélène Desportes, cette dernière fut la première religieuse canadienne, de même que son frère, M. Germain Morin, fut

---

42. P 634.

le premier prêtre canadien. C'est à Marie Morin que nous devons les *Annales de l'Hôtel-Dieu de Montréal*, document historique important.

De plus, Mgr de Laval approuva la transformation des hospitalières en institut régulier ; il sollicita pour elles les lettres patentes du Roi. Bref, même si on le dit « zélé et inflexible » quand il y va de la gloire de Dieu — du moins quand il le pense ainsi —, il se montre souple et ouvert aux représentations ; il cède quand il y voit un plus grand bien pour son Église.

Quant aux Hospitalières de Montréal, Mgr de Laval a été à même de voir leur charité inépuisable, leur profond esprit religieux et leur souci de servir la nouvelle Église du Canada.

Mgr de Laval et les Amérindiens

Nous possédons quelques documents sur les relations pastorales de Mgr de Laval avec les Indiens, en particulier avec les Hurons, les Montagnais et les Iroquois. Les *Relations* des jésuites de 1666 à 1672 nous rapportent quelques faits significatifs. Après la cessation des *Relations*, en 1673, les jésuites écriront encore des documents de 1673 à 1681, publiés seulement au 19e siècle par le père Félix Martin, jésuite canadien.

Pour les Iroquois, l'événement central fut le baptême du chef des cinq cantons, Garakontié, en 1670. Ce baptême eut lieu dans la cathédrale de Québec et fut administré par Mgr de Laval lui-même ; le gouverneur Courcelles fut parrain et Mlle Bouteroue, fille de l'intendant, marraine. Il se fit en présence de presque toutes les nations indiennes : Hurons, Algonquins, Outaouais, Mahingans, Agniers, Onneiouts, Onnontagués, Tsonnontouans et Etionnontatés.

« Le nouveau baptisé remercia humblement Monseigneur l'Évêque de lui avoir ouvert, par les deux sacrements qu'il venait de lui conférer (baptême et confirmation), la porte de l'Église et du Paradis. Ensuite, ayant fait à Jésus-Christ de nouvelles protestations de vivre dorénavant en bon chrétien, il fut conduit au château pour y aller remercier Monsieur notre gouverneur de l'honneur qu'il lui venait de faire en lui donnant son nom sur les fonts du baptême. À son entrée, il se vit saluer par la décharge de tous les canons du fort, et de toute la mousqueterie des soldats qui étaient disposés en haie pour le recevoir ; et pour conclusion de la fête, on lui présenta de quoi régaler pleinement toutes les nations assemblées à Québec, et leur faire un somptueux festin, que Monsieur le gouverneur avait fait préparer. (...) Monseigneur l'Évêque voulut bien lui-même lui conférer de ses propres mains ce sacrement. Ce fut dans la principale Église de Canada et dans la cathédrale de Québec qu'on fit cette solennité[43]. »

Les Iroquois demeuraient sur le territoire actuel des États-Unis, où leur armement au Fort d'Orange continuait, ainsi que la traite de l'eau-de-vie, de sorte que les nouveaux convertis y trouvaient un milieu bien difficile pour y vivre leur foi. La plupart des chrétiens venaient se réfugier à Laprairie, près de Montréal, d'autant plus que les Anglais, maîtres de cette partie du pays américain ravie aux Hollandais en 1661, y avaient pratiquement chassé les missionnaires jésuites. C'est à Laprairie que vint, par exemple, Kateri Tekakouitha, née de père iroquois et de mère algonquine. Mgr de Laval a visité plusieurs fois la mission de Laprairie.

Nous avons un témoignage de ces visites pastorales du nouvel évêque dans la *Relation* de 1676 : « Le Père Supérieur prit avec lui le père Cholenec (de Laprairie) pour aller saluer Sa Grandeur (Mgr de Laval à Montréal). Ils trouvèrent ce prélat apostolique avec le train et l'équipage d'un prince de la primitive Église. Ce grand homme pour sa naissance et encore plus pour ses vertus, qui ont fait tout récemment l'admiration de la France, et qui, dans son dernier voyage en Europe, lui ont justement mérité l'estime et l'approbation du Roi, ce grand homme, dis-je, faisant la visite de son diocèse, était mené dans un petit canot d'écorce par deux paysans, sans aucune suite que d'un ecclésiastique seulement, et sans rien porter qu'une crosse de bois, qu'une mitre fort simple et que le reste des ornements nécessaires à un évêque d'or, comme le disent les auteurs en parlant des premiers prélats du christianisme[44]. » Mgr de Laval était en tournée pastorale à Montréal. Ce texte nous donne l'allure vivante des visites de Mgr de Laval dans son diocèse.

Un autre texte va plus au cœur de la visite pastorale de notre premier évêque, c'est celui qui raconte la visite de Mgr de Laval à Tadoussac en 1668, auprès des Montagnais : « Cette nouvelle (de la venue de l'évêque) les consola beaucoup ; mais son arrivée à Tadoussac, qui fut le 24 juin, les combla de joie, qu'ils firent paraître à sa réception car s'étant trouvés au nombre de quatre cents âmes à son débarquement, ils témoignèrent par la décharge de leurs fusils, et par leurs acclamations, le contentement qu'ils avaient de voir une personne qui leur était si chère et dont la plupart avaient souvent expérimenté les bontés. » Puis Mgr de Laval leur expose le but de sa venue, après quoi il

---

43. JRT 1670 v 53, 54–56.
44. JRT 1676 v 59, 268.

entreprend la visite, qui rappelle celle de Jean-Paul II : « Cela fait, la charité de ce digne évêque les ravit, lorsqu'au sortir de la chapelle, ils le virent entrer dans leurs cabanes les unes après les autres, pour y visiter les malades et les capitaines, consolant ceux-là par sa présence, dont ils étaient confus, et par ses charités qu'il étendait sur eux, sur leurs pauvres veuves et sur leurs orphelins ; et encourageant ceux-ci à appuyer la foi de leur autorité, et se maintenir toujours dans les devoirs de véritables chrétiens. Ce qu'il renouvela en un célèbre festin, leur recommandant surtout de n'oublier jamais les obligations insignes qu'ils ont au Roi, qu'ils doivent considérer comme leur libérateur et comme celui à qui seul après Dieu ils ont l'obligation de leur repos et de leur vie [45]. » Mgr de Laval écrira la même année à Monsieur Poitevin, curé de Paris : « Cette Église de Tadoussac, exempte de ce mal (eau-de-vie), est dans une piété vraiment solide et chrétienne ; nous y avons donné la confirmation à cent-quarante-neuf très bien disposés à recevoir les effets de ce sacrement [46]. » Dans cette même lettre, il parle de l'« Église sur laquelle Dieu a dès son berceau versé ses plus tendres bénédictions et dont il continue de la combler incessamment ». Il veut parler de toute l'Église du Canada. Il mentionne aussi la joie qu'il a éprouvée à recevoir M. de Queylus et plusieurs sulpiciens : « La venue de Monsieur l'Abbé de Queylus avec plusieurs bons ouvriers tirés du Séminaire S. Sulpice ne nous a pas moins apporté de consolation ; nous les avons embrassés, in visceribus Christi. Ce qui nous donne une joie plus sensible est la bénédiction de voir notre clergé dans une sainte disposition de travailler tous d'un cœur et d'un même esprit à procurer la gloire de Dieu et le salut des âmes, tant des Français que des sauvages. »

Mentionnons brièvement la sainte mort d'une femme huronne, Cécile Gannendâris, le 6 février 1669, à l'Hôpital de Québec. « Monseigneur de Pétrée, notre évêque, dit la *Relation* de l'année [47], l'a visitée et l'a nourrie durant qu'elle était dans sa cabane. Et quand elle a été à l'hôpital, il a toujours continué sa charité ordinaire à fournir de quoi l'entretenir de toutes choses. Plusieurs personnes de condition l'ont aussi visitée et lui ont fait porter des rafraîchissements, ayant tous de la tendresse pour une personne si vertueuse. » Et la *Relation* ajoute : « Cette illustre chrétienne n'eut pas plutôt rendu son âme à son Créateur que par l'ordre de Monseigneur l'Évêque, l'on sonna toutes

---

45. JRT 1668 v 51, 278.
46. JRT 1668 v 52, 44.
47. JRT 1669 v 52, 244–256.

les cloches de la Paroisse de Québec, ce qui ne se pratique point ordinairement à la mort des sauvages, et le lendemain on lui fit un service solennel dans l'église de la même paroisse [48]. »

Bref, Mgr de Laval fut particulièrement bon pour les Indiens ; il se montra père et pasteur digne de la primitive Église, comme en font foi les documents de l'époque. Quant aux Français, il en est ainsi, d'après le témoignage de Pierre Boucher déjà cité. Le climat pastoral qui règne sous l'épiscopat de Mgr de Laval apparaît bien dans la *Relation* de 1672, qui déplore l'absence de l'évêque à Québec : « Il ne nous manque, pour nous bien animer, que la présence de Monseigneur notre Évêque. Son absence tient ce pays comme en deuil, et nous fait languir par la trop longue séparation d'une personne si nécessaire à ces Églises naissantes. Il en était l'âme, et le zèle qu'il faisait paraître en toutes rencontres pour le salut de nos sauvages attirait sur nous des grâces du ciel, bien puissantes pour le bon succès de nos missions ; et comme pour éloigné qu'il soit de corps, son cœur est toujours avec nous, nous en éprouvons les effets par la continuation des bénédictions dont Dieu favorise et les travaux de nos missionnaires et ceux de Messieurs les ecclésiastiques de son Église, qui continuent avec un grand zèle, et avec l'édification publique, à procurer l'honneur de Dieu et à travailler au parfait établissement des paroisses dans toute l'étendue de ce pays, ce qui ne sert pas de peu au progrès que fait notre sainte foi, qui n'avait point encore été portée si loin, ni publiée avec plus de succès [49]. »

V — *Conclusion*

À la suite du Christ, fondateur de l'Église, Mgr de Laval a porté généreusement la Croix sous toutes ses formes pour l'établissement de la nouvelle Église du Canada. Il lui a donné son visage propre, à l'image de l'Église primitive, la dotant du plus pur esprit de l'Évangile. Surmontant avec courage et droiture tous les obstacles qui ont pu s'opposer à son projet évangélique et ecclésial, le saint évêque croit maintenant avoir rempli sa mission prophétique au pays.

Qui plus est, dans sa grande humilité et devant les obstacles suscités par les chefs politiques, notamment Frontenac, il croit qu'un autre ferait mieux que lui. On lui recommande l'abbé de Saint-Vallier et il songe à lui remettre son diocèse. Il quittera le Canada en 1684 en

---

48. JRT 1669 v 52, 256.
49. JRT 1672 v 55, 236–238.

vue d'aller donner sa démission, non au Pape, mais au Roi. Celui-ci connaissait le mérite de Mgr de Laval et le besoin que le Canada avait d'un si bon pasteur ; mais enfin, après bien des instances, le Roi accepta sa démission et lui laissa le choix de la personne qu'il jugerait digne de cette place. « Les forces de Monsieur de Laval ne pouvaient plus suffire à son zèle. (Il n'avait alors que 62 ans.) Les fatigues continuelles qu'il essuyait dans les visites de son diocèse, qu'il faisait quelquefois l'hiver en raquettes, lui avaient déjà fait contracter plusieurs infirmités, et par-dessus tout cela son humilité lui persuadaient qu'un autre en sa place ferait plus de bien que lui, quoiqu'il en fît véritablement beaucoup, parce qu'il ne cherchait que la gloire de Dieu et le salut de son troupeau. Sa doctrine et ses éminentes vertus le faisaient regarder comme un très digne prélat. Lui seul souhaitait d'être déchargé [50]. » Tel est le témoignage de l'époque.

Mgr de Saint-Vallier arrive au pays en 1685, avec Denonville comme vicaire général de Mgr de Laval qu'il loue en tout, d'abord. Il retourne en France se faire sacrer évêque en 1686, d'où il revient au pays en 1688 en compagnie de Mgr l'Ancien, François de Laval. Il semble bien que Mgr de Saint-Vallier était intervenu fortement en France pour empêcher le retour de Mgr de Laval ; sur quoi, le gouverneur, l'intendant, le Séminaire et tout le peuple de Dieu en Nouvelle-France l'apprenant, intervinrent auprès du Roi pour demander son retour parmi eux, car tous l'estimaient et l'aimaient au plus haut point.

Une autre page d'histoire de l'Église du Canada montrerait les rapports de Mgr de Laval avec son successeur, dont la croix fut la marque principale. « Nous en avons bien éprouvé (des croix), écrit-il à son successeur le 15 février 1686, par sa bonté et miséricorde depuis vingt-huit ans qu'il nous a chargé de l'Église du Canada. Ce sont les voies par lesquelles il a voulu que les saints et les Apôtres et disciples aient fondé et établi son Église. Il a fait la même grâce à celle du Canada, laquelle ayant pris toute sa force et son accroissement, ne s'est soutenue et maintenue que par la patience et longanimité à souffrir dans une grande paix et union à Notre-Seigneur tout ce qu'il lui a plu permettre [51]. »

Parlant des croix de l'Église nouvelle à son ami Henri Boudon, Mgr de Laval écrit, le 12 octobre 1692 : « Ce sont des marques assurées que c'est vraiment une œuvre de Dieu, et en effet, il est tout le soutien

---

50. AHDQ, 265.
51. P 388.

et l'appui de tout le bien qui s'est fait depuis trente ans et qui se fait journellement dans cette pauvre Église naissante [52]. » Dans une autre lettre au même destinataire, il ajoute : « Priez bien, cher Monsieur, Notre Seigneur et sa sainte Mère, tous les saints Anges et les saints Patrons de cette Église que nous puissions faire un bon usage des croix dont il plaît à Notre Seigneur de faire bonne part au pays et spécialement à toute l'Église [53]. »

Sans doute fait-il allusion aux difficultés que lui fait Mgr de Saint-Vallier au sujet de son œuvre fondamentale, le Séminaire de Québec. À ses prêtres, il écrit le 9 juin 1687 : « Il faut se disposer à voir tous les changements que la divine Providence permettra qu'il arrive dans l'Église du Canada, de laquelle j'espère que la très sainte Vierge prendra un soin tout particulier et spécialement du Séminaire consacré à la très sainte Famille de Jésus [54]. » Ces « changements » ne sont pas imaginaires : Mgr de Saint-Vallier a déjà commencé son œuvre de démolition.

Retiré de 1688 à 1708, date de sa mort, Mgr L'Ancien vit comme un saint dans une effrayante mortification, dans l'oraison, les œuvres de charité pour les pauvres, et l'offrande continuelle de sa souffrance pour son Église, comme en témoigne le frère Houssart dans sa lettre sur son Maître qu'il a servi vingt ans : S'il ne jeûnait pas, « ce n'était que par une extraordinaire charité que Sa Grandeur avait pour son cher Séminaire et pour tout le Canada, qu'elle donnait quelque chose à la nature pour l'empêcher de mourir sitôt et pour se donner la consolation de voir tous les jours de plus en plus le règne de Dieu s'établir dans ce nouveau monde, mais très particulièrement pour empêcher de tout son pouvoir qu'il ne s'y introduise rien de contraire à la charité et aux bonnes mœurs du christianisme [55] ».

Le 9 mai 1708, Glandelet, vicaire général, parlait de « la réputation qu'il s'est acquise parmi vous d'un saint évêque qui était plein de vertus et de mérites aussi bien que de joies, d'un pasteur vigilant et zélé qui aimait tendrement son troupeau, et d'un père très affectionné qui n'a rien omis pour donner à cette Église et à cette colonie l'être et la forme où nous voyons aujourd'hui l'un et l'autre [56] ». L'abbé Jean de la Colombière, frère du bienheureux Claude de la Colombière, dans son

---

52. P 210.
53. P 211.
54. P 416.
55. P 661.
56. P 627.

éloge funèbre repris le 6 juin 1708, inscrivit Mgr de Laval dans la lignée des grands serviteurs de Dieu que la Bible nous présente. Il compare le saint évêque à Abraham quittant son pays pour fonder un nouveau peuple de Dieu en Nouvelle-France, à Moïse s'indignant devant le veau d'or (eau-de-vie), à Élie sortant de son désert de l'ermitage de Caen pour accomplir sa mission de fondateur d'Église, à Jean-Baptiste au désert, à Paul renonçant à la gloire de son nom pour être crucifié avec le Christ au service de l'Église de Dieu... en Nouvelle-France [57]. Il parle ensuite de son entrée dans la Terre Promise du Canada et tente d'expliquer pourquoi il souffrit tant : « La manière hardie et intrépide dont il s'est toujours déclaré pour le bien lui a attiré toutes sortes de persécutions, mais jamais aucune ne l'a pu faire plier contre l'intérêt de Dieu ni altéré le moins du monde l'amour tendre et affectif qu'il a toujours eu pour ses persécuteurs. » Et montrant comment l'Esprit de Dieu avait uni en lui les effets les plus contraires, il poursuit : « Comme il avait puisé dans le Cœur de Jésus-Christ les flammes dont le sien était embrasé, et qu'il avait travaillé soigneusement longtemps à amortir le feu de son tempérament, on voyait dans les saillies les plus impétueuses de son zèle un mélange de force et de douceur, de hardiesse et de prudence, de sévérité et de compassion, de fermeté et de facilité, et une latitude de cœur qui lui faisait embrasser toutes les occasions de faire le bien à sa portée [58]. »

L'Église a reconnu en lui un bienheureux, très puissant dans le ciel pour intercéder en faveur de l'Église du Canada qu'il a fondée dans la Croix ; une Église au visage authentique, à l'image de la primitive Église. C'est le trait essentiel gravé par Mgr de Laval sur le visage de la jeune et nouvelle Église de Nouvelle-France.

---

57. P 630-634.
58. P 644 et P 641.

CONCLUSION GÉNÉRALE

Un visage neuf

Le profil majeur de l'Église canadienne aux origines est sans conteste celui de l'Église primitive, où la réalité de la communion et de la mission s'harmonisent bien. Ainsi, la jeune Église marque-t-elle son originalité par rapport aux Églises d'Europe ridées par le temps. Récrits en quelque sorte à même la réalité d'un monde nouveau, les Actes des Apôtres ont sans nul doute inspiré les fondateurs. De même, les *Relations* des jésuites rappellent les Synoptiques, alors que la Correspondance de Marie de l'Incarnation nous fait songer à l'évangile de Jean, selon la judicieuse remarque du cardinal Journet[1]. Puis, l'Église naissante acquiert peu à peu ses traits communautaire, missionnaire et pastoral. Elle pourra prendre alors son visage hiérarchique, mais toujours dans la lumière de l'Église primitive fondée par le Christ.

On ne saurait majorer ce fait si l'on veut tirer les conséquences originales de la fondation ecclésiale au pays. En effet, ce ne sont pas d'abord les influences de l'Église de France qui ont prévalu au pays, comme on aurait pu le penser ; ce ne sont pas davantage les écoles de spiritualité française, si remarquables furent-elles, qui ont buriné ses traits essentiels, mais c'est la Bible dans sa plus pure inspiration qui a guidé les premiers apôtres au pays, à l'instar des Pères de l'Église

---

1. OURY, *Correspondance*. Cf. Préface du cardinal Journet, p. VIII.

universelle, qui devaient présenter la Révélation à des gens de culture différente de la culture juive. De même, à l'aide de l'inspiration biblique, les fondateurs de l'Église canadienne ont déployé une énergie sans précédent en vue de rejoindre des peuplades du néolithique, fait inouï dans l'Église d'alors. Le message évangélique apparut ainsi dans son caractère universel, apte à rejoindre les hommes de toute culture ou civilisation.

Originalité pastorale donc... Originalité missionnaire aussi : la hardiesse des vues à l'égard des autochtones pourrait inspirer les évangélisateurs actuels face aux nouvelles cultures d'un monde en mutation. Originalité communautaire, allant jusqu'à la mise en commun des biens, parfois. Bref, du neuf est créé de toutes pièces sur le chantier de la nouvelle Église du Canada. Certes, l'esprit missionnaire soufflait sur la France d'alors, grâce au renouveau tridentin, mais l'élan de l'Église naissante, bien qu'alimenté aux mouvements de la France religieuse, se montre tout à fait singulier. Le radicalisme évangélique se manifeste à tous les échelons du peuple de Dieu, notamment au niveau des effets de la grâce baptismale chez les néophytes amérindiens.

D'autre part, la marque de la Croix, constante, efficace, lumineuse, parfois cruelle et terrible, brille sur cette Église et cette histoire, comme dans toute fondation ecclésiale au sein de l'histoire : le sang a toujours été requis pour féconder une terre appelée à devenir sainte.

Bâtir une Église nouvelle sur le modèle de l'Église primitive, tel fut le projet collectif des fondateurs de l'Église canadienne.

Équilibre des origines

Un autre trait qui frappe le regard attentif, c'est l'équilibre des parties dans cette Église naissante. En effet, les divers groupes du peuple de Dieu y figurent avec aisance, harmonie et dignité. Les pasteurs se dévouent au service de tous ; les communautés religieuses y brillent certes d'un vif éclat, mais sans porter ombrage aux habitants, hommes et femmes unis dans un même projet : bâtir un pays et une Église. Les Amérindiens eux-mêmes ne distinguaient-ils pas leurs compatriotes sous le titre pittoresque de « créans » et de « non créans » ? Le fait de croire ne serait-il pas la dénomination essentielle de tous les membres du peuple de Dieu ?

En conséquence, la sainteté, vocation essentielle du peuple de Dieu, y est illustrée en chacun des éléments de cette nouvelle Église.

C'est que le modèle d'une Église à l'image de la primitive cristallise toutes les énergies de la petite société laurentienne. Il en résulte un climat spirituel et humaniste remarquable. Un personnalisme religieux, communautaire et humaniste fut à la source de la création d'une culture nouvelle adaptée à ce pays. De quel droit voudrait-on la présenter aujourd'hui dans la perspective d'un horizontalisme séculier ? Nier la réalité initiale — essentiellement religieuse — pourrait conduire à des lectures partielles, sinon partiales de notre histoire en ses origines.

Si, d'une part, on ne peut aujourd'hui promouvoir le « mythe » des origines où une chrétienté idéale se serait instaurée au pays, on ne peut d'autre part, comme le disait avec fermeté Jean-Paul II, reléguer au domaine privé la vie de l'Église canadienne. Celle-ci se doit de répondre aux aspirations religieuses de tous les citoyens et cela publiquement. Or, nombreux et diversifiés sont apparus publiquement ces Canadiens, lors du voyage papal !

Une Église en marche

Constituée visiblement comme peuple de Dieu en marche, l'Église est d'abord réalité spirituelle. Création de l'Amour trinitaire, elle s'incarne cependant dans les temps et les lieux de l'histoire. Née au Cœur même de la Communion divine, elle jaillit sans cesse dans le temps par les missions du Fils et de l'Esprit.

Fondée aux lendemains du Concile de Trente, l'Église canadienne est invitée aujourd'hui à retrouver son souffle initial grâce à l'inspiration de Vatican II : redevenir plus purement une Église de la communion et de la mission. Essentiellement communauté, *ecclesia* selon le terme grec choisi pour la désigner, l'Église accueille dans la communion les nouveaux baptisés. D'autre part, elle ne cesse d'annoncer au monde la bonne nouvelle du salut en Jésus Christ. La substance même du temps de l'Église, c'est la charité missionnaire qui donne corps à son histoire [2]. Plus une Église donnée est communautaire, plus elle est missionnaire. L'Église de la vallée du Saint-Laurent n'a pas manqué de présenter ces traits fondamentaux de toute Église.

D'après l'historien Nive Voisine [3], deux courants de l'Église universelle auraient influencé l'Église du Canada : le courant tridentin

---

2. Jean DANIÉLOU. *Essai sur le mystère de l'histoire*. Paris, Seuil, 1953. Réédité par le Seuil en 1983, p. 18–20.
3. Cf. Nive VOISINE. « Les étapes d'une histoire (1615–1960) » dans *Jean-Paul II. Une Église au rendez-vous*. En collaboration, Montréal, Éditions Paulines, 1984, p. 32–38.

(1615-1840) et le courant ultramontain (1840-1960). Réduite au silence pendant la Révolution tranquille (1960-1984), elle a pu refaire ses racines. La visite papale lui a donné force et enthousiasme en vue de poursuivre sa route. Enracinée dans une histoire forte et singulière, elle a parcouru un long périple fait de croissances et de reculs, d'ombres et de lumières, de feux et de flammes, de tentation du pouvoir et de service généreux, de marche au désert et d'exil lancinant, bref de compromissions et de fidélités à son Époux le Christ : voilà qu'au terme, sa figure se dégage plus belle et que la voix de l'Esprit dit à l'Épouse, comme au terme de la Bible : « Viens ! »

Point d'arrivée et point de départ, que les temps actuels. Notre Église, « Nouvelle Jérusalem » d'après l'intuition de Paul Le Jeune, est invitée par l'Esprit, dans la personne du Vicaire du Christ, à entreprendre une nouvelle démarche missionnaire non plus seulement auprès des autochtones du Canada, mais auprès des peuples de la terre. « Mère de cette nouvelle Église » — au dire de saint Jean de Brébeuf — et Mère de l'Église universelle, Marie incarne ce symbole de la Fille de Sion, de la Nouvelle Jérusalem en qui sont bénies toutes les races de la terre : « En toi, Sion, sont toutes nos sources » (Ps 86).

Notre histoire, « marquée par l'Évangile et la Croix, selon Jean-Paul II, prendra toute sa dimension dans la mesure où elle proclamera dans ses membres, en paroles et en actes, le triomphe de la Croix, dans la mesure où elle sera chez elle comme à l'étranger une Église évangélisatrice ». La période de 1608 à 1688 se profile comme un moment privilégié de l'histoire missionnaire dans notre pays, dont « l'évangélisation reste toujours le patrimoine sacré » concluait Jean-Paul II.

Du modèle d'une Église primitive à celui d'une Nouvelle Jérusalem, tel semble se dessiner l'itinéraire de l'Église du Canada. François Varillon définit l'Église comme « le monde en tant qu'il accueille le don de Dieu ». En cet accueil, l'Église est mystique. Souvent, remarquait Péguy, on commence en mystique et on finit en politique. Ne pourrait-on dire la même chose de notre Église ? Après les purifications profondes de la Révolution tranquille, l'Église canadienne semble invitée à redevenir « mystique », à accueillir le don divin, à se laisser inspirer de nouveau par Dieu comme aux origines.

Au lendemain de la visite papale, un journaliste du *Devoir* écrivait que, lors de ce périple canadien, « les cultures ont été célébrées comme les premiers lieux de l'homme, les expériences historiques même les plus douloureuses ont été accueillies et comme transfigurées, les particularismes inventoriés comme de précieuses richesses, les groupes d'âge invités à tenir leurs promesses, les plus faibles d'entre nous conviés à la plénitude de l'existence [4] ». C'est qu'avec foi et pédagogie, Jean-Paul II nous a fait revivre notre histoire qui est essentiellement religieuse. Si l'épopée mystique de nos origines n'a été écrite en traits de feu qu'une fois au pays, elle n'en reste pas moins une inspiration toujours actuelle pour les Canadiens qui veulent se montrer à la hauteur d'un si riche patrimoine. « En me rendant dans vos communautés, disait Jean-Paul II dans son discours d'adieu à Ottawa, j'ai constaté avec joie que vous continuez ce qu'ont entrepris vos grands fondateurs tant honorés parmi vous. Ils ont porté ici l'Évangile, parfois au prix de leur vie, ils ont construit un édifice qui continue d'être vivace à travers les difficultés et les mutations de notre temps. Soyez fidèles à l'INSPIRATION des saints, connus et inconnus, qui ont jeté dans cette terre le grain appelé à fructifier. »

Interpellée par cette invitation, l'auteure a voulu dégager, d'après les sources historiques, les grands traits de cette inspiration. Puisse le lecteur en être éclairé et nourri dans sa foi en l'Église et en son Fondateur !

Achevé le 9 septembre 1985,
en l'anniversaire de
l'arrivée de Jean-Paul II à Québec.

---

4. Cf. Jean-Louis ROY. Montréal, *Le Devoir*, 21 septembre 1984.

COMPOSÉ AUX ATELIERS
GRAPHITI BARBEAU, TREMBLAY INC.
À SAINT-GEORGES-DE-BEAUCE

Achevé Imprimerie
d'imprimer Gagné Ltée
au Canada Louiseville